Kohlhammer
Urban
-Taschenbücher

W0175143

Band 618

Hubert Houben

Kaiser Friedrich II.

(1194–1250)

Herrscher, Mensch und Mythos

Verlag W. Kohlhammer

Für Marcella und Maria Sofia

© 2008 W. Kohlhammer GmbH Stuttgart
Umschlagbild: Friedrich II. als Herrscher mit Falken
Karten: Peter Palm. Berlin
Gesamtherstellung:
W. Kohlhammer Druckerei GmbH + Co. KG, Stuttgart
Printed in Germany

ISBN 378-3-17-018683-5

Inhaltsverzeichnis

Karten, Tafeln und Abbildungen

Einleitung

Nur wenige mittelalterliche Herrscher sind so bekannt und umstritten wie der staufische Kaiser Friedrich II. (1194–1250). Die von ihm in Süditalien erbauten Kastelle, allen voran das apulische Castel del Monte, beeindrucken noch heute die Italientouristen. An seinem Grab, einem mächtigen Porphyrsarkophag in der Kathedrale von Palermo, werden immer wieder Blumen niedergelegt, sowohl von Deutschen, für die Friedrich einer der letzten Vertreter der mittelalterlichen Kaiserherrlichkeit ist, als auch von Italienern, die den in ihrem Land geborenen und aufgewachsenen Sohn der Konstanze von Sizilien als einen der Ihren betrachten.

Unumstritten war Friedrich nie. Sein starkes Engagement im Süden konnte auch als Vernachlässigung seiner Aufgaben in Deutschland gesehen werden, der aufwendige Kampf gegen die oberitalienischen Städte und das Papsttum als eine der Ursachen für den späteren Niedergang des Kaisertums. Hinzu kam, dass seine orientalisch anmutende Herrschaftsrepräsentation nördlich der Alpen nicht immer auf Verständnis stieß. Für den aus dem Baltikum gebürtigen deutschen Historiker Johannes Haller (1865–1947), der in der ersten Hälfte des 20. Jahrhunderts in Tübingen lehrte, war Friedrich „der erste Ausländer auf dem deutschen Throne". Ganz anders sah ihn dagegen der Heidelberger Mediävist Karl Hampe (1869–1936): Für ihn war Friedrich II. der letzte „jener deutschen Kaiser, der diesen Namen in vollem Umfange verdient, der, schon von den Zeitgenossen bezeichnet als das Wunder und der Umgestalter der Welt, in gewissem Sinne der Größte, zum mindesten die reizvollste und fesselndste Persönlichkeit unter unseren Kaisern war" (Rektoratsrede von 1924).

Begeistert von Friedrich zeigte sich auch Ernst Kantorowicz (1895–1963), einer der originellsten Mittelalterforscher des 20. Jahrhunderts. 1927 veröffentlichte er eine vom Dichterkreis um Stefan George (1868–1933) beeinflusste, literarisch anspruchsvolle Biographie des staufischen Herrschers, die nicht nur bei den Fachkollegen Aufsehen erregte. Hier wird der Kaiser zum „Traum Deutschlands" überhöht, eines „geheimen Deutschland", das sich nach einer übermenschlichen Führergestalt vom Format Friedrichs sehnte. Mit Adolf Hitler gelangte wenige Jahre später jedoch ein Führer an die Macht, der ganz anders war, als Kantorowicz und seine Freunde ihn sich vorgestellt hatten.

Nach dem Zweiten Weltkrieg war Friedrich II. zunächst kein Thema mehr, auch wenn einzelne Mittelalterforscher, wie Hans Martin Schaller (1923–2005), sich weiter mit ihm befassten und Biographien des staufischen Kaisers vor allem bei einem breiteren historisch interessierten Publikum Absatz fanden. Neuen Diskussionsstoff brachte 1988 das Friedrichbuch von David Abulafia, das eine Art Anti-Kantorowicz darstellt. Der englische Historiker vertrat die These, der Staufer sei ein ganz normaler mittelalterlicher Herrscher gewesen, der weder politisch noch kulturell neue Akzente gesetzt habe. Eine ausgewogene zweibändige, auf einer umsichtigen Analyse der einschlägigen Quellen und Literatur basierende Lebensgeschichte des staufischen Herrschers erschien schließlich 1992 bzw. 2000 aus der Feder des Stuttgarter Historikers Wolfgang Stürner. Von ihr muss künftig jede weitere Beschäftigung mit Friedrich II. ausgehen.

Neben diesen Friedrich-Biographien sind in den letzten Jahren eine Vielzahl von mehr oder weniger wichtigen Beiträgen erschienen, die im Zusammenhang der beiden Jubiläumsjahre zur Geburt und zum Tode Kaiser Friedrichs II. (1994/2000) vor allem in Italien publiziert worden sind. Dort wurde dem Staufer kürzlich auch eine Enzyklopädie (*Enciclopedia fridericiana*) gewidmet, eine Ehre, die sonst nur dem italienischen Nationaldichter Dante Alighieri (1265–1321) zuteil wurde. In Deutschland gedachte man seiner erstmals Anfang 2008 in einer eigenen Ausstellung (Landesmuseum für Natur und Mensch, Oldenburg), die Friedrichs Gestalt in die „Welt und Kultur des Mittelmeerraums" einordnete und den Schwerpunkt auf die wissenschaftlichen Interessen des staufischen Kaisers legte.

Es gibt verschiedene Möglichkeiten, eine Biographie zu schreiben. In der Regel folgt man dem Lebenslauf von der Geburt bis zum Tod, wobei hier und da Erörterungen über persönliche Vorlieben und Interessen eingestreut werden. Ich habe mich für eine andere Vorgehensweise entschieden. Im ersten Teil des vorliegenden Buchs wird die politische Geschichte Friedrichs als König von Sizilien und Deutschland sowie als römischer Kaiser und König von Jerusalem behandelt, die vor allem durch die Auseinandersetzung mit dem damals auf dem Höhepunkt seiner Macht stehenden Papsttum und den norditalienischen Städten gekennzeichnet ist.

Im zweiten Teil geht es um den Menschen Friedrich. Dies mag den einen oder anderen Leser verwundern, denn in einer wissenschaftlichen Anspruch erhebenden Biographie eines mittelalterlichen Herrschers wird dieser Aspekt heutzutage meist nur am Rande behandelt, kaum aber eigens thematisiert. Dafür gibt es gute Gründe: Zum einen weiß der Fachmann, dass aus diesen lange zurückliegenden Jahrhunderten so gut wie keine Selbstzeugnisse vorliegen, die nähere Einblicke in die Psyche und den Charakter zuließen. Zum anderen ist klar, dass die mittelalterlichen Quellen nur selten individuelle Aspekte einer Person, in der Regel hingegen Stereotypen und Idealbilder mitteilen. Dennoch kann man versuchen, indem man eine Reihe von Indizien berücksichtigt und die Quellen „gegen den Strich" liest, sich ein Bild von der individuellen Persönlichkeit einer mittelalterlichen Herrscherfigur zu machen. Voraussetzung ist, dass eine genügend große Zahl von Zeugnissen vorhanden ist, die in dieser Hinsicht befragt werden können, wie dies bei Friedrich II. der Fall ist. Die Ergebnisse eines solchen Versuchs, dem mittelalterlichen Menschen nahe zu kommen, sind natürlich subjektiv, und dies in einem noch stärkeren Maße als es die Urteile des von zahlreichen Faktoren beeinflussten Historikers ohnehin schon sind.

Der dritte Teil des Buchs widmet sich dem Mythos, der bei Friedrich II. eine besonders große Rolle spielt, wurde er doch bereits zu Lebzeiten von seinen Gegnern als Atheist, Ketzer, Vorläufer des Antichrist oder als Antichrist in Person dargestellt, während seine Anhänger ihn als Friedensfürst und

Messiaskaiser feierten. Auch nach seinem Tod schieden sich an ihm die Geister: ein Tyrann und Kirchenverfolger für die einen, ein Verteidiger der Schwachen und vorbildlicher Herrscher für die anderen. Noch Jahrhunderte nach seinem Ableben gab es Leute, die nicht an seinen Tod glauben wollten und hofften, dass er wiederkehre, um ihnen in schwierigen Zeiten beizustehen. Besonders in Süditalien und Sizilien lebt Friedrichs Mythos bis heute fort. Während die traditionelle Geschichtsforschung lange Zeit eine strenge Trennungslinie zwischen historischen Tatsachen und Legenden zog, neigt man heute dazu, Geschichte und Mythos als zwei „besondere Typen der Erzählung von Vergangenheit" anzusehen, „die einander nicht vertreten und nicht ersetzen können", so der Berliner Historiker Michael Borgolte: „Die Geschichtswissenschaft, die ihr traditionelles Geschäft der Mythenkritik durchaus fortsetzen muss, hat die Aufgabe, vergleichend auf jeweils andere Überlieferungsstränge hinzuweisen." Dies bedeutet, dass der Mythos Friedrichs II. in Italien und Deutschland eigens untersucht werden muss – ein Mythos, der das Geschichtsbild des letzten staufischen Kaisers, das im Laufe der Jahrhunderte ohnehin starken Wandlungen unterworfen war, nicht unerheblich beeinflusst hat.

Dem Versuch einer modernen Annäherung an einen mittelalterlichen Kaiser sind enge Grenzen gesetzt, denn bereits die zeitgenössische Geschichtsschreibung konstruierte und manipulierte das Bild eines Herrschers. Hinzu kommt die Unzuverlässigkeit des menschlichen Gedächtnisses, das die Erinnerungen nicht einfach abspeichert, sondern selektiert, kontinuierlich weiter verarbeitet und somit deformiert. Weiter bleibt zu beachten, dass die auf den Namen eines Königs ausgestellten Urkunden zwar seine Regierungstätigkeit dokumentieren, aber in der Mehrzahl Produkte der Kanzlei sind und nur selten vom Herrscher direkt diktierte Passagen enthalten, auch wenn wichtige Schriftstücke sicher nicht ohne seine Beteiligung abgefasst wurden. Begrenzt ist auch die Aussagefähigkeit der Bildzeugnisse, die in der Regel idealisierte Darstellungen vermitteln, und der Baudenkmäler, die nur indirekte Hinweise auf die Intentionen des Auftraggebers geben.

Muss der Historiker nach diesem auf den ersten Blick deprimierenden Befund resignieren und die Biographie der Belletristik überlassen? Wohl kaum. Er kann, wie Jacques Le Goff in seinem Buch über den französischen König Ludwig IX., den Heiligen (1226–1270), gezeigt hat, versuchen, sich auf verschiedenen Wegen an das Objekt seines Interesses anzunähern, ohne den Anspruch auf Wissenschaftlichkeit aufzugeben. Entscheidend ist, dass man beachtet, dass die zeitgenössischen Autoren „weder den Willen noch die Möglichkeit besaßen, uns mit dem Individuum bekanntzumachen, das wir heute mit gutem Recht kennenlernen und verstehen möchten". Die mittelalterlichen Geschichtsschreiber entwarfen positive oder negative Modelle von Herrschern, die der Historiker „dekonstruieren" muss. Mit anderen Worten: Er muss die Quellen mit „wissenschaftlichen, das heißt nachweisbaren und überprüfbaren Methoden" kritisch hinterfragen (Le Goff). Dazu gehört es auch, zu untersuchen, ob das überlieferte Herrscherbild Elemente enthält, die im Gegensatz zu der Vorstellung stehen, die ein mittelalterlicher Autor der Nachwelt übermitteln will. Es bleibt dabei zu beachten, dass die historische Quellenkritik zwar mit wissenschaftlichen Methoden arbeitet, die Interpretation der Zeugnisse letztlich jedoch stets subjektiv bleibt.

Das so gewonnene Bild einer historischen Gestalt ist in der Regel fragmentarisch und widersprüchlich; die vollständige Kenntnis des Individuums bleibt also eine Utopie. Der Autor einer historischen Biographie sollte sich deshalb davor hüten, die Widersprüche und Brüche einer Person zu glätten und ein geschlossenes Bild zu konstruieren, das es nicht gegeben hat. Zudem schreibt das Quellenmaterial dem Historiker, anders als dem Romancier, die Grenzen seiner Darstellung vor. Das heißt aber nicht, dass er sich auf eine Nacherzählung der Ereignisse beschränken muss. Es ist hingegen wichtig, Alternativen und Handlungsspielräume aufzuzeigen und die historische Persönlichkeit nicht von ihrem zeitlichen Kontext zu isolieren.

Im Unterschied zu Herrschern wie Karl dem Großen (768–814), Friedrich I. Barbarossa (1152–1190) oder Ludwig dem Heiligen, die Hofbiographen hatten (Einhard, Otto von Freising, Jean de Joinville), gab Friedrich II. keine „offizielle" Biographie in Auftrag, noch hat er autobiographisches Material oder gar Tagebücher hinterlassen. Die Nachrichten über seine Person müssen daher aus einer Vielzahl von verstreuten Zeugnissen zusammengestellt werden.

Die wichtigste historiographische Quelle zur Regierung des Kaisers in Süditalien stellt die Chronik des Richard von San Germano (um 1165–1244) dar, eines Notars, der zeitweise auch im Dienst Friedrichs stand. Sein von einem kaiserfreundlichen Standpunkt aus geschriebenes Werk bemüht sich um eine sachliche Darstellung der Ereignisse, hinter denen die Figur des Herrschers ganz zurücktritt. Mehr über die Person Friedrichs erzählen dagegen zwei geistliche Chronisten, in deren Geschichtswerken der Kaiser die Rolle des Protagonisten spielt: der englische Benediktiner Matthäus Paris (1200–1259) aus der Abtei St. Albans (nordwestlich von London) und der italienische Franziskaner Salimbene de Adam (1221–1288/89) aus Parma.

In der Fortsetzung der Chronik seines Mitbruders Roger von Wendover († 1236) bezieht Matthäus dem staufischen Kaiser gegenüber keine eindeutige Stellung, sondern kommentiert die Ereignisse „jeweils situationsbezogen" (Sommerlechner), wobei er aus seiner Abneigung gegenüber der römischen Kurie, deren Finanzpolitik er kritisiert, keinen Hehl macht. Der Mönch aus St. Albans schrieb zwar weitab von den Schauplätzen der Geschichte, war aber durch seine guten Kontakte mit dem englischen Königshaus, aus dem Friedrichs dritte Gemahlin stammte, auch über die italienischen Ereignisse bestens informiert, wie die in seine Chronik eingearbeiteten Dokumente zeigen.

Entschieden auf Seiten der Gegner Friedrichs stand Salimbene, der zwar erst einige Jahrzehnte nach dem Tod des Kaisers (ab 1282) seine Chronik begann, den Herrscher jedoch noch persönlich erlebt hatte. Für den italienischen Franziskaner war Friedrich „ein unheilvoller und verworfener Mensch, Schismatiker, Ketzer und Epikureer, der die ganze Welt verdarb, indem er in die Städte Italiens den Samen des Zwistes und der Uneinigkeit säte, die bis zum heutigen Tag dauert". Damit spielt Salimbene auf die Kämpfe an, die sich nach dem Tod des Kaisers in Italien zwischen den Ghibellinen, wie sich die Anhänger der Staufer nach dem schwäbischen Waiblingen nannten, und deren Gegnern, den Guelfen, abspielten, die ihren Namen von den deutschen Antagonisten der Staufer, den Welfen, ableiteten und die auf Seiten der Päpste standen. Da der Franziskaner zu den letzteren gehörte, ist sein Bild des Kaisers stark von der antistaufischen päpstlichen Propaganda beeinflusst. Dennoch enthält seine Chronik einige interessante Anekdoten und ansonsten nicht überlieferte Details über Friedrichs Person, die zeigen, dass Salimbene trotz seiner Voreingenommenheit gegenüber dem Staufer sich dessen Faszination nicht ganz entziehen konnte.

Leider verloren ist ein noch aus Friedrichs Lebzeiten stammendes Werk des Bischofs Mainardinus von Imola (1207–1249), das nach Aussage des humanistischen Historikers Pandolfo Collenuccio (1444–1504), dem es noch zur Verfügung stand, „viele Dinge über Friedrich" enthielt (*ridusse in scritto molte cose di Federico*).

Während die zeitgenössische Geschichtsschreibung über den staufischen Herrscher also ziemlich begrenzt ist, liegen aus seiner Regierungszeit Tausende von Urkunden vor. Die Privilegien und Mandate, Gesetze und Rundschreiben ermöglichen einen guten Einblick in die Politik und Herrschaftspraxis. Aus den dreiundfünfzig Jahren der Herrschaft Friedrichs II. (1198–1250) haben sich mehr als doppelt so viele Urkunden erhalten wie aus den achtunddreißig Jahren der Regierung seines Großvaters Friedrich I. Barbarossa (1152–1190): Es handelt sich um über 2500 Privilegien und Mandate, was einen Jahresdurchschnitt von ca. siebenundvierzig Urkunden ergibt. Eine stattliche Zahl, wenn man bedenkt, dass aus der gesamten Regierungszeit Rogers II. von Sizilien (1112–1154), Friedrichs Großvater mütterlicherseits, nur 140 Urkunden, also durchschnittlich 3,6 pro Jahr, bezeugt sind.

Bei der genannten Zahl von 2500 Urkunden Friedrichs II. sind die Mandate nicht mitgerechnet, die im Fragment eines Kanzleiregisters enthalten sind, das einen kleinen Einblick in die Produktion der Kanzlei gibt: Das Fragment enthält über eintausend Anweisungen des Kaisers in inneren Angelegenheiten des Königreichs Sizilien aus einem Zeitraum von gerade einmal sieben Monaten (3. Oktober 1239 – 6. Mai 1240). Damit ergingen pro Monat durchschnittlich ca. 140 schriftliche Befehle an die kaiserlichen Beamten, woraus man hochrechnen kann, dass in den letzten zehn Jahren der Regierung Friedrichs wohl alleine ca. 17.500 Mandate ausgestellt wurden, welche die innere Verwaltung des Südreichs betrafen. Wenn man bedenkt, dass aus den vorhergehenden Jahren der Herrschaft Friedrichs II. keine Register überliefert sind und dass die Register aus den zwei Jahrzehnten der Regierung Karls I. von Anjou als König von Sizilien (1265–1285), die bis zu ihrer Zerstörung im Jahre 1943 im Staatsarchiv Neapel aufbewahrt wurden, mehr als 100.000 Mandate enthielten, kann man sich eine Vorstellung davon machen, wie viel Quellenmaterial verloren gegangen ist.

Außer Chroniken und Urkunden, Briefen und Rundschreiben, sind auch andere schriftliche Quellen zu berücksichtigen, so insbesondere das von Friedrich selbst verfasste Buch über die Falkenjagd. Nicht außer acht gelassen werden dürfen zudem die bau- und kunsthistorischen Zeugnisse: Programmatische Bauwerke wie das Brückenkastell von Capua und Castel del Monte, die der Kaiser in Auftrag gab, müssen ebenso nach ihrem Sinn befragt werden wie Bildzeugnisse, darunter etwa die Darstellung Friedrichs als lorbeergekrönter Caesar auf den berühmten Goldaugustalen.

Folgen wir also nun Friedrich II. als Herrscher, Mensch und Mythos.

I Der Herrscher

Zeittafel

1194 Dez. 26	Geburt Friedrichs II. in Jesi
1196	Wahl Friedrichs II. zum römisch-deutschen König
1197 Sept. 28	Tod Kaiser Heinrichs VI.
1198 März 8	Wahl Philipps von Schwaben zum römisch-deutschen König
Mai 17	Krönung Friedrichs II. zum König von Sizilien
Juni/Juli	Wahl und Krönung Ottos IV. zum römisch-deutschen König
Nov. 28	Tod der Kaiserin Konstanze; Regentschaft Innozenz' III.
1208 Dez. 26	Beginn der selbstständigen Regierung Friedrichs II.
1209 Sommer	Heirat Friedrichs II. mit Konstanze von Aragón
Okt. 4	Krönung Ottos IV. zum Kaiser
1210 Nov. 18	Exkommunikation Ottos IV.
1211 Nov.	Erneute Wahl Friedrichs II. zum römisch-deutschen König
1212–1220	Aufenthalt Friedrichs II. in Deutschland
1212	Krönung Heinrichs (VII.) zum König von Sizilien
Dez. 5	Erneute Wahl Friedrichs II. zum römisch-deutschen König (in Frankfurt)
Dez. 9	Krönung Friedrichs II. zum römisch-deutschen König (in Mainz)
1215 Juli 25	Krönung Friedrichs II. zum römisch-deutschen König (in Aachen); Kreuzzugsversprechen

[handwritten left margin:] Papst 1

[handwritten left margin, vertical:] Innozenz III. (1198–1216)

[handwritten note:] Aachen ist noch im Ottos Einflussbereich

[handwritten note bottom:] 1236 erklärte Friedrich den Reichskrieg gegen die Städte des Lombardenbundes

1220 April 23	Wahl Heinrichs (VII.) zum römisch-deutschen König; großes Privileg für die geistlichen Fürsten (sog. *Confoederatio cum principibus ecclesiasticis*)
Nov. 22	Krönung Friedrichs II. zum römischen Kaiser
Dez.	Assisen von Capua
1222 Mai 8	Krönung Heinrichs (VII.) zum römisch-deutschen König
1223/24	Beginn der Umsiedlung der sizilischen Muslime nach Lucera
1224 Juli	Gründung der Universität Neapel
1226 März 6	Lombardische Liga
1227 Sept.	Aufbruch zum Kreuzzug, Umkehr, Exkommunikation
1228 Juni 21	Beginn des Kreuzzugs
1229 März 17	Einzug in Jerusalem
1230 Juli–Aug.	Frieden von San Germano
1231 Sept.	Konstitutionen von Melfi
1232 Mai	Großes Privileg für die deutschen Fürsten (sog. *Statutum in favorem principum*)
1235–36	Zweiter Aufenthalt Friedrichs II. in Deutschland
1235 Juli	Absetzung König Heinrichs (VII.)
1237 Febr.	Wahl Konrads IV. zum römisch-deutschen König
Nov. 27	Schlacht bei Cortenuova
1239 März	Exkommunikation Friedrichs II.
1241 Mai 3	Gefangennahme der zum einberufenen Konzil nach Rom reisenden Geistlichen
1244	Flucht Innozenz' IV. nach Lyon
1245 Juli 17	Absetzung Friedrichs II. auf dem Konzil von Lyon
1246 März	Verschwörung in Süditalien
Mai 22	Wahl Heinrich Raspes zum römisch-deutschen (Gegen-)König
1247 Okt. 3	Wahl Wilhelms von Holland zum römisch-deutschen (Gegen-)König
1248 Febr.	Niederlage Friedrichs II. vor Parma
1250 Dez. 13	Tod Friedrichs II. in Castel Fiorentino

Honorius III. (1216–1227)

Gregor IX. (1227–1241)

Cölestin IV. (1241 Okt. 25–Nov. 10)

Innozenz IV. (1243–1254)

Handschriftliche Anmerkungen:
- Papst 2
- Papst 3
- Papst 4
- Hochzeit: Isabell von Brienne (Jerusalem-Titel)
- ← Aufhebung Bann
- ← Gesetzessammlung für Sizilien
- 1235 Hochzeit: Isabell v. England
- → Daten zu Folgen fortsetzen

19

Karte 1: Das römisch–deutsche Reich zur Zeit Friedrichs II.

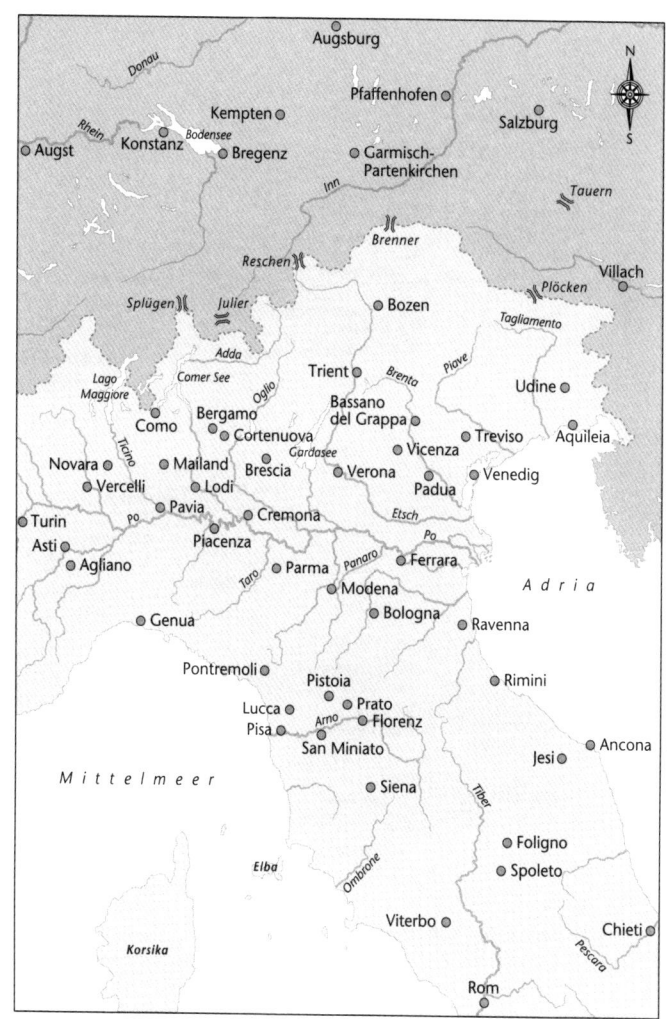

Karte 2: Nord- und Mittelitalien zur Zeit Friedrichs II.

21

Karte 3: Das Königreich Sizilien zur Zeit Friedrichs II.

Karte 4: Der Vordere Orient zur Zeit der Kreuzzüge

23

1 Kind, König, Kaiser (1194–1220)

Friedrich II. wurde am 26. Dezember 1194 in Jesi geboren, einer kleinen Stadt in der Mark Ancona in Mittelitalien. Sein Vater, der Staufer Heinrich VI. (1191–1197), war der Sohn und Nachfolger von Friedrich I. Barbarossa, seine Mutter Konstanze (1154–1198) eine Tochter Rogers II., des Gründers des normannischen Königreichs Sizilien. Vor der Heirat von Friedrichs Eltern war vereinbart worden, dass Konstanze bei einem kinderlosen Tod ihres Neffen, des damals regierenden Königs Wilhelm II. von Sizilien (1166–1189), dessen Nachfolge antreten sollte. Beim Abschluss der Vereinbarung (1184) war nicht vorauszusehen gewesen, dass diese Möglichkeit tatsächlich einmal Wirklichkeit werden würde; doch nach dem plötzlichen Tod Wilhelms am 18. November 1189 im Alter von nur sechsunddreißig Jahren trat genau dieser Fall ein.

Als einige Monate später, im Juni 1190, auch Friedrich Barbarossa starb, erbte Heinrich ein Herrschaftsgebiet, das sich keiner seiner Vorgänger hätte träumen lassen. Neben dem römisch-deutschen Kaiserreich stand ihm durch seine Gattin die Regierung über das Königreich Sizilien zu, das die gesamte südliche Hälfte Italiens mit einschloss. Die Vereinigung der beiden Reiche (sog. *unio regni ad imperium*) war in den führenden Kreisen am Königshof in Palermo freilich umstritten, wobei vielleicht antideutsche Vorurteile mitspielten, wie das von der „deutschen Raserei" (*furor theutonicus*), das auf den lateinischen Dichter Lucan († 65) zurückgeht. Schließlich setzte sich die für die Unabhängigkeit des süditalienischen Königreichs eintretende Partei durch und wählte Tankred von Lecce zum König, einen unehelichen Enkel Rogers II. und somit Vetter Wilhelms II. Papst Clemens III. (1187–1191) legitimierte diese Wahl nachträglich – seit der Gründung des *Regnum Sicilie* durch Roger II. (1130) waren die Päpste die Lehnsherren des Königreichs –, und so konnte Tankred im Januar 1190 in Palermo zum König gekrönt werden. Die päpstliche Entscheidung hatte das Ziel, eine Umklammerung des Kirchenstaats von Norden und Süden durch die Staufer zu verhindern.

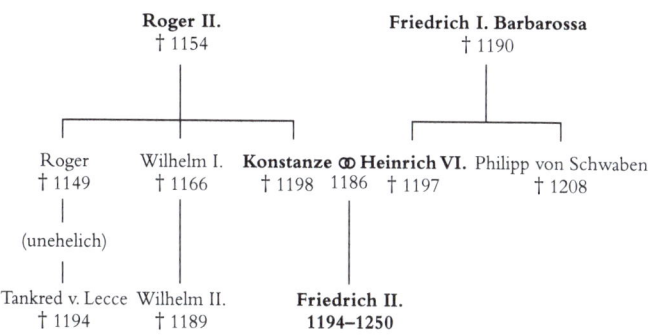

HAUTEVILLE (Sizilien)   **STAUFER** (Deutschland)

Roger II.
† 1154

Friedrich I. Barbarossa
† 1190

Roger	Wilhelm I.	**Konstanze** ⚭ **Heinrich VI.**	Philipp von Schwaben
† 1149	† 1166	† 1198 1186 † 1197	† 1208

(unehelich)

Tankred v. Lecce   Wilhelm II.
† 1194   † 1189

Friedrich II.
1194–1250

Tafel 2:   Die Vorfahren Friedrichs II.

Erst mehr als ein Jahr nach Tankreds Wahl und Krönung konnte Heinrich von Deutschland aus nach Italien aufbrechen, um seine Herrschaftsrechte durchzusetzen, denn ein Feldzug in den Süden brauchte Vorbereitungszeit. Am 15. April 1191 krönte Papst Cölestin III. (1191–1198) ihn und seine Gemahlin in Rom zu Kaiser und Kaiserin. Trotz des päpstlichen Widerstands war Heinrich entschlossen, vom Königreich Sizilien Besitz zu ergreifen. Dabei berief er sich nicht nur auf das Erbrecht Konstanzes, sondern auch auf die alten Ansprüche der römisch-deutschen Herrscher auf ganz Italien. Der Feldzug in den Süden scheiterte jedoch bereits vor den Toren von Neapel, als eine Seuche, die in der Sommerhitze im Heerlager ausbrach, den Kaiser zum Rückzug zwang. Drei Jahre später hatte Heinrich mehr Glück und konnte nach dem Tod Tankreds, der nur einen unmündigen Nachfolger hinterließ, ohne größere Probleme das sizilische Reich erobern und sich am Weihnachtstag des Jahres 1194 in Palermo zum König von Sizilien krönen lassen.

Die doppelte Erbschaft

Die hochschwangere Konstanze war in Jesi geblieben, wo sie am zweiten Weihnachtstag einen Sohn gebar. Um die Geburt Friedrichs haben sich schon früh Legenden gebildet, was auch daran lag, dass seine Mutter damals bereits vierzig Jahre alt und bisher kinderlos geblieben war. Zweifel an der Schwangerschaft der Kaiserin wurden später vor allem von den Gegnern Friedrichs verbreitet, um ihn etwa als untergeschobenen Sohn eines Metzgers aus Jesi (so Salimbene) zu diskreditieren. Ebenfalls in das Reich der Legenden gehört die auf einen späteren Chronisten aus Florenz (Ricordano Malispini, um 1282) zurückgehende Nachricht, Konstanze habe, um jeden Zweifel an ihrer Mutterschaft zu zerstreuen, ihren Sohn öffentlich in einem Zelt auf dem Marktplatz zur Welt gebracht, wobei Malispini anstatt Jesi irrtümlich Palermo als Geburtsort angab.

Abb. 1: Geburt Friedrichs II. in Jesi (Giovanni Villani, 1280–1348)

Wann und wo Friedrich getauft wurde, wissen wir nicht. Es ist anzunehmen, dass dies Ende 1196 geschah, möglicherweise auf den Doppelnamen Roger Friedrich, der auf seine Großväter Roger II. von Sizilien und Friedrich I. Barbarossa verweisen sollte. So liest man jedenfalls in den gut unterrichteten Annalen von Montecassino, und darauf spielte wohl auch der Dichter Petrus von Eboli (bei Salerno) an, als er in einem Heinrich VI. gewidmeten Geschichtsepos im Frühjahr 1195 schrieb: „O willkommener Knabe, Epoche der Zeit der Erneuerung, von jetzt an wirst du Roger, von jetzt an Friedrich sein" (*O votive puer, renovandi temporis etas, / Exhinc Rogerius, hinc Fredericus eris*). Bei der Mehrzahl der zeitgenössischen Geschichtsschreiber findet sich jedoch nur der Name Friedrich, der auch der einzige ist, der in den Urkunden benutzt wurde.

Wenige Monate nach Friedrichs Geburt, im Frühjahr 1195, reiste seine Mutter nach Apulien, um hier die Regentschaft für ihren Gatten zu übernehmen, der von Deutschland aus einen Kreuzzug vorbereitete. Der Kaiser wollte damit an die Kreuzfahrertradition der Staufer anknüpfen und im östlichen Mittelmeerraum als neue Ordnungsmacht auftreten: Die Fürsten von Kleinarmenien (in Kilikien, im Süden der heutigen Türkei) und Zypern waren als Gegenleistung für ihre Erhebung zu Königen bereit, seine Vasallen zu werden. Gleichzeitig war das Kreuzzugsversprechen ein wirksames und beliebtes Mittel, um bereits frühzeitig die Nachfolge zu regeln, denn auch andere Kreuzfahrer setzten vor ihrer Abreise Erben ein für den Fall, dass sie nicht lebend aus dem Heiligen Land zurückkehren sollten.

Es gelang Heinrich aber weder die Erblichkeit der römisch-deutschen Königskrone durchzusetzen (sog. Erbreichsplan), noch den Papst dazu zu bewegen, die römisch-deutsch-sizilische Vereinigung anzuerkennen und Friedrich zu taufen und zum König zu salben. Ende 1196 erreichte es der Kaiser allerdings, dass die deutschen Fürsten den zweijährigen Friedrich zum „König der Römer" wählten. Diese Bezeichnung brachte den traditionellen Anspruch der deutschen Herrscher auf Rom und die Kaiserkrone zum Ausdruck. Da es weder den Titel eines „Königs von Deutschland" noch den eines „deutschen Königs" gab, spricht man daher in der modernen Literatur von „römisch-deutschen" Herrschern.

Heinrich konnte den Plan, seinem Sohn vor Beginn des Kreuzzugs auch noch die Krone des römisch-deutschen Königs aufsetzen zu lassen, nicht verwirklichen, denn am 28. September 1197 starb er überraschend im Alter von erst einunddreißig Jahren. Sein Bruder Philipp, seit 1196 Herzog von Schwaben, der bereits in Mittelitalien angekommen war, um den Thronfolger nach Aachen zu geleiten, musste umkehren, denn mit der Nachricht vom Tod des Kaisers brachen in Italien Aufstände aus. Konstanze, die nun allein über das Königreich Sizilien herrschte, ließ daraufhin ihren noch nicht drei Jahre alten Sohn an den Königshof nach Palermo bringen. In dieser Zeit beschränkte sie ihre Regierung auf ihr Erbreich und betonte dessen Selbstständigkeit. Die mit Heinrich ins Land gekommenen Deutschen wurden ausgewiesen, der vom Kaiser eingesetzte Kanzler Walter von Pagliara eingekerkert.

In Deutschland entstand durch den Tod Heinrichs ein Machtvakuum, das ein im Kindesalter stehender König nicht ausfüllen konnte. Die deutschen Fürsten beschlossen daher, einen neuen Herrscher zu wählen, einigten sich aber nicht auf einen gemeinsamen Kandidaten (sog. deutscher Thronstreit): Ein Teil von ihnen stimmte am 8. März 1198 für Philipp von Schwaben, der eigentlich nur die Regentschaft für Friedrich hätte ausüben sollen; eine andere Gruppe hingegen einige Wochen später für den Welfen Otto IV., einen Sohn des 1180 von Friedrich Barbarossa abgesetzten Herzogs Heinrich des Löwen (1142–1180, † 1195). Daraufhin ließ Konstanze den kleinen Friedrich am 17. Mai 1198 im Dom von Palermo, wo sein Vater Anfang des Monats in einem Porphyrsarkophag beigesetzt worden war, zum König von Sizilien krönen.

Ein Kind als König von Sizilien

Um ihrem Sohn wenigstens die Nachfolge im Süden zu sichern, musste Konstanze sich Innozenz III. (1198–1216) gegenüber, unter dem das Papsttum den Höhepunkt seines Einflusses in Europa erreichte, entgegenkommend zeigen. So verzichtete sie auf die Kontrolle der süditalienischen Landeskirche, wie sie von ihren Vorgängern gegen den Widerstand der Päpste durchgesetzt worden war. Da sie jedoch die Verhandlungen mit Innozenz nur als sizilische Königin und nicht als Kaiserin führte, hielt sie ihrem Sohn spätere Optionen offen. Heinrich VI. hatte sich nämlich mit Berufung auf die „Würde des Kaisertums" (*dignitas imperii*) stets geweigert, Sizilien vom Papst als Lehen zu nehmen. Kurz vor ihrem Tod am 28. November 1198 setzte Konstanze Innozenz zum Vormund Friedrichs und zum Regenten des Königreichs ein, was dem Papst als dessen Lehnsherr ohnehin zustand. Die Verwaltung wurde einem Familiarenkolleg genannten Thronrat übertragen, der aus dem Kanzler Walter von Pagliara, Bischof von Troia (bei Foggia in Apulien), und vier süditalienischen Erzbischöfen bestand.

Walter von Pagliara, den Konstanze erst kurz vor ihrem Tod auf Wunsch des Papstes begnadigt hatte, spielte in den folgenden Jahren eine dominierende Rolle in der Regierung, während die päpstlichen Legaten nur über einen begrenzten Handlungsspielraum verfügten. Erfolgreicher war dagegen Markward von Annweiler, ein ehemaliger Heereskommandant Heinrichs, den Konstanze ausgewiesen hatte. Von König Philipp als Sachwalter der staufischen Interessen im Süden betrachtet, gelang es ihm, trotz des päpstlichen Widerstands in Sizilien Fuß zu fassen und im November 1200 in das Familiarenkolleg aufgenommen zu werden.

Friedrich blieb zunächst in der Obhut Walters von Pagliara, bis Markward am 1. November 1201 in einem Handstreich Palermo und damit den inzwischen fast siebenjährigen König in seine Hand brachte. Nach Markwards Tod (Ende 1202) riss Wilhelm Capparone, vermutlich ein deutscher Heerführer, der ebenfalls mit Heinrich VI. nach Italien gekommen war, die Macht an sich und trat als „Wächter des Königs und Großkapitän Siziliens" (*regis custos et magister capitaneus Siciliae*) auf. Einige Jahre später, im November 1206, gelang es jedoch Walter von Pagliara mithilfe Diepolds von Schweinspeunt, der von

Heinrich mit der Grafschaft Acerra (nordöstlich von Neapel) belehnt worden war und seitdem die süditalienische Halbinsel unsicher machte, Capparone auszuschalten und die Gewalt über den König zurück zu gewinnen.

Zwei Jahre später, am 26. Dezember 1208, vollendete Friedrich das vierzehnte Lebensjahr und entwuchs damit der Lehnsvormundschaft des Papstes. Er wurde nicht „volljährig", wie man immer wieder liest, sondern trat nur rechtlich in die *pubertas* ein, die eingeschränkt rechtsfähige Minderjährigkeit, die erst mit der Vollendung des achtzehnten Lebensjahres endete.

Die Zeit der päpstlichen Regentschaft war vor allem vom Adel der süditalienischen Halbinsel ausgenutzt worden, um sich eines Teils des Domänenbesitzes, der Burgen und der königlichen Einnahmen zu bemächtigen. Ein minderjähriger Thronfolger verursachte in allen mittelalterlichen Reichen Unsicherheit. So auch im Königreich Sizilien, das allerdings mit dem Familiarenkolleg einen Kronrat besaß, der sich in Zeiten der Minderjährigkeit eines Herrschers als funktionsfähig erwies. Die Zentralverwaltung in Palermo überstand die häufigen Führungswechsel ohne große Probleme; in den Provinzen hatten die königlichen Beamten jedoch Schwierigkeiten sich durchzusetzen. Von einer Zeit der „Anarchie" zu sprechen, wie dies häufig getan wurde, ist aber wohl übertrieben. Damals wurden zahlreiche Urkunden auf den Namen Friedrichs ausgestellt, doch die Entscheidungen trafen in Wirklichkeit die jeweiligen Machthaber in Palermo. Die Kanzleiarbeit ging nach Konstanzes Tod ungestört weiter; nur unter Markward von Annweiler und Wilhelm Capparone nahm die Zahl der ausgestellten Urkunden stark ab.

Die deutsche Königskrone

Kurz vor Ende der Vormundschaft, im Sommer 1208, vermittelte Innozenz III. die Heirat Friedrichs mit der mindestens zehn Jahre älteren Spanierin Konstanze, einer Schwester König Peters II. von Aragón (1196–1213), deren erster Gatte,

König Emmerich von Ungarn, im November 1204 gestorben war. Der päpstliche Schachzug diente der politischen Einbindung des sizilischen Königreichs in den Mittelmeerraum – Peter II. hatte sich 1204 dem Schutz des Papstes unterstellt – und verhinderte außerdem eine eventuelle Ehe Friedrichs mit einer deutschen Fürstentochter. Begleitet von ihrem Bruder Alfons, Graf der Provence, traf Konstanze am 15. August 1209 in Palermo ein. Sie brachte, wie im Heiratsvertrag vereinbart, fünfhundert Ritter mit, die helfen sollten, die Herrschaft ihres kaum dem Kindesalter entwachsenen Ehemannes in Süditalien zu festigen.

Schon bei der ersten Gelegenheit machte Friedrich deutlich, dass er die sizilische Monarchie in ihrer früheren Stärke wiederherstellen wollte. Unter Berufung auf die alten Rechte der normannischen Könige von Sizilien griff er in die Wahl des Erzbischofs von Palermo ein, wogegen Innozenz vergeblich protestierte. Ferner begann Friedrich damit, den Domänenbesitz, der in den Jahren seiner Minderjährigkeit verloren gegangen war, zurück zu gewinnen. Der 1208 zum Bischof von Catania ernannte Walter von Pagliara verlor an Einfluss, während der Erzbischof Berard von Bari, den der Papst einige Jahre später auf Wunsch Friedrichs nach Palermo versetzte (1213–1252), zu einem der engsten Vertrauten des Herrschers wurde. Nachdem der junge Staufer einen Aufstand auf Sizilien niedergeschlagen hatte, plante er, mit den von Konstanze mitgebrachten Rittern auf das süditalienische Festland überzusetzen. Doch als ihr Anführer, Graf Alfons, und viele seiner Landsleute kurz nach Friedrichs Hochzeit an einer in Palermo ausgebrochenen Seuche starben, fehlten ihm dazu die nötigen Truppen.

Inzwischen war in Deutschland der staufisch-welfische Thronstreit durch die Ermordung König Philipps am 21. Juni 1208 auf unerwartete Weise beendet worden, so dass Otto IV. keine Schwierigkeiten mehr hatte, sich durchzusetzen. Er kam dem Papst weitgehend entgegen, und dieser krönte ihn daraufhin am 4. Oktober 1209 in Rom zum Kaiser. Bald zeigte sich jedoch, dass Otto nicht bereit war, seine Versprechungen zu halten, sondern dass auch er mit Berufung auf „das alte

Kaiserrecht" (*antiquum ius imperii*) über ganz Italien herrschen wollte. Im November 1210 marschierte der neue Kaiser in das Königreich Sizilien ein, unterwarf Kampanien und Apulien und bereitete im Herbst 1211 die Überfahrt nach Sizilien vor. Friedrich blieb nicht untätig und ließ die Befestigungen der Stadt Messina an der Meerenge zwischen Sizilien und Kalabrien verstärken. Er befand sich allerdings in einer bedrohlichen Lage, denn er hatte kein größeres Heer zur Verfügung.

Diese Situation änderte sich durch das Eingreifen des Papstes entscheidend: Innozenz exkommunizierte den Welfen, der seine Zusagen gebrochen hatte, löste dessen Untertanen von ihren Treueiden und forderte die deutschen Fürsten auf, „einen anderen Kaiser zu wählen". Als Kandidaten schlug er Friedrich vor, der daraufhin im November 1211 erneut zum römisch-deutschen König gewählt wurde, nachdem seine Wahl von 1196 schon bald nach dem Ereignis als nicht mehr gültig angesehen worden war. Dieser Vorschlag von Innozenz mag verwundern, war es doch bisher stets sein Ziel gewesen war, eine Personalunion des sizilischen mit dem römisch-deutschen Reich zu verhindern. Nun kam es dem Papst aber vor allem darauf an, Otto auszuschalten: Ein mit dem englischen König, der weite Teile Frankreichs in der Hand hatte, verwandter und verbündeter römisch-deutscher Kaiser, der über Nord- und Süditalien herrschte, war für das Papsttum eine größere Gefahr als der gerade dem Kindesalter entwachsene, relativ schwache Staufer, dessen Wahl auch der französische König Philipp II. (1180–1223) befürwortete, der sich ebenfalls von der Koalition zwischen Otto und dem englischen Herrscher bedroht sah.

Das Eingreifen von Innozenz zwang den Welfen zum Rückzug nach Deutschland und befreite Friedrich aus einer höchst gefährlichen Situation. Angesichts der noch auf schwachen Füßen stehenden Herrschaft des jungen Staufers in Süditalien, der weiten Reise und der Schwierigkeiten, die nördlich der Alpen zu erwarten waren, war es jedoch ein hohes Risiko, die Wahl zum römisch-deutschen König anzunehmen, denn sie verlangte eine Präsenz in Deutschland. Doch

Karte 5: Der Reiseweg Friedrichs II. von Sizilien nach Deutschland (1212)

dazu war Friedrich offensichtlich bereit. Ungeachtet der Warnungen seiner Umgebung begann er mit der Vorbereitung des Unternehmens.

Zunächst erkannte er ausdrücklich die päpstliche Lehnshoheit über das Königreich Sizilien an, ließ seinen noch nicht einjährigen, in der ersten Hälfte des Jahres 1211 geborenen Sohn Heinrich zum König krönen und übertrug seiner Frau Konstanze die Regentschaft. Mit einem kleinen Gefolge reiste Friedrich dann im März 1212 zu Schiff von Messina nach Gaeta (nördlich von Neapel) und weiter nach Rom, wo er dem Papst den Lehnseid schwor. Von diesem mit Geld und Empfehlungsschreiben ausgestattet, erreichte er auf dem Seeweg Genua und durchquerte unter teils abenteuerlichen Umständen die Lombardei.

Als Friedrich feststellen musste, dass der Brennerpass sich in der Hand von Anhängern Ottos befand, überschritt er die Alpen weiter westlich und erreichte über Chur und St. Gallen schließlich im September Konstanz. Hier konnte er im letzten Augenblick den Bischof auf seine Seite ziehen, obwohl sein welfischer Gegenspieler bereits im nahen Überlingen lagerte. Erzbischof Berard von Bari, der Friedrich begleitete, verkündete in Konstanz öffentlich die päpstliche Exkommunikation Ottos, woraufhin dieser sich nach Norden zurückzog, so dass dem Staufer der Weg in das väterliche Herzogtum Schwaben offen stand. Es handelte sich um den ersten einer Reihe von Glücksfällen, die Friedrich als Zeichen dafür ansah, dass Gott auf seiner Seite war.

Nachdem die Fürsten Friedrich am 5. Dezember 1212 in Frankfurt erneut (zum dritten Mal!) zum König gewählt hatten, wurde er am darauf folgenden Sonntag, dem 9. Dezember, im Dom zu Mainz gekrönt, da sich der traditionelle Krönungsort Aachen noch in der Hand Ottos befand. Seitdem bezeichnete sich der junge Herrscher als „König der Römer und König von Sizilien", womit sein doppelter Anspruch auf Kaisertum und Südreich zum Ausdruck kam. Der Staufer verdankte seinen raschen Erfolg in Deutschland vor allem dem Papst, daneben aber auch dem französischen König Philipp, mit dem er Mitte November ein gegen Otto und dessen

Onkel, König Johann von England (1199–1216), gerichtetes Bündnis schloss.

Hinzu kam, dass Friedrich durch seine Freigebigkeit, die ihn von seinem welfischen Gegenspieler unterschied und sogar den Dichter Walther von der Vogelweide († 1230) beeindruckte, rasch die deutschen Fürsten auf seine Seite zog. Auch dem Papst gegenüber war der Herrscher nicht kleinlich. So verzichtete er am 12. Juli 1213 in der sog. Goldbulle von Eger unter anderem auf die von seinen Vorgängern beanspruchten Rechte bei den Bischofswahlen und erkannte die territoriale Selbstständigkeit des Kirchenstaats an. Einige Monate später ließ Friedrich den Leichnam König Philipps von Bamberg nach Speyer in die Grabkirche der salischen Kaiser umbetten, ein Akt, der seinem „allerliebsten Onkel" (*carissimus patruus*) und Vorgänger ein angemessenes Gebetsgedenken sicherte und gleichzeitig die Kontinuität zwischen Saliern und Staufern versinnbildlichte.

Auf den Spuren Karls des Großen

Die endgültige Entscheidung zugunsten Friedrichs brachte die schwere Niederlage, die der französische König dem welfisch-englischen Heer in der Schlacht von Bouvines (östlich von Lille) am 27. Juli 1214 zufügte. Damit war das Schicksal Ottos besiegelt, der sich nach Braunschweig zurückzog und einige Jahre später auf der Harzburg starb (1218). Friedrich brach hingegen nach Aachen auf, um von der traditionellen Stätte der deutschen Königskrönung Besitz zu ergreifen. In der dortigen Marienkirche ließ sich der zwanzigjährige Staufer am 25. Juli 1215, dem Fest des Apostels Jakobus, Schutzpatron der Pilger und Kreuzfahrer, nochmals feierlich zum römisch-deutschen König krönen, bestieg den Thron Karls des Großen und nahm das Kreuz. Mit diesem Kreuzzugsversprechen sicherte er sich die päpstliche Unterstützung zu einem Zeitpunkt, als seine Herrschaft noch nicht endgültig gefestigt war. In Aachen stellte sich der junge Staufer ausdrücklich in die Tradition des von Karl dem Großen begründeten abendländischen Kaisertums, zu dessen Pflichten der Schutz der heiligen Stätten gehörte. Zwei Tage später nahm Friedrich in der Aachener Marienkirche an der Umbettung der Gebeine des 1165 auf Wunsch Barbarossas heilig gesprochenen Kaisers in einen Goldschrein teil und „nagelte (…) vor aller Augen das Behältnis fest zu" (Reiner von Lüttich).

Abb. 2: Der Schrein Karls des Großen im Dom von Aachen

Das Laterankonzil im November 1215, das den Papst auf dem Höhepunkt seiner Macht zeigte, wies den Versuch Ottos, die Aufhebung seiner Exkommunikation zu erreichen, endgültig ab und erkannte Friedrich definitiv als römisch-deutschen König an. Nun begannen die Verhandlungen über die Kaiserkrönung, in deren Mittelpunkt die Frage nach dem künftigen Verhältnis des Staufers zum Königreich Sizilien stand. Da der Papst auf einer Trennung beider Reiche bestand, versprach Friedrich am 1. Juli 1216, nach seiner Kaiserkrönung das Südreich seinem noch unmündigen Sohn Heinrich zu überlassen, für den unter ausdrücklicher Anerkennung der päpstlichen Lehnshoheit ein Regent eingesetzt werden sollte, bis er volljährig geworden war. Innozenz konnte zufrieden sein, denn die Gefahr einer Umklammerung des Kirchenstaats war damit vorläufig abgewandt.

In Wirklichkeit bereitete Friedrich aber eine Lösung vor, die gerade das ermöglichte, was der Papst verhindern wollte. Er ließ den bereits zum König von Sizilien gekrönten fünfjährigen Heinrich nach Deutschland bringen, um ihn dort zum römisch-deutschen König wählen zu lassen unter dem Vorwand, angesichts des bevorstehenden Kreuzzugs müsse er auch in Deutschland seine Nachfolge regeln. Dazu war Friedrich auf die Mitwirkung der deutschen Fürsten angewiesen, denen er weitgehend entgegen kam. So bestätigte er beispielsweise Herzog Ottokar (Otakar Přemysl) I. von Böhmen (1198–1230) den Königstitel, den ihm König Philipp verliehen hatte.

In den folgenden Jahren widmete sich Friedrich dem Ausbau des staufischen Territorialbesitzes in Süddeutschland und umgab sich vorwiegend mit aus diesem Gebiet stammenden Grafen, Edelfreien und Ministerialen, wie die ursprünglich unfreien Dienstleute genannt wurden, die im Laufe des 12. Jahrhunderts in die Lehnshierarchie eingegliedert worden waren. Bei der Verwaltung des geerbten Haus- und Reichsguts kümmerte er sich besonders um die Burgen und die Städte, vermied jedoch Konflikte mit den Fürsten, deren Territorialherrschaften er anerkannte.

Trotz seiner konzilianten Haltung dauerte es immerhin vier Jahre, bis Friedrich im April 1220 in Frankfurt die Wahl seines Sohnes Heinrich zum König erreichte. Die geistlichen Reichsfürsten, denen dabei eine entscheidende Rolle zukam, erhielten dafür wenige Tage später eine umfassende Anerkennung ihrer Rechte, wofür im 19. Jahrhundert der Ausdruck *Confoederatio cum principibus ecclesiasticis* (Bündnis mit den geistlichen Fürsten) geprägt wurde. Die von Friedrich gewünschte Nachfolgeregelung setzte natürlich die Zustimmung des Papstes voraus. Günstig für den Staufer war, dass der energische und noch relativ junge Innozenz Mitte Juli 1216 plötzlich starb und als Nachfolger ein Kardinal gewählt wurde, der sich, obwohl er grundsätzlich die Politik seines Vorgängers fortsetzte, kompromissbereit zeigte, zumal der von Innozenz ausgerufene

Kreuzzug bald ins Stocken geriet. Der neue Papst, Honorius III. (1216–1227), setzte der Wahl Heinrichs keinen Widerstand entgegen, nachdem Friedrich im Februar 1220 nochmals versichert hatte, er werde nach seiner Kaiserkrönung auf das sizilische Königreich zugunsten seines Sohnes verzichten und es bis zu dessen Volljährigkeit einem dem Papst genehmen Regenten anvertrauen.

Damit stand dem Aufbruch nach Rom nichts mehr im Weg und Anfang September 1220 betrat Friedrich nach achtjähriger Abwesenheit wieder italienischen Boden. Eine wichtige Rolle bei den Verhandlungen zur Vorbereitung der Kaiserkrönung spielte der aus einer thüringischen Ministerialenfamilie stammende Hermann von Salza, Hochmeister des Deutschen Ordens (1219–1239). Dieser Ende des 12. Jahrhunderts nach dem Vorbild der Templer und Johanniter entstandene Orden bestand vorwiegend aus deutschen Rittern, die ein Mönchsgelübde abgelegt hatten und ihr Leben dem Schutz des Heiligen Landes widmeten. Da es sich um eine geistliche Korporation handelte, die unmittelbar dem Papst unterstand, andererseits aber seit ihrer Gründung von den Staufern gefördert wurde, musste ihrem Vorsteher an einem guten Verhältnis zwischen Kaiser und Papst gelegen sein. Hermann von Salza, der einer der engsten Vertrauten Friedrichs wurde, bemühte sich zeitlebens darum, die Konflikte zwischen der geistlichen und weltlichen Führungsspitze des christlichen Abendlands zu entschärfen. Ihm war die Vereinbarung zu verdanken, nach der Friedrich offiziell darauf verzichtete, das römisch-deutsche mit dem sizilischen Reich zu vereinigen, obwohl der Papst im Interesse des bevorstehenden Kreuzzugs in der Praxis vorläufig das Gegenteil duldete.

Am 22. November 1220 krönte Honorius in der Peterskirche in Rom Friedrich zum Kaiser und seine Gemahlin Konstanze zur Kaiserin. Dabei nahm der Staufer noch einmal das Kreuz und versprach, im August des folgenden Jahres ins Heilige Land aufzubrechen. Noch am Krönungstag verpflichtete er sich, die Rechte der Kirche zu respektieren und insbesondere die Ketzer zu bekämpfen.

Wenige Wochen vor seinem sechsundzwanzigsten Geburtstag, im Dezember 1220, betrat Friedrich wieder das Königreich Sizilien. Er konnte auf eine Reihe von Erfolgen zurückblicken, die acht Jahre vorher beim Aufbruch des noch nicht Achtzehnjährigen in den Norden kaum vorstellbar erschienen waren. Der junge Herrscher hatte sein Königtum in Deutschland gesichert, die römische Kaiserkrone erworben und gleichzeitig sein Südreich nicht aus der Hand gegeben. Nun galt es, das Kreuzzugsversprechen in die Tat umzusetzen und mit den komplexen Problemen Italiens fertig zu werden. Dazu gehörte die Auseinandersetzung mit den städtischen Kommunen Oberitaliens, die wenige Jahrzehnte vorher für seinen Großvater Friedrich Barbarossa zu einem unüberwindbaren Hindernis geworden waren.

2 Universale Herrschaft und ihre Grenzen (1220–1238)

Als die Kaiserkrönung und die Rückkehr nach Italien näher rückten, wandte sich Friedrich bereits von Deutschland aus verstärkt dem Königreich Sizilien zu. Seit 1219 wurden immer mehr Urkunden für süditalienische Empfänger ausgestellt, die dazu den weiten Weg über die Alpen auf sich nahmen, wie etwa die Erzbischöfe von Brindisi und Otranto. Daneben erließ der Herrscher eine Verfügung, nach der im Königreich Sizilien alle der Krone entfremdeten Güter zurückzugeben und frühere Bewilligungen zu überprüfen waren. Die Kaiserkrönung in Rom war für Friedrich schließlich eine gute Gelegenheit, die zahlreichen aus dem Süden angereisten weltlichen und geistlichen Großen ihre Treue beschwören zu lassen.

Erste Maßnahmen im Königreich Sizilien

Am 20. Dezember 1220 hielt der Kaiser in Capua, der ersten größeren Stadt des Königreichs, die er nach seiner Rückkehr betrat, einen Hoftag ab. Friedrich erließ einige programmatische Gesetze (Assisen), die zeigten, dass er an die gesetzgeberische Tätigkeit seiner normannischen Vorgänger anknüpfen und wie sie die Königsmacht stärken wollte. So ordnete er unter anderem an, alle nach dem Tod König Wilhelms II. (1189) ohne königliche Erlaubnis errichteten Burgen abzureißen. In den folgenden Jahren ging Friedrich energisch daran, die Assisen von Capua in die Tat umzusetzen. Alle nach 1189 ausgestellten Privilegien mussten erneuert werden. Dabei wurde oft eine Vorbehaltsklausel eingefügt, die es dem Kaiser möglich machte, seine Verfügungen jederzeit zu widerrufen.

Einige Monate später, im Mai 1221, verkündete Friedrich in Messina weitere Gesetze, die verdeutlichten, dass er sich als Garant sowohl der weltlichen als auch der geistlichen Ordnung sah: Gotteslästerung und Würfelspiel wurden verboten. Außerdem sollten sich Juden und Prostituierte durch besondere Kleidung kenntlich machen, wie es das Laterankonzil von 1215 vorgesehen hatte. Da letztere Vorschriften nicht in die zehn Jahre später verkündeten Konstitutionen von Melfi übernommen wurden, darf man annehmen, dass sie zunächst vor allem zur Beruhigung des Papstes dienten. Dieser hatte die Maßnahmen von Capua als für die Kirche nachteilig kritisiert.

Der versprochene Kreuzzug war in den nächsten Jahren ein ständiges Gesprächsthema zwischen Kaiser und Papst. Während Honorius darauf drängte, dass Friedrich bald ins Heilige Land aufbrechen sollte, hatte für den staufischen Herrscher die Neuordnung des sizilischen Königreichs Vorrang. Er wollte den risikoreichen Zug nach Jerusalem nicht unternehmen, ohne vorher seine Herrschaft im Südreich gefestigt zu haben. Im Juli 1221 schickte Friedrich zwar Schiffe ins Heilige Land, legte jedoch seinen persönlichen Aufbruch, den er für August 1221 versprochen hatte, mit Zustimmung des Papstes auf März 1222 fest.

Auf den Kreuzzugsaufruf Innozenz' III. hin waren im Jahre 1217 Heere unter der Führung König Andreas' II. von Ungarn (1205–1235) und Herzog Leopolds VI. von Österreich (1198–1230) nach Akkon aufgebrochen, um von dort nach Jerusalem zu ziehen (sog. Fünfter Kreuzzug). Als der König von Ungarn wegen Meinungsverschiedenheiten mit anderen Fürsten den Kreuzzug verließ (1218), beschlossen die verbliebenen Kreuzfahrer, Ägypten, das Zentrum der muslimischen Macht, anzugreifen. Hier residierten die Ayyubiden, die Nachfolger Saladins (1138–1193), der 1187 das Kreuzfahrerkönigreich Jerusalem erobert hatte. Der Sultan al-Kāmil (1218–1238) bot den Kreuzfahrern vergeblich an, ihnen die wichtigsten Ziele der christlichen Pilger im Heiligen Land abzutreten, darunter auch Jerusalem. Nach einem anfänglichen Erfolg, der Eroberung der im östlichen Nildelta gelegenen Stadt Damiette Anfang November 1219, erlitt das christliche Heer, das vergeblich auf Friedrichs Ankunft hoffte, im August 1221 eine empfindliche Niederlage und musste einen Monat später geschlagen nach Europa zurückkehren.

Angesichts dieses Debakels drohte Honorius III. dem Staufer mit der Exkommunikation, wenn er nicht bald persönlich den Kampf gegen die Ungläubigen aufnehme. Friedrich gelang es aber, den Papst bei einem gemeinsamen Treffen im März 1223 zu beruhigen und den Aufbruchtermin auf Juni 1225 zu verschieben. Gleichzeitig verpflichtete er sich, nachdem seine Frau Konstanze im Juni 1222 gestorben war, die Erbin des Königreichs Jerusalem, Isabella von Brienne, zu heiraten.

Zunächst begab sich der Kaiser jedoch nach Sizilien, wo die Muslime, die noch einen beträchtlichen Anteil an der Bevölkerung der Insel ausmachten, die Stadt Agrigent (an der Südküste) besetzt und den dortigen Bischof ein Jahr lang gefangen gehalten hatten. Friedrich schlug den Aufruhr nach dreimonatigen Kämpfen nieder und ließ die Anführer hinrichten. Doch bald kam es erneut zu Erhebungen und der Kaiser war im Mai 1223 gezwungen, nochmals in Sizilien einzugreifen. Der Widerstand der Muslime war allerdings so erbittert, dass Friedrich noch bis zum Frühjahr 1225 gegen sie kämpfen musste. Daraufhin befahl er, die Aufständischen in die nordwestlich von Foggia gelegene Stadt Lucera umzusiedeln, wo sie isoliert in fremder Umgebung nicht mehr gefährlich werden konnten. Im Gegenteil: Da der Kaiser ihnen dort seinen Schutz und die freie Ausübung ihrer Religion gewährte, wurden sie ihm ergebene Untertanen. Die Sarazenenkolonie von Lucera schützte den nördlichen Zugang nach Apulien, und die in das kaiserliche Heer aufgenommenen muslimischen Soldaten, vor allem Bogenschützen, erwiesen sich als sehr zuverlässig. Auch vom päpstlichen Vorwurf, dass der Bischof von Lucera die Stadt für die Muslime verlassen musste, ließ sich Friedrich nicht beeindrucken.

Obwohl der Papst ihn immer wieder an seine Pflicht zum Kreuzzug erinnerte, hatte für den Kaiser weiterhin die Festigung seiner Herrschaft im Königreich Sizilien Priorität. Die zentralen „Behörden" Kanzlei, Kammer und Hofgericht wurden ausgebaut, ebenso die dezentrale Verwaltung der Provinzen. Begriffe wie „Beamte", „Behörden" und „Verwaltung" dürfen hierbei nicht im modernen Sinn verstanden werden, sondern dienen lediglich zur Bezeichnung der von der Krone abhängigen Funktionäre und Einrichtungen. Die Kompetenzen der einzelnen „Ämter" waren nicht immer klar abgegrenzt und wurden flexibel gehandhabt. So befassten sich beispielsweise die höchsten Provinzbeamten, die Justitiare, die eigentlich hauptsächlich für die Gerichtsbarkeit zuständig waren, auch mit Angelegenheiten der Finanzverwaltung, während führende Finanzbeamte wie die Oberkämmerer, Oberprokuratoren und Sekreten nicht selten auch in anderen Bereichen der Verwaltung eingesetzt wurden.

Die Grundlagen für die Herausbildung des Beamten, eines für das Mittelalter neuen Typs des Staatsdieners, der ein zeitlich befristetes und auf Sachkompetenz begründetes Amt ausübte und aus der feudalen Gesellschaft herausgehoben war, waren bereits von Friedrichs Großvater, Roger II., gelegt worden. Mithilfe einer auf Rationalisierung und Territorialisierung ausgerichteten zentralen Verwaltung hatten er und seine Nachfolger als Könige von Sizilien versucht, die zentrifugalen Tendenzen des Lehnswesens zu überwinden, und hatten das

Königreich in Provinzen eingeteilt. Dieser eingeschlagene Weg wurde von Friedrich nun fortgesetzt. Das Geld für den Ausbau der Verwaltung kam unter anderem aus der Einführung einer neuen, einheitlichen Silberwährung (Denare): Die Bevölkerung musste die alten Münzen abgeben, wobei die Krone durch den zu ihren Gunsten festgelegten Wechselkurs erhebliche Gewinne erzielte. Der Zwangsumtausch diente aber nicht nur dazu, die Staatskasse aufzufüllen, sondern ermöglichte Süditalien, sich in den auf Silberwährung basierenden europäischen Wirtschaftsraum zu integrieren.

Zur Ausbildung des Verwaltungspersonals gründete Friedrich im Jahre 1224 die Universität Neapel, die erste von einem Herrscher vollständig neu errichtete und von kirchlichem Einfluss freie Hochschule in Europa. Die bisher bestehenden Universitäten in Bologna, Paris und Oxford waren mehr oder weniger spontan aus älteren juristischen oder theologischen Schulen entstanden; vergleichbar ist nur die Hochschule in Salamanca, die König Alfons IX. von León (1188–1230) von einer Kathedralschule in eine Universität (1218) umgewandelt hatte. Die kaiserliche Universitätsgründung in Neapel sollte manche Schwierigkeiten mit sich bringen: Während Friedrichs Aufenthalt im Heiligen Land (1228/29) wurde infolge der in Süditalien ausgebrochenen Unruhen der Lehrbetrieb fast vollständig eingestellt, so dass im Jahre 1234 neue Maßnahmen ergriffen werden mussten, um die Existenz der Universität Neapel zu sichern. Fünf Jahre später (1239) war ihr Bestehen jedoch erneut in Frage gestellt und nur eine gemeinsame Protestaktion von Dozenten und Studenten konnte den Herrscher davon abhalten, die Hochschule wegen Geldmangels zu schließen.

Im Sommer 1223 gelang es dem Kaiser, den Grafen Thomas von Celano (1212–1254) zu unterwerfen, der sich an der Nordgrenze des Königreichs einen größeren Herrschaftsbereich aufgebaut und sich Friedrichs Versuch, den Handlungsspielraum der großen Adelsfamilien einzuschränken, widersetzt hatte. Dem Kreuzzug stand somit eigentlich nichts mehr im Weg. Doch nun stellte sich heraus, dass das Werben des Deutschordenshochmeisters Hermann von Salza und anderer für das Unternehmen in Deutschland nur geringe Resonanz gefunden hatte. Die Kreuzzugsbegeisterung war im Laufe des 12. Jahrhunderts stark zurückgegangen, eine Tendenz, die sich nach dem Scheitern von Barbarossas Zug nach Jerusalem (1190) noch verstärkt hatte. Honorius gewährte dem Kaiser im Jahre 1225 in San Germano (dem heutigen Cassino) einen erneuten, letzten Aufschub: Friedrich leistete den Schwur, im August 1227 mit einem von ihm ausgerüsteten Heer von 1000 Rittern und 150 Schiffen aufzubrechen und für die Überfahrt von weiteren 2000 Rittern zu sorgen; andernfalls sollte er automatisch exkommuniziert werden. Es folgte die Trauung mit Isabella von Brienne im November in Brindisi, die dem staufischen Herrscher den Titel des Königs von Jerusalem einbrachte.

Das Verhältnis Friedrichs zum Papst war nicht nur durch die mehrfache Verschiebung des Kreuzzugs belastet, sondern auch wegen der Eingriffe des Kaisers in die Angelegenheiten der Kirchen in Süd- und Mittelitalien sowie insbesondere im früher zum Reich gehörenden Herzogtum Spoleto und in der Mark Ancona, die inzwischen feste Bestandteile des Kirchenstaates geworden waren. Während Friedrich, um Honorius entgegen zu kommen, die päpstliche Herrschaft in Mittelitalien schließlich anerkannte, bestand er darauf, im Königreich Sizilien die Bischofswahlen zu kontrollieren, wie es seine Vorgänger im 12. Jahrhundert getan hatten. Der dadurch ausgelöste Konflikt mit Honorius erreichte im Jahre 1225 einen Höhepunkt; doch im August des folgenden Jahres gab der Kaiser in den umstrittenen Bischofswahlen nach, denn inzwischen waren in Norditalien Probleme aufgetreten, bei deren Lösung er auf die Mitwirkung des Papstes angewiesen war.

Die Absicht Friedrichs auch im Norden der italienischen Halbinsel seine Herrschaft durchzusetzen, zeigt ein im März 1224 verkündetes Gesetz, das drastische Maßnahmen gegen die Ketzer in der Lombardei vorsah: Da die Ketzerei als Majestätsverbrechen gegenüber Gott betrachtet wurde, sollten die Häretiker entweder durch den Tod auf dem Scheiterhaufen bestraft werden, oder es sollte ihnen, falls dies zur Abschreckung wirksamer war, die Zunge abgeschnitten werden.

Damit stärkte der Kaiser nicht nur die Stellung der oberitalienischen Bischöfe gegenüber den Kommunen, sondern unterstrich auch seine ihm von Gott verliehene Rolle als Verteidiger der Kirche.

Kommunen, Kreuzzugsvorbereitungen und Exkommunikation

Die Auseinandersetzung mit den wirtschaftlich starken Städten Norditaliens, die im Laufe der Zeit immer selbstständiger geworden waren, hatte bereits Friedrich Barbarossa in große Schwierigkeiten gebracht, und seinem Enkel sollte es nicht besser ergehen. Als Friedrich II. für Ostern 1226 die Fürsten Deutschlands und Reichsitaliens, wie die Gebiete nördlich des Kirchenstaats wegen ihrer Zugehörigkeit zum römisch-deutschen Kaiserreich genannt werden, zu einem Hoftag nach Cremona (südlich von Mailand) einlud, musste dies die Kommunen beunruhigen. Das traditionell kaiserfreundliche Cremona war nämlich der Hauptkonkurrent Mailands, der mächtigsten Stadt der Lombardei. Die meisten lombardischen Kommunen schlossen sich daraufhin am 6. März 1226 zur „Lombardischen Liga" zusammen, die als die „zweite" bezeichnet wird, um sie von der 1167 gegen Friedrich Barbarossa gebildeten zu unterscheiden. Obwohl die Städte nach dem Konstanzer Frieden von 1183, einem mit Barbarossa nach Jahren erbitterter Kämpfe ausgehandelten Kompromiss, das Recht zur Bildung einer solchen Liga hatten, musste Friedrich das unmittelbar vor dem Hoftag von Cremona abgeschlossene Bündnis als bedrohlich empfinden.

Wie begründet diese Befürchtung war, zeigt die Tatsache, dass die der Liga beigetretene Stadt Verona dem Heer, mit dem Friedrichs Sohn, König Heinrich, von jenseits der Alpen gekommen war, das Etschtal, also den Zugang nach Oberitalien, sperrte, so dass dieser nach sechswöchigem Aufenthalt in Trient im Juni 1226 nach Deutschland zurückkehren musste. Die Verhandlungen zwischen dem Kaiser und dem lombardischen Städtebund blieben ohne Ergebnis, denn das gegenseitige Misstrauen war groß, und keine der beiden Seiten wollte Zugeständnisse machen. Die Kommunen waren darauf bedacht, ihre politische Unabhängigkeit zu behaupten; Friedrich wollte hingegen Konzessionen vermeiden, die er als unvereinbar mit der kaiserlichen Würde betrachtete. Als die oberitalienischen Städte seiner Vorladung nicht nachkamen, ließ sie der Kaiser vom päpstlichen Kreuzzugslegaten Bischof Konrad II. von Hildesheim (1221–1248) mit Interdikt (Verbot aller religiösen Handlungen) und Exkommunikation belegen; anschließend wurden sie als Reichsfeinde und Majestätsverbrecher geächtet.

Nachdem die Liga auch einen letzten Kompromissvorschlag Friedrichs abgelehnt hatte, blieb diesem nichts anderes übrig, als den Papst, dem er wenige Monate zuvor durch sein Nachgeben in der Frage der Besetzung der süditalienischen Bischofssitze entgegengekommen war, um Vermittlung zu bitten. Honorius, dem es am Herzen lag, alle Hindernisse für den Zug des Kaisers ins Heilige Land aus dem Wege zu räumen, verkündete am 5. Januar 1227 einen Schiedsspruch, der für beide Seiten annehmbar war: Friedrich sollte dem Lombardenbund im Interesse des Kreuzzugs verzeihen, die oberitalienischen Städte keine feindlichen Aktionen gegen den Kaiser unternehmen und ihm 400 Ritter für das Unternehmen zur Verfügung stellen. Friedrich stimmte diesem Kompromiss zu, doch der Lombardenbund zögerte und akzeptierte ihn erst nach einigen Monaten, als Honorius bereits gestorben war.

Einen Tag nach dem Tode des Papstes, am 19. März 1227, wählten die Kardinäle den Kardinalbischof Hugolinus von Ostia, der bereits seit längerem das Kardinalskollegium dominierte, zum Nachfolger. Er war ein Neffe von Innozenz III. und wie dieser ein ausgezeichneter Jurist, außerdem ein erfahrener Diplomat und Förderer der neuen Bettelorden, besonders der Franziskaner, die sich als wertvolle Helfer des Papsttums erweisen sollten. Da sie sich im Unterschied zu den traditionellen Mönchen nicht in abgelegene Klöster zurückzogen, sondern predigend umherwanderten und den Kontakt mit der Bevölkerung suchten, übten die Franziskaner bald einen nicht zu unterschätzenden Einfluss in ganz Europa aus. Der neue Papst wählte den programmatischen Namen Gregor IX., wohl in Anspielung auf seine gleichnamigen Vorgänger Gregor I. den Großen (590–604) und Gregor VII. (1073–1085), unter denen die Stellung des Papsttums entscheidend gestärkt worden war.

Während Honorius es geduldet hatte, dass Friedrich mehrfach seinen Aufbruch zum Kreuzzug verschob, und es generell vermieden hatte, offen auf Konfrontationskurs zu gehen, erwies sich Gregor IX. als ein Kirchenoberhaupt, das unerbittlich auf seinen Positionen beharrte und nur auf eine Gelegenheit wartete, die Macht des Kaisers, die nach seiner Auffassung die Unabhängigkeit der Kirche bedrohte, in die Schranken zu weisen.

Anfang September 1227 brach Friedrich endlich ins Heilige Land auf, obwohl unter den im Hafen von Brindisi lagernden Kreuzfahrern eine Seuche ausgebrochen war, die auch ihn angesteckt hatte. Wegen seiner angegriffenen Gesundheit war der Kaiser gezwungen, nach wenigen Tagen umzukehren, um sich in den Heilbädern von Pozzuoli (westlich von Neapel) zu erholen. Daraufhin exkommunizierte der Papst Friedrich, weil dieser erneut sein Kreuzzugsversprechen nicht gehalten hatte. Der Herrscher bemühte sich vergeblich, Gregor davon zu überzeugen, dass es sich nicht um eine vorgeschobene Krankheit handelte – der mit ihm reisende Landgraf Ludwig IV. von Thüringen (1217–1227) war an ihr nach wenigen Tagen gestorben – und dass er im nächsten Jahr sein Versprechen einlösen werde. Die Exkommunikation bedeutete für den Betroffenen nicht nur den Ausschluss von den kirchlichen Sakramenten, sondern auch die Auflösung aller ihm geleisteten Treueide, bedrohte also die Grundlagen der auf personalen Beziehungen beruhenden kaiserlichen Herrschaft.

Nachdem der Papst seinen Bannspruch wiederholt hatte, betonte der Kaiser in einem Rundschreiben, in dem er sein Verhalten rechtfertigte, dass er seine Macht allein Gott verdanke; ferner beschuldigte er Gregors Vorgänger Innozenz III., ihn während seiner Kindheit schlecht beschützt und sein Südreich dem Zerfall preisgegeben zu haben. Der Papst antwortete mit der Anklage, Friedrich bedrücke die Einwohner dieses Königreichs, das Eigentum der römischen Kirche sei. Die Positionen verhärteten sich. Gregor wiederholte im März 1228 nochmals seine Exkommunikation des Kaisers, belegte die Städte, die diesen aufzunehmen gedachten, mit dem Interdikt und drohte Friedrich, ihm das süditalienische Königreich zu entziehen, falls er weiterhin der Kirche den Gehorsam verweigere. Dass der Papst es damit ernst meinte, zeigen seine vermehrten Kontakte mit Mailand, dem Haupt des Lombardenbunds. Friedrich reagierte, indem er am 21. Juni 1228 erklärte, Gregor den nördlichen Teil des Kirchenstaats entziehen zu wollen. Eine Woche später, am 28. Juni 1228, brach der Kaiser dann von Brindisi aus erneut zum lange versprochenen Kreuzzug auf.

Der ungewöhnliche Kreuzzug

Friedrichs Kreuzzug war in mehrfacher Hinsicht außergewöhnlich. Es war bisher nicht vorgekommen, dass ein aus der Gemeinschaft der Kirche ausgeschlossener Herrscher gegen den ausdrücklichen Willen des Papstes ins Heilige Land zog. Hinzu kommt, dass es dem Kaiser nicht nur darum ging, die heiligen Stätten den Ungläubigen zu entreißen, sondern mit Jerusalem auch die Hauptstadt desjenigen Königreichs zurückzuerhalten, als dessen König er sich seit seiner Heirat mit Isabella von Brienne bezeichnete. Genau genommen stand die Krone von Jerusalem seinem vor dem Aufbruch ins Heilige Land, am 26. April 1228 geborenen Sohn Konrad zu. Friedrich war eigentlich nur dessen Regent, beanspruchte aber in der Praxis den Titel des Königs von Jerusalem für sich und führte ihn bis zu seinem Tod.

Bemerkenswert ist ferner, dass Friedrichs Unternehmen im Unterschied zu den vorhergehenden Kreuzzügen wie ein normaler Feldzug organisiert war: Er musste sich die Teilnahme der Fürsten und Adeligen durch materielle Gegenleistungen erkaufen und auf besoldete Ritter zurückgreifen. Der Kreuzzug sollte außerdem dazu dienen, der kaiserlichen Lehnshoheit über die Königreiche Zypern und Armenien Geltung zu verschaffen, wie dies bereits Heinrich VI. geplant hatte. Friedrich war über die dortige politische Situation vor allem durch Hermann von Salza gut informiert. Der Hochmeister des Deutschen Ordens war ein exzellenter Kenner des östlichen Mittelmeerraums, in dem der von ihm geleitete Ritterorden zahlreiche Niederlassungen aufgebaut hatte.

Anfang 1227 war am Hof des Kaisers ein Gesandter al-Kāmils, des Sultans von Ägypten, eingetroffen, der sich von Friedrichs Unternehmen indirekte Hilfe gegen seine Brüder al-Muʿaẓẓam und al-Ašraf erwartete, die Syrien bzw. den nördlichen Irak beherrschten und Ägypten anzugreifen drohten. Dafür war der Sultan bereit, einen großen Teil des Königreichs Jerusalem und seine Hauptstadt abzutreten, die freilich seinem Bruder al-Muʿaẓẓam gehörte. Friedrich konnte ein solches Angebot nur willkommen sein und so sandte er im Sommer 1227 den Erzbischof Berard von Palermo mit Geschenken nach Kairo, für die sich der Sultan mit Gegengaben bedankte. Als wenige Monate später am Kaiserhof die Nachricht eintraf, al-Muʿaẓẓam sei gestorben, schienen die Aussichten auf einen erfolgreichen Kreuzzug viel versprechend.

Friedrich sandte also im April 1228 unter der Führung des Richard Filangieri († 1263), seit 1224 Marschall des Königreichs Jerusalem, 500 Ritter voraus. Mit einer großen, aus vierzig Galeeren und zahlreichen zusätzlichen Lastschiffen bestehenden Flotte, die etwa hundert Ritter und 3000 Fußsoldaten transportierte, segelte der Kaiser Ende Juni von Brindisi ab und erreichte nach Zwischenstationen auf Kreta und Rhodos am 21. Juli 1228 Zypern, wo er sechs Wochen lang blieb. Es ging darum, die Lehnshoheit über das Inselkönigreich zu festigen sowie weitere Ritter und Geld für den Zug ins Heilige Land zu erhalten. Friedrich sah darüber hinweg, dass der noch unmündige König Heinrich I. von Zypern (1218–1254) einige Jahre zuvor ohne kaiserliche Einwilligung gekrönt worden war und begnügte sich damit, dass dieser und seine Vasallen ihm den Lehnseid schwuren und ihn als Regenten des Königreichs anerkannten. Zu Problemen kam es mit dem bisherigen Regenten, dem mächtigen Herrn von Beirut, Johann von Ibelin († 1236), der in Syrien und Zypern reich begütert war. Dieser weigerte sich, die Einkünfte aus den zehn Jahren der Regentschaft an Friedrich abzugeben und verschanzte sich auf einer Burg bei Nikosia. Um nicht weitere Zeit zu verlieren, begnügte sich der Kaiser mit einem Kompromiss: Er erhielt die Einkünfte des Königs von Zypern, der außerdem 200 Ritter für den Kreuzzug zur Verfügung stellte, und Johann von Ibelin sicherte ihm seine Unterstützung in Syrien zu.

Am 7. September 1228 kam das Kreuzfahrerheer in Akkon an, das nach der Eroberung Jerusalems durch Saladin (1187) praktisch zur Hauptstadt des Königreichs Jerusalem geworden war. Hier trafen wenig später zwei Franziskaner ein, die päpstliche Briefe mitbrachten, in denen dem Patriarchen Gerold von Jerusalem (1225–1239) befohlen wurde, die Exkommunikation des Kaisers im Heiligen Land bekannt zu machen, und die Ritterorden aufgefordert wurden, Friedrich ihre Unterstützung zu verweigern. Die Folge war eine Spaltung der christlichen Kräfte: auf der einen Seite stand das kaiserliche Heer, das der Deutsche Orden ungeachtet der päpstlichen Anordnung unterstützte, auf der anderen Seite der dem Kaiser feindlich gesinnte Patriarch Gerold sowie die Templer und Johanniter, die auf Distanz zu Friedrich gingen, ohne jedoch zunächst das Kreuzzugsheer zu verlassen.

Die Verhandlungen, die der Kaiser sogleich nach seiner Ankunft in Akkon mit al-Kāmil begann, gestalteten sich schwieriger als erwartet. Der Sultan, der kurz zuvor die wichtigsten Städte Palästinas, darunter Jerusalem in seine Hand gebracht hatte, zögerte, sein Angebot von 1227 in die Tat umzusetzen. Die Position al-Kāmils war durch den Tod al-Muʿaẓẓams erheblich gestärkt worden, und nachdem er mit dessen Sohn an-Nāṣir im November 1228 ein Abkommen geschlossen hatte, zog der Sultan die Verhandlungen mit dem Kaiser in die Länge. Friedrich brauchte dagegen einen schnellen Erfolg im Heiligen Land, um auf ein Einlenken Gregors hoffen und umgehend nach Süditalien zurückkehren zu können, wo seine Herrschaft ernsthaft bedroht war. Denn während der Kaiser sich in Zypern aufhielt, hatte der Papst dessen Untertanen von ihren Treueiden gelöst, was praktisch einer Absetzung Friedrichs gleichkam. Hinzu kam, dass päpstliche Truppen im Januar 1229 das sizilische Königreich angriffen.

Infolgedessen musste der Kaiser die Möglichkeit einer militärischen Auseinandersetzung mit dem Sultan, die er ursprünglich nicht ausgeschlossen hatte, fallen lassen, da sie zuviel Zeit gekostet hätte, und alles auf die diplomatische Karte setzen. Im Februar 1229 einigte sich Friedrich mit al-Kāmil, der angesichts eines bevorstehenden Konflikts mit seinem Neffen an-Nāṣir nicht mehr zögerte. Der Sultan verzichtete auf Jerusalem mit Ausnahme des *Templum Domini*, des Orts der Darbringung Jesu im Tempel, über dem der sog. Felsendom errichtet worden war. Die Muslime verehrten in ihm den Ausgangspunkt von Mohammeds Himmelfahrt (der sog. Nachtreise) und hatten daneben die al-Aqṣā-Moschee erbaut. Der Felsendom sollte in der Obhut der Muslime bleiben, die den Christen den freien Zugang zum Gebet gestatten sollten. Weiter trat al-Kāmil an Friedrich die Dörfer zwischen Bethlehem und Jerusalem sowie zwischen Jerusalem und Jaffa ab, ferner Nazareth mit einer Landverbindung nach Akkon, die Baronie Toron (östlich von Tyros) sowie Sidon mit Umgebung (s. Karte 4). Der Sultan gestattete den Christen, die Städte Jerusalem, Jaffa und Caesarea sowie die Deutschordensburg Montfort (nördlich von Akkon) zu befestigen, während er selbst sich verpflichtete, keine neuen Festungen zu bauen. Schließlich wurden ein Austausch der Gefangenen und ein Waffenstillstand von zehn Jahren vereinbart.

Friedrich hatte auf friedlichem Wege mehr erreicht als die kriegerischen Aktionen der vorhergehenden Kreuzzüge. Der allgemeine Enthusiasmus war groß. Lediglich dem Patriarchen Gerold, der wie der Papst dem Kaiser nicht traute, genügte das Erreichte nicht. Er kritisierte außer der Tatsache, dass die christlichen Besitzungen in der Umgebung von Jerusalem nicht zurückgegeben wurden, grundsätzlich Friedrichs Nachgiebigkeit gegenüber dem muslimischen Herrscher, die er als würdelos und unangemessen ansah.

Der Kaiser selbst betrachtete das Erreichte hingegen als einen großen Erfolg, der ein weiteres Mal zeigte, dass Gott auf seiner Seite stand. Er zog am 17. März 1229 in Jerusalem ein und setzte sich am folgenden Tag, einem Sonntag, in der Grabeskirche die Krone des Königreichs Jerusalem auf. Es handelte sich dabei nicht um eine Selbstkrönung, wie dies seine Gegner darstellten, denen moderne Historiker lange Zeit geglaubt haben (so z. B. Kantorowicz, der darin eine Parallele zur Selbstkrönung Napoleons sah, mit dem er Friedrich auch sonst mehrfach verglich); eine solche war mit den mittelalterlichen Vorstellungen von der Sakralität des Krönungsaktes unvereinbar. Friedrich trug die Krone lediglich, um damit das erreichte Ziel des Kreuzzugs, die Wiedergewinnung Jerusalems, deutlich zu machen. Auf den Rat Hermann von Salzas vermied er es, dies im Rahmen einer religiösen Zeremonie zu tun, was Gregor als Provokation hätte auslegen können, denn als Exkommunizierter war der Kaiser von allen kirchlichen Riten ausgeschlossen.

Am selben Tag sandte Friedrich ein Rundschreiben an den Papst und die Könige von England und Frankreich, seinen Sohn Heinrich und die Großen seiner Reiche, in dem er von seinem Erfolg berichtete, zu dem ihm Gott verholfen habe. Er hoffte wohl, dass Gregor angesichts der Erfüllung des Kreuzzugsversprechens und der Rückerstattung Jerusalems an die Christen einlenken und die Exkommunikation aufheben würde. Mit dieser Hoffnung stand er nicht allein. Ein süddeutscher Teilnehmer des Kreuzzugs, der Dichter Freidank († 1233?), schrieb: „Got unde der kaiser hânt erlôst / ein grap, deist aller kristen trôst / (…) Sît er daz beste hât getân, / sô sol man in ûz banne lân" (Gott und der Kaiser haben ein Grab befreit, das die Zuversicht aller Christen ist. Nachdem er sein Bestes getan hat, muss man ihn vom Kirchenbann befreien).

Der Patriarch war allerdings anderer Meinung und belegte am folgenden Tag die heilige Stadt mit dem Interdikt, so dass in den soeben befreiten Kirchen Jerusalems keine religiösen Handlungen mehr stattfinden konnten. Daher verließ Friedrich noch am selben Tag die Stadt. Nach einem Aufenthalt in Jaffa traf er am 25. März wieder in Akkon ein. Dort kam es zu Auseinandersetzungen mit Gerold und den mit ihm verbündeten Templern, die schließlich sogar mit Waffengewalt ausgetragen wurden. Enttäuscht über soviel Undank und alarmiert von den Nachrichten, die aus Süditalien eintrafen, wo Gregors Truppen bis nach Benevent vorgedrungen waren, verließ der Kaiser am 1. Mai 1229 Akkon. Es blieb keine Zeit mehr für einen möglicherweise von ihm geplanten Zug nach Kleinarmenien, um auch dort wie in Zypern die Lehnshoheit des Reichs zu bekräftigen.

Friedrichs ungewöhnlicher Kreuzzug konnte als ein Erfolg betrachtet werden, war doch Jerusalem nach der Eroberung durch Saladin (1187) nun endlich wieder in christlicher Hand. Das Königreich Jerusalem in seinen alten Grenzen wiederherzustellen, war unter den gegebenen Umständen nicht möglich gewesen; die wichtigsten Ziele der christlichen Pilger, Jerusalem, Bethlehem und Nazareth, waren aber zurück gewonnen worden. All das hatte jedoch nicht die erhoffte Versöhnung mit dem Papst gebracht. Gregor stand Friedrich weiterhin feindlich gegenüber und versuchte seine Herrschaft im Königreich Sizilien mit allen Mitteln zu Fall zu bringen.

Aussöhnung mit dem Papst und Neuordnung des Königreichs Sizilien

Am 10. Juni 1229 traf der Kaiser wieder in Brindisi ein. Fast ein Jahr lang hatte ihn der Kreuzzug fern gehalten, und die Situation, die er nun in Süditalien vorfand, war bedrohlich. Aufgestachelt von Gregor, der das Gerücht verbreitet hatte, Friedrich sei auf dem Kreuzzug ums Leben gekommen, hatten sich viele Städte dem Papst unterstellt, der ihnen eine weitgehende Selbstständigkeit versprach. Dem Kaiser gelang es allerdings rasch, die päpstlichen Truppen zurückzuschlagen und die Aufständischen zu unterwerfen. Einige Städte, wie das an der Nordgrenze des Königreichs gelegene Sora (nördlich von Montecassino) und San Severo (bei Foggia), ließ Friedrich zur Abschreckung dem Erdboden gleich machen. Den Besitz der Abtei Montecassino, die den Papst unterstützt hatte, beschlagnahmte er. Anfang Oktober verkündete der Kaiser optimistisch, er werde bald nach Norditalien und Deutschland kommen, um dort für Ordnung zu sorgen.

Wie sehr das Ansehen Friedrichs gewachsen war, zeigen zwei Gesandtschaften aus dem Osten, die am Kaiserhof eintrafen: Theodoros Angelos, der Fürst von Epiros und Kaiser von Thessalonike (1212/24–1230, † 1254), und Johannes III. Vatatzes (1221–1254), der in Nicäa (Nikaia, südöstlich von Konstantinopel) residierende byzantinische Kaiser, suchten Unterstützung gegen Friedrichs Schwiegervater Johann von Brienne, den neuen Herrscher des lateinischen Kaiserreichs (1231–1237), das die Kreuzfahrer nach dem Vierten Kreuzzug (1204) in Konstantinopel eingerichtet hatten. Johann hatte sich bald nach der Heirat des Staufers mit seiner Tochter mit seinem Schwiegersohn überworfen und war zu einem seiner schärfsten Gegner geworden.

Trotz seiner starken Stellung vermied der Kaiser eine bewaffnete Auseinandersetzung mit dem Papst. Er folgte vermutlich dem Rat Hermanns von Salzas, der unermüdlich zwischen kaiserlichem und päpstlichem Hof hin und her reiste. Gregor war durch seine militärische Schwäche gezwungen, einen Ausgleich mit Friedrich zu suchen. Er stellte aber harte Bedingungen, um ihn vom Kirchenbann zu lösen: Der Kaiser sollte allen Anhängern des Papstes verzeihen, die Freiheit der süditalienischen Kirchen respektieren und von diesen keine Steuern erheben; die im Norden des Königreichs Sizilien gelegenen Städte Gaeta und Sant'Agata (Sant'Agata de' Goti, westlich von Benevent), die sich dem Papst unterstellt hatten, sollten unter dessen Obhut bleiben. Ferner sollte Friedrich schwören, die Vereinbarung zu halten, und als Garantie dem Papst sieben grenznahe Kastelle übergeben. Der Kaiser zeigte sich bereit, diese Bedingungen anzunehmen, um endlich von der Exkommunikation befreit zu werden. Nur im Falle der wichtigen Hafenstadt Gaeta wollte er nicht nachgeben.

Schließlich fand man einen Kompromiss, der Gregor weitgehend entgegenkam und den Friedrich am 23. Juli 1230 in San Germano mit einem Schwur bekräftigte: Der Kaiser verzieh allen, die den Papst gegen ihn unterstützt hatten, einschließlich der lombardischen Städte. Weiter versprach er, das Herzogtum Spoleto und die Mark Ancona nicht mehr anzutasten. Die Entscheidung über den Status von Gaeta und

Sant'Agata wurde verschoben: Gespräche bzw. ein Schiedsgericht sollten zu einer für beide Seiten annehmbaren Lösung führen. Friedrich verpflichtete sich darüber hinaus, die den Templern und Johannitern entzogenen Güter zurückzugeben und den Bischöfen, die in den letzten Jahren wegen ihrer Parteinahme für den Papst aus dem Königreich ausgewiesen worden waren, die Rückkehr zu gestatten. Nachdem der Kaiser Anfang August Gregor in den noch offenen Fragen der Gerichts- und Steuerfreiheit der Kirche und der Kastelle an der Nordgrenze des Königreichs, die Hermann von Salza verwalten sollte, entgegengekommen war, wurde am 28. August 1230 der Frieden von San Germano abgeschlossen.

Das Ende der dreijährigen Auseinandersetzung mit dem Papst wurde am 1. September in dessen Heimatstadt Anagni, nördlich von San Germano, mit einem Friedensmahl gefeiert, an dem außer Friedrich und Gregor nur Hermann von Salza teilnahm. Die wichtige Rolle, die der Hochmeister des Deutschen Ordens als Vermittler zwischen Papst und Kaiser spielte, wird deutlich an der Tatsache, dass der Frieden hielt, solange er lebte. Unmittelbar nach Hermanns Tod 1239 brach der Konflikt wieder aus und verschärfte sich so nachhaltig, dass er nicht mehr beizulegen war.

In den folgenden Jahren veränderte Friedrich die Strukturen des Königreichs weiter, wie er es in der ersten Hälfte der zwanziger Jahre begonnen hatte. Er ersetzte die damals erlassenen Assisen von Capua durch ein umfassendes Gesetzbuch, das im September 1231 in Melfi verkündet wurde. Mit ihren 220 Gesetzen sind die Konstitutionen von Melfi im mittelalterlichen Europa der erste Versuch einer umfassenden offiziellen Gesetzessammlung. Damit knüpfte der Staufer sowohl an die Gesetzgebung seiner normannisch-sizilischen Vorgänger als auch an die Kodifikation des byzantinischen Kaisers Justinian (527–565) an. Friedrichs Konstitutionen galten zwar nur für das Königreich Sizilien, wurden aber als kaiserlich (*constitutiones imperiales* oder *augustales*) bezeichnet, da sie vom Kaiser erlassen worden waren.

Im Vorwort der Konstitutionen machte Friedrich deutlich, wie er seine Herrschaft verstand. Seiner Auffassung nach war die Monarchie die einzige Staatsform, die in der Lage war, ein allgemeines Chaos zu verhindern, das die Menschen ansonsten anrichten würden. Nur der von Gott eingesetzte Herrscher garantierte demnach Recht und Frieden sowie den Schutz der Kirche und der Untertanen. Ein besonderes Anliegen der Konstitutionen, die prozessrechtliche, strafrechtliche und zivilrechtliche Fragen behandelten, war die Effizienz des Gerichtswesens. Das Gesetzbuch wurde nach 1231 mehrmals modifiziert und ergänzt. Obwohl die Konstitutionen von Melfi trotz ihres Anspruchs, anderen staatlichen Ordnungen als Maßstab (I 92: *norma regnorum*) zu dienen, kaum Einfluss auf die Gesetzgebung außerhalb des Königreichs Sizilien ausübten, so wird ihre Bedeutung allein schon daran deutlich, dass sie in Süditalien bis zum Beginn des 19. Jahrhunderts in Kraft blieben.

Gleichzeitig mit dem Gesetzbuch von Melfi erließ Friedrich im Sommer 1231 Anordnungen, mit denen er die Wirtschaft des Königreichs weiter reformieren wollte. Zum Wohl der Krone und der Bevölkerung sollten die landwirtschaftliche Produktion gesteigert und der Export gefördert werden. Ferner strebte er eine effizientere Bewirtschaftung der staatlichen Ländereien an, die zum größten Teil verpachtet wurden. In Apulien versuchte der Kaiser die mit Saisonarbeitern bewirtschafteten staatlichen Meierhöfe (*Masserie*) in zentral geplante landwirtschaftliche Großunternehmen umzuwandeln. Um den Binnenhandel zu fördern, der überwiegend in der Hand einheimischer Kaufleute blieb, während im Fernhandel weiter ihre Kollegen aus Oberitalien dominierten, richtete Friedrich im Januar 1234 sieben große Messen ein, die von April bis Oktober in regelmäßigen Abständen in einigen wichtigen Städten der süditalienischen Halbinsel von Sulmona im Norden bis nach Reggio Calabria im Süden, darunter auch im von Muslimen bewohnten Lucera, stattfinden sollten. Außerdem ließ er 1239 neue Hafenanlagen und Speicher errichten.

Die Krone, die selbst der größte Getreideproduzent war und an die ein Zwölftel des privat produzierten Getreides abgeliefert werden musste, kontrollierte den Außenhandel mit diesem wichtigsten Ausfuhrprodukt des Königreichs. Alle importierten oder exportierten Waren mussten in den Hafenstädten in staatlichen Lagerhäusern (*fundici*) deponiert werden, was die Einziehung der Zölle erleichterte. Die Produktion und der Handel mit bestimmten Produkten (Salz, Eisen, Kupfer, Pech und Stahl) waren der Krone vorbehalten, die seit der Normannenzeit auch das Monopol der Schlachtereien innehatte. Mit der Herstellung von Rohseide wurde ein Konsortium von Juden der Stadt Trani in Apulien betraut, während andere Juden die Färbereien ebenfalls im Staatsmonopol betrieben. Die Kirche wurde von der Krone in der bisher üblichen Höhe finanziell unterstützt, nicht aber an den für die Zukunft zu erwartenden höheren Einnahmen beteiligt.

Angesichts des wachsenden Geldbedarfs des Staates erhob der Kaiser seit 1235 regelmäßig eine direkte Steuer, die Generalkollekte, die am Jahresanfang fällig wurde. Die Steuerlast wurde in den letzten fünfzehn Jahren der Herrschaft Friedrichs immer drückender, zumal die pauschale Verpachtung eines Teils der Steuern an private Unternehmer leicht dazu führen konnte, dass die Bevölkerung finanziell geradezu ausgesaugt wurde. Um Amtsmissbrauch und Beamtenbestechung zu bekämpfen, setzte der Kaiser spezielle Untersuchungskommissionen ein. Die kaiserliche Wirtschaftspolitik war nicht nur fiskalischer Natur, auch wenn die Kriege die Staatskasse immer stärker belasteten. Friedrich versuchte durch Siedlungsprojekte und Städtegründungen die Infrastruktur zu verbessern. So gründete er in Apulien die Stadt Altamura (südwestlich von Bari), in Kalabrien Monteleone (heute Vibo Valentia, südlich von Cosenza), in Sizilien an der Südküste Heraclea (heute Gela) und an der Ostküste Augusta.

Ein erheblicher Teil der staatlichen Einnahmen floss in die Landesverteidigung, die der Kaiser nach den Erfahrungen während seiner Abwesenheit im Heiligen Land als besonders reformbedürftig empfand. Friedrich strebte daher danach, alle wichtigen Befestigungen in seine Hand zu bekommen und verstärkte die königlichen Kastelle an der Nordgrenze des Reichs und an den Küsten. Darüber hinaus befestigte er in der ersten Hälfte der dreißiger Jahre die Sarazenenkolonie in

Lucera. Intensiv bemühte sich der Herrscher um eine bessere Verwaltung und Instandsetzung der königlichen Burgen sowie um die Verstärkung und Ausrüstung ihrer Besatzungen. Friedrichs Kastelle dienten einerseits zur Sicherung der Herrschaft im Inneren, andererseits zur Abwehr eventueller Angriffe von außen. Sie waren aber keine reinen Zweckbauten, sondern sollten auch den Untertanen die Macht des Kaisers vor Augen führen.

Besonders eindrucksvoll war das Brückenkastell (Abb. 3), das Friedrich 1234 in Capua errichten ließ. Es ist als eine Art

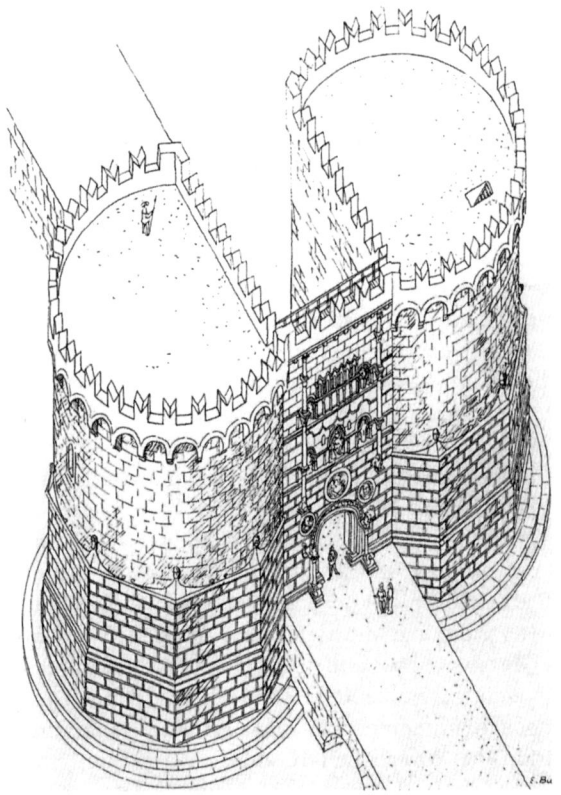

Abb. 3: Brückenkastell von Capua (Rekonstruktion)

Eingangstor zum Königreich Sizilien konzipiert. Wer von Norden, von Rom kam, betrat hier die erste bedeutende Stadt des Südreichs. In der Mitte der Fassade über dem Brückentor war eine Sitzstatue des Kaisers aufgestellt, rechts und links daneben zwei weibliche mit antiken Gewändern bekleidete Figuren, die vermutlich Tugenden darstellten. Unterhalb dieser drei Statuen befanden sich drei runde Nischen mit überlebensgroßen Büsten. Die mittlere, eine Frau, stellte wahrscheinlich die Justitia dar, wie die sie umrahmende Inschrift nahe legt („auf Caesars Befehl wache ich über das Reich, elend mache ich diejenigen, die ich wankelmütig weiß"); in den Nischen rechts und links daneben standen zwei Büsten bärtiger Männer, wohl zwei Hofrichter, mit den Inschriften: „Furchtlos trete ein, wer unbescholten zu leben bemüht ist" und „Der Untreue fürchte das Exil oder den Tod im Kerker". Das Bildprogramm führte den Untertanen Friedrichs Herrschaftsauffassung vor Augen: Der über der Justitia thronende Kaiser ist Ursprung und Garant der Gerechtigkeit. Wer sich gegen ihn auflehnt, kann nicht mit Gnade rechnen.

Friedrichs Herrschaftsrepräsentation dienten auch die auf Anordnung des Kaisers ab Dezember 1231 geprägten Goldmünzen, auf denen er als antiker Kaiser mit dem Lorbeerkranz dargestellt ist (Abb. 4) und die mit ihrem Namen, Augustalen, an die römischen Imperatoren erinnern. Es handelte sich um

Abb. 4:   Goldaugustalis Friedrichs II.

die ersten in Europa geprägten schweren Goldmünzen, die mit den entsprechenden byzantinischen und arabischen Münzen konkurrieren konnten.

Von April 1233 bis Februar 1234 musste Friedrich sich noch einmal nach Sizilien begeben, um einen Aufstand niederzuwerfen, der im August 1232 von Messina aus begonnen hatte und dem sich die Stadt Syrakus und das Gebiet um Nicosia (im Innern Siziliens, nördlich von Enna) angeschlossen hatten. Die Erhebung richtete sich vor allem gegen das harte Regiment des Justitiars von Sizilien, Richard von Montenigro, auch wenn nicht ausgeschlossen werden kann, dass die Unzufriedenheit der Kaufleute von Messina über die mit den neuen wirtschaftlichen Maßnahmen des Kaisers verbundenen erhöhten Abgaben und Zölle eine Rolle spielte.

Die Bedeutung, die der Kaiser Sizilien zuschrieb, zeigen die Burgen, die er in den dreißiger Jahren an der Ostküste der Insel errichten ließ. Besonders eindrucksvoll sind das in den Jahren 1232–1242 erbaute Kastell von Augusta und das 1234–1240 errichtete Castel Maniace in Syrakus, ein aufwendiger Residenzbau mit einem imponierenden ca. 2000 Quadratmeter großen, durch sechzehn Säulen gegliederten Innenraum, der vermutlich als Audienzsaal dienen sollte. Außerdem ließ Friedrich in der Umgebung von Syrakus einige kleinere Schlösser bauen. Daher hat es den Anschein, als ob er Anfang der dreißiger Jahre daran dachte, in diesem Gebiet, von dem man rasch das Königreich Jerusalem erreichen konnte, künftig länger zu residieren. Der Konflikt mit Papst und Kommunen hielt den Herrscher jedoch in Nord- und Mittelitalien fest und gestattete ihm nur gelegentliche Abstecher in das nördliche Apulien, nicht aber nach Sizilien. Die Insel, auf der Friedrich seine Kindheit verbracht hatte, sollte er in den letzten fünfzehn Jahren seines Lebens nicht mehr betreten.

Das deutsche Problem: konkurrierende Herrschaft

Mit dem Frieden von San Germano (1230) war vorläufig ein *modus vivendi* zwischen Kaiser und Papst gefunden worden.

Keine der beiden Seiten war allerdings bereit, grundsätzliche Positionen aufzugeben. So beeinflusste Friedrich weiter die Bischofswahlen im Königreich Sizilien, obwohl er das Gegenteil beschworen hatte, und gab den Templern und Johannitern nur einen Teil ihres Besitzes zurück. Er vermied eine offene Konfrontation mit Gregor, und als Zeichen seines guten Willens ging er Anfang 1231 gegen Ketzer vor. Ende des Jahres stellte der Kaiser dem Papst sogar Truppen zur Verfügung, um Viterbo zu verteidigen. Gregor betrachtete dennoch Friedrichs umfassende gesetzgeberische Tätigkeit und sein Vorgehen in Oberitalien mit Argwohn.

Auf die Ankündigung des Kaisers hin, am 1. November 1231 in Ravenna einen großen Hoftag abzuhalten, sperrten die lombardischen Städte die Alpenpässe. Daraufhin belegte Friedrich sie Anfang 1232 mit dem Bann und berief für März 1232 einen neuen Hoftag nach Aquileia ein. Um es sich nicht mit dem Papst zu verderben, erließ der Kaiser im Februar 1232 nochmals Gesetze gegen Ketzer sowie eine spezifische Anordnung über deren Verfolgung in Deutschland. Daneben nutzte Friedrich einen Besuch in Venedig, um sich die Unterstützung dieser wichtigen Handelsstadt zu sichern. Indessen versuchten die päpstlichen Legaten mit dem Lombardenbund zu vermitteln, blieben aber erfolglos. Mehr Glück hatte Hermann von Salza, der wenigstens einen Minimalkonsens erreichte: Die Städte leisteten Friedrich den Treueid, und dieser erkannte dafür die Liga an. Über die vom Kaiser geforderte Genugtuung für die Sperrung der Alpenpässe sollte der Papst entscheiden.

Nun konnte Friedrich sich endlich der Lösung der in den vergangenen Jahren in Deutschland entstandenen Probleme zuwenden, deren Ursache vor allem sein Sohn Heinrich (VII.) war. Die Ordnungszahl hinter seinem Namen wird in Klammern gesetzt, da Heinrich nach seiner Absetzung nicht mehr in der Reihe der römisch-deutschen Herrscher mitgezählt wurde und sich später der gleichnamige, aus dem Hause Luxemburg stammende König und Kaiser als Heinrich VII. (1308–1313) bezeichnete. Friedrichs 1216 mit fünf Jahren zum römisch-deutschen König gewählter Sohn blieb nach der Rückkehr des Vaters nach Italien (1220) in Deutschland, und zwar meist in Schwaben und Franken, wo für seine Erziehung staufertreue Bischöfe, Adelige und Ministerialen zuständig waren. Erzbischof Engelbert I. von Köln (1216–1225), den Friedrich zum Reichsverweser bestimmt hatte, krönte den elfjährigen Heinrich am 8. Mai 1222 in Aachen zum König. Drei Jahre später (1225) wurde er mit Margarete, einer Tochter Herzog Leopolds VI. von Österreich, verheiratet. Nach dem Tod Engelberts setzte der Kaiser im Frühsommer 1226 Herzog Ludwig I. von Bayern (1183–1231) als Reichsverweser ein. Damit enttäuschte er wahrscheinlich seinen fünfzehnjährigen Sohn, der gehofft hatte, er könne in diesem Alter anfangen allein zu regieren, so wie es vor Jahren Friedrich im Königreich Sizilien getan hatte.

Heinrich verfügte zwar als römisch-deutscher König über eine eigene Kanzlei, konnte also selbstständig Urkunden ausstellen; die politischen Entscheidungen trafen aber Personen, die das Vertrauen des Vaters besaßen und diesem so indirekt ermöglichten, von Italien aus die deutschen Verhältnisse zu kontrollieren. Damit gab es in Deutschland praktisch zwei miteinander konkurrierende Herrscher, Kaiser Friedrich und König Heinrich, die in Streitfällen leicht gegeneinander ausgespielt werden konnten. So wandten sich die Fürsten, die bald mit Heinrich in Konflikt gerieten, direkt an Friedrich, der ihnen weitgehend entgegenkam, da er ihre Unterstützung brauchte, um in Italien freie Hand zu haben. Außerdem kam es zum Streit zwischen dem jungen König und seinen fürstlichen Beratern, insbesondere mit Herzog Ludwig von Bayern, den Heinrich mit einem Heer angriff und unterwarf (1229).

Zwei Jahre später (1231) war der König gezwungen, die landesherrliche Stellung der Fürsten anzuerkennen, wie dies Friedrich 1220 getan hatte. Dennoch stand Heinrichs Vorgehen in Deutschland weiterhin im Gegensatz zur Politik seines Vaters. Gegen dessen Willen wollte er sich scheiden lassen und eine neue Ehe mit Agnes von Böhmen eingehen, musste diesen Plan dann jedoch aufgeben, weil er einen Konflikt mit dem Herzog von Österreich hervorgerufen hätte, den Friedrich vermeiden wollte. Während viele deutsche Fürsten trotz des Versuchs der lombardischen Städte, die Alpenpässe zu sperren, den auf den 1. November 1231 angesetzten Hoftag des Kaisers in Ravenna besuchten, blieb Heinrich diesem fern. Dort bestätigte Friedrich den Fürsten noch einmal in aller Form ihre weitgehenden Privilegien, darunter auch die Herrschaft der Erzbischöfe und Bischöfe über ihre Städte.

In offensichtlichem Widerspruch dazu erkannte Heinrich im März 1232 die Freiheiten der Bürger von Worms an. Als er dann nach anfänglichem Zögern der Aufforderung seines Vaters nachkam, auf dem Hoftag in Aquileia zu erscheinen, zwang Friedrich ihn, sich in aller Form unterzuordnen und zu schwören, in Zukunft nur nach seinen Anordnungen zu regieren; falls er sich nicht an diese Anweisung halte, müsse er mit seiner Absetzung rechnen. Außerdem erließ der Kaiser im Mai 1232 das seit dem 19. Jahrhundert so genannte „Statut zugunsten der Fürsten" (*Statutum in favorem principum*), das weitgehend einem genau ein Jahr vorher von Heinrich ausgestellten Privileg entspricht, in dem die fast landesherrschaftliche Stellung der deutschen Fürsten anerkannt wurde. Der junge König änderte indes wenig an seiner bisherigen Regierungspraxis und die Fürsten wandten sich weiterhin an den Kaiser. Dieser machte zahlreiche Maßnahmen seines Sohnes rückgängig und kündigte an, dass er im Sommer 1235 nach Deutschland kommen werde, um persönlich für Ordnung zu sorgen.

Heinrich versuchte zunächst, sich zu rechtfertigen, lehnte sich dann aber offen gegen Friedrich auf. Ihm schlossen sich jedoch nur wenige Bischöfe und Adelige an, und auch der Versuch, den französischen König auf seine Seite zu ziehen, schlug fehl. Schließlich ging Heinrich mit den lombardischen Städten ein Bündnis gegen den Kaiser ein, was Hochverrat bedeutete. Daraufhin ließ Friedrich ihn von Gregor IX. exkommunizieren. Heinrich hatte den Papst 1233 dazu ausdrücklich ermächtigt, falls er den seinem Vater geleisteten Eid brechen sollte. Die gegensätzlichen Herrschaftsauffassungen des Kaisers, der nach süditalienischer Tradition unbedingten Gehorsam verlangte, und seines Sohnes, der dies als seiner königlichen Würde abträglich betrachtete, erwiesen sich als unvereinbar.

Mitte April 1235 brach Friedrich nach Deutschland auf. Angesichts der großen Unterstützung, die der Kaiser überall fand, gab Heinrich seinen Widerstand auf und sandte Boten, um seinen Vater um Verzeihung zu bitten. Am 2. Juli 1235 begab er sich persönlich zu Friedrich, der sich in der Pfalz Wimpfen (nördlich von Heilbronn) aufhielt; doch dieser lehnte es ab, Heinrich zu empfangen und ließ ihn nach Worms mitführen. Dort nahm der Kaiser schließlich die Unterwerfung seines Sohnes an und begnadigte ihn, was bedeutete, dass er ihm die auf Hochverrat stehende Todesstrafe erließ. Sein Königtum hatte Heinrich allerdings durch seine Rebellion verloren. Als er sich weigerte, die auf dem Trifels aufbewahrten Reichsinsignien auszuliefern, ließ Friedrich ihn gefangen nehmen, Anfang 1236 nach Süditalien bringen und ihn dort in einer abgelegenen Burg, in San Fele (südwestlich von Melfi), einkerkern. Einige Jahre später (1240) wurde Heinrich, der wohl inzwischen an Lepra erkrankt war, in das noch weiter südlich, in Kalabrien gelegene Kastell Nicastro (südlich von Cosenza) gebracht, in dessen Nähe sich Thermalquellen befanden (Terme Caronte), denen man therapeutische Funktionen auch gegen diese Krankheit zuschrieb. Bei einer weiteren Verlegung in die Burg Martirano (nordwestlich von Nicastro), im Februar 1242, stürzte Heinrichs Pferd in einen Abgrund, vielleicht von diesem dazu angetrieben, um seinem Leben ein Ende zu setzen.

Bei seinem Aufenthalt in Worms, im Sommer 1235, heiratete Friedrich, der mit dem Tod Isabellas von Brienne im Jahre 1228 zum zweiten Mal Witwer geworden war, eine Schwester König Heinrichs III. von England (1216–1272), die ebenfalls Isabella hieß. Die Heirat mit einer Angehörigen des eng mit den Welfen verbundenen englischen Königshauses sollte zur Entschärfung des seit langem bestehenden Antagonismus zwischen den Dynastien der Staufer und der Welfen beitragen, der in der Vergangenheit der Königsherrschaft in Deutschland abträglich gewesen war. Die endgültige Versöhnung zwischen Staufern und Welfen wurde auf einem Hoftag in Mainz im August 1235 besiegelt: Der letzte Nachkomme des Welfenhauses, Otto I. genannt das Kind (1235–1252), erhielt zu dem schon in seinem Besitz befindlichen Lüneburg die Stadt Braunschweig und wurde mit Zustimmung der Fürsten zum Herzog erhoben.

Der mehrere Wochen dauernde Hoftag von Mainz gab dem Kaiser die Gelegenheit, mit großen Festen öffentlich seine Macht zur Schau zu stellen. Hier erließ Friedrich auch eine Landfriedensordnung für Deutschland, die das Gerichtswesen neu regelte. Nach sizilischem Vorbild wurde ein neuer zentraler Gerichtshof, das Reichshofgericht, eingerichtet, dem ein Hofjustitiar vorstand. Obwohl die Wirkung der neuen Institution in der Praxis zunächst gering blieb, handelte es sich um eine in die Zukunft weisende Maßnahme, die später von Rudolf von Habsburg (1273–1291) wieder aufgegriffen wurde.

Zur Verbesserung seines Verhältnisses zum Papst nahm Friedrich an der Graböffnung der von Gregor kurz zuvor heilig gesprochenen Elisabeth von Ungarn (1207–1231) teil. Elisabeth war die Witwe des 1227 während Friedrichs erstem Aufbruch zum Kreuzzug verstorbenen Landgrafen Ludwig von Thüringen und hatte sich in den letzten Jahren ihres kurzen Lebens nach dem Vorbild des Franz von Assisi (1181/82–1226) ganz den Armen und Kranken gewidmet. Das von ihr in Marburg errichtete Hospital wurde bald zum Ziel zahlreicher Pilger. Ihre Schwäger, die Landgrafen Heinrich Raspe († 1247) und Konrad († 1240), übertrugen es dem Deutschen Orden. Am 1. Mai 1236 wurden auf Anordnung des Papstes die sterblichen Überreste Elisabeths umgebettet, ein Akt, an dem zahlreiche hohe weltliche und geistliche Würdenträger teilnahmen. Hier trat Friedrich vor aller Augen als vorbildlicher christlicher Monarch auf. Barfüßig und nur mit einem einfachen grauen Gewand bekleidet, wie es einst Elisabeth getragen hatte, setzte der Kaiser dem vom Körper abgetrennten Kopf der Heiligen eine Goldkrone auf und spendete eine kostbare Trinkschale, woraus später ein Kopfreliquiar angefertigt wurde. Auch Friedrichs Bitte, in die Gebetsgemeinschaft der Franziskaner aufgenommen zu werden, sollte den Papst versöhnlich stimmen, der durch den bevorstehenden kaiserlichen Italienzug beunruhigt war.

Mit seinem Auftritt in Marburg zeigte der Kaiser darüber hinaus seine Bindung an den Deutschen Orden, der dort zu Ehren der neuen Heiligen eine große Kirche errichtete. Elisabeths Schwager Konrad war 1234 diesem Ritterorden beigetreten und wurde später Nachfolger des Hochmeisters Hermann von Salza (1239–1240). Der Deutsche Orden hatte sich, nachdem er 1225 aus dem Königreich Ungarn vertrieben worden war, neben dem Heiligen Land besonders dem „Heidenkampf" im Baltikum zugewandt. Im März 1226 hatte Friedrich dem Orden die Schenkung des Kulmer Landes bestätigt, das er vom polnischen Herzog Konrad von Masowien (1199–1247) erhalten hatte, und ihm gestattet, sich in dem östlich davon gelegenen Land der heidnischen Prußen niederzulassen. Im Herbst 1235 ließ Friedrich auf Wunsch Hermann von Salzas eine Urkunde von 1226 (die sog. Goldbulle von Rimini) „modernisieren", um der gewachsenen Bedeutung des Ordens Rechnung zu tragen: Der Hochmeister und seine Nachfolger wurden in den von ihnen eroberten Gebieten, die nur allgemein zur „Monarchie des Kaisertums", nicht aber zum römisch-deutschen Reich gehörten, rechtlich den Reichsfürsten gleichgestellt, was langfristig zur Bildung des Deutschordensstaats Preußen führte. Der Wille Friedrichs, über die Reichsgrenzen im Osten hinaus seinen universalen Anspruch als Verteidiger und Förderer des christlichen Glaubens zur Geltung zu bringen, war bereits 1226 deutlich geworden, als er den im Baltikum tätigen Ritterorden der Schwertbrüder unterstützte, der 1237 in den Deutschen Orden eingegliedert wurde.

Neue Schwierigkeiten in Oberitalien

Nach dem Frieden von San Germano (1230) war das Verhältnis zwischen Kaiser und Papst zunächst entspannt. Friedrich stellte, wie bereits erwähnt, Gregor Ende 1231 Truppen zur Verteidigung von Viterbo zur Verfügung. Einige Jahre später, im Sommer 1234 besuchte er den Papst, der sich nach Rieti (nordöstlich von Rom) geflüchtet hatte, da in der Stadt Rom antipäpstliche Unruhen ausgebrochen waren, und bot ihm seine Hilfe an. Die Beziehungen verschlechterten sich jedoch wieder, als der Kaiser im August 1235 auf dem Hoftag von Mainz für April 1236 einen neuen Italienzug ankündigte, um dort die kaiserlichen Rechte wiederherzustellen, und Gregor aufforderte, die noch offene Frage der vom Lombardenbund zu leistenden Genugtuung bis Weihnachten zu entscheiden. Durch diese Pläne Friedrichs besorgt, bat Gregor Hermann von Salza erneut um Vermittlung.

Die oberitalienischen Kommunen reagierten auf die Ankündigung des Kaisers, indem sie Anfang November 1235 ihre Liga in Brescia erneuerten. Indessen versuchte Gregor, Friedrich zu überzeugen, im Interesse der Unterstützung des Heiligen Lands und eines weiteren Kreuzzugs Frieden mit den lombardischen Städten zu halten. Davon unbeeindruckt schickte der Kaiser im Mai 1236 500 Ritter nach Verona voraus, um die Poebene zu sichern, und bat die Könige Europas um Unterstützung: Da die Lombarden sich weigerten, die kaiserlichen Rechte anzuerkennen und der Papst seinen Schiedsspruch hinauszögerte, sei er gezwungen, seiner ihm von Gott übertragenen Aufgabe nachzukommen, Gerechtigkeit herzustellen und die Aufrührer zu bestrafen, deren Duldung ein gefährliches Beispiel gäbe. Friedrich lud die deutschen Fürsten und die Städte Reichsitaliens ein, am 25. Juli 1236 auf einem Hoftag in Piacenza (südlich von Mailand) zu erscheinen. Drei Themen standen auf der Tagesordnung: die Ausrottung der Ketzerei, die Wiederherstellung einer gerechten Friedensordnung in Italien und die Vorbereitung eines neuen Kreuzzugs. Zentral war der zweite Punkt, der praktisch die Einordnung Norditaliens in das Kaiserreich bedeutete, während die beiden anderen eher zur Beruhigung des Papstes dienten.

Im Juli brach Friedrich mit seinem Heer nach Italien auf und machte zunächst in Verona Station. Der vom Papst als Vermittler zwischen dem Kaiser und den Kommunen eingesetzte Legat, Jakob von Palestrina (1231–1244), überzeugte seine Heimatstadt Piacenza, die sich zunächst auf die Seite des Kaisers gestellt hatte, sich wieder der lombardischen Liga anzuschließen. Als Friedrich sich darüber bei Gregor beklagte, ging dieser nicht darauf ein, sondern wiederholte lediglich seine alten Vorwürfe über die kaiserlichen Eingriffe in die süditalienischen Bischofswahlen. Vergeblich versuchte der Deutschordensmeister Hermann von Salza, den Konflikt zu entschärfen. Die lombardischen Städte weigerten sich, Friedrichs Forderungen nach Leistung des Treueids, Rückgabe der Regalien (Reichsrechte), Genugtuung für die dem Kaiser zugefügten Beleidigungen sowie Entscheidung der noch offenen Fragen durch die Fürsten anzunehmen, und bestanden auf der Einhaltung des Konstanzer Friedens von 1183. Dies lehnte Friedrich ab, der eine Neuordnung Norditaliens anstrebte. Gregor wiederum beharrte auf seiner Position und forderte den Kaiser auf, nicht gewaltsam gegen die Kommunen vorzugehen. Keine Seite zeigte sich kompromissbereit.

Friedrich konnte im Nordosten Italiens einige militärische Erfolge verzeichnen, war dann jedoch Anfang 1227 gezwungen, sich nach Österreich zu begeben, wo sich der abgesetzte Herzog Friedrich II. der Streitbare (1230–1246) aufgelehnt hatte. Nachdem der Kaiser den Herzog rasch unterworfen hatte, hielt er in der zweiten Hälfte des Februar 1237 in Wien einen Hoftag ab. Die Fürsten wählten Friedrichs Sohn Konrad zum König, womit die Nachfolge gesichert war – angesichts der Tatsache, dass in Deutschland eine Wahl- und keine Erbmonarchie bestand, keine Selbstverständlichkeit. Wie wichtig dies dem Kaiser war, zeigt die Tatsache, dass er anschließend nach Deutschland zog und Konrads Wahl auf einem Hoftag in Speyer nochmals bestätigen ließ. Anfang September verließ Friedrich wieder Deutschland, wo er den neunjährigen Konrad als König zurückließ, für den der Erzbischof Siegfried III. von Mainz (1230–1249) die Regierungsgeschäfte führen sollte. Es fällt auf, dass der Kaiser seinen Sohn nur zum König wählen, nicht aber krönen ließ. Vielleicht wollte er nach den schlechten Erfahrungen, die er mit Heinrich (VII.) gemacht hatte, nochmalige Konflikte zwischen königlicher und kaiserlicher Autorität nördlich der Alpen vermeiden.

Im September 1237 erreichte Friedrich mit 2000 Rittern, die er in Deutschland angeworben hatte, Verona, wo ihn das von Gebhard von Arnstein († 1256) geführte, etwa 7000 Mann starke Heer mit Soldaten aus Mittel- und Süditalien sowie die Truppen der kaiserfreundlichen Städte um Cremona erwarteten. Angesichts dieses beeindruckenden militärischen Aufgebots unterwarf sich am 1. Oktober die Stadt Mantua und wurde vom Kaiser gnädig behandelt. Der Papst versuchte weiterhin den Krieg zu vermeiden und bat Hermann von Salza noch einmal um Vermittlung. Doch die Fronten waren so verhärtet, dass die Verhandlungen ohne Erfolg abgebrochen wurden. Im November 1237 fanden letzte Gespräche mit der Liga statt, die sich zu weitgehenden Zugeständnissen bereit erklärte. Das gegenseitige Misstrauen verhinderte jedoch erneut eine Einigung. So kam es am 27. November zur Schlacht von Cortenuova (südöstlich von Bergamo), die mit einem großen militärischen Erfolg Friedrichs endete. Der Fahnenwagen (*carroccio*) der Stadt Mailand, das Symbol der mächtigen Kommune, fiel in die Hand des Kaisers und wurde in einem Triumphzug durch die Stadt Cremona, die Rivalin Mailands, sowie einige Monate später auch durch Rom geführt.

Nach dieser schweren Niederlage bot der Lombardenbund Friedensverhandlungen an und die Mailänder räumten die benachbarte Stadt Lodi, in der Friedrich Weihnachten feierte. Das Angebot, das Mailand und seine Verbündeten dann dem Kaiser machten, kam einer fast vollständigen Kapitulation gleich: Unterwerfung unter die kaiserliche Herrschaft, Auflösung der Liga, Verzicht auf den Konstanzer Frieden, die Stellung oder Bezahlung von 400 bis 500 Rittern für zwei Jahre, Abgabe von zwei Grafschaften, Übergabe von Geiseln, Aufnahme eines kaiserlichen Beamten (*capitaneus*). Lediglich die Erhaltung der Stadtmauern und die Beibehaltung der Rechte über das Umland bat man sich aus, soweit man dafür kaiserliche Privilegien vorlegen konnte; andernfalls war man bereit, sich dem Urteil der Reichsfürsten zu beugen. Damit waren praktisch alle Forderungen des Kaisers erfüllt worden. Nur über die Gerichtsbarkeit, die Friedrich für sich beanspruchte, welche die Städte aber nicht aus der Hand geben wollten, konnte man sich nicht einigen. Entscheidend dafür, dass die Verhandlungen bereits Ende 1237 scheiterten, waren das Misstrauen des Kaisers gegen die Kommunen sowie seine Vorstellung, dass nur er von Gott damit beauftragt sei, auch in Norditalien Recht und Frieden zu garantieren. So gelang es Friedrich nicht, einen Kompromiss zu finden, wie ihn einst Barbarossa mit dem Konstanzer Frieden erreicht hatte.

Der Kaiser glaubte offenbar, stark genug zu sein, um seine Vorstellungen mit Gewalt durchsetzen zu können. Er ließ weitere Truppen aus Deutschland kommen und wandte sich Anfang Mai 1238 mit der Bitte um militärische Unterstützung an die Könige von Ungarn und England. Auf einem Hoftag in Verona im Juni 1238 verheiratete Friedrich eine seiner unehelichen Töchter, die um 1222/25 geborene Salvaza, mit seinem wichtigsten Gefolgsmann im Nordosten Italiens, Ezzelino da Romano († 1259). Im Juli wandte er sich dann gegen Brescia, die nach Mailand wichtigste Stadt der Liga, die sich so erfolgreich gegen die kaiserliche Belagerung verteidigte, dass Friedrich nach monatelangen erbitterten Kämpfen am 7. Oktober unverrichteter Dinge nach Cremona abziehen musste. Dieser Misserfolg zeigte, dass er zwar Schlachten gewinnen, nicht aber die stark befestigten oberitalienischen Städte erobern konnte. Es wurde deutlich, dass die militärische Unterwerfung Norditaliens weitaus schwieriger war, als der Kaiser sich vorgestellt hatte.

Der Unwillen Gregors gegen Friedrich, dessen kriegerisches Vorgehen er nicht billigte, wuchs, als sich die kaiserfreundliche Partei in der Stadt Rom im Sommer 1238 gegen den Papst auflehnte. Noch mehr irritierte Gregor die Ehe, die Friedrich im Herbst seinen unehelichen, um 1220 geborenen Sohn Enzo mit Adelasia (1207–1255/59), der Erbin zweier der vier Kleinkönigreiche (Judikate) Sardiniens, eingehen ließ. Der Papst fühlte sich angegriffen, denn der Kaiser hatte ihm früher versichert, dass diese Insel zum Eigentum der römischen Kirche gehöre. Im Frühjahr 1238 hatte Gregor Adelasia ausdrücklich ermahnt, nur einen von ihm vorgeschlagenen Mann zu heiraten. Auch Genua, das Sardinien als Teil seiner Einflusssphäre ansah, reagierte empfindlich und schloss am 30. November 1238 ein Bündnis mit Venedig und dem Nachfolger Petri. Der Ausbruch eines bewaffneten Konflikts zwischen Kaiser und Papst schien unvermeidlich.

3 Der verzweifelte Kampf mit den Päpsten (1239–1250)

Nicht nur bei einzelnen Streitfällen, wie den Eingriffen Friedrichs in die süditalienischen Bischofswahlen, seinem Vorgehen in der Lombardei oder der sardischen Ehe seines Sohns Enzo, sondern auch grundsätzlich standen sich mit Papst und Kaiser zwei unvereinbare Vorstellungen von der Weltordnung gegenüber.

Gregor IX. sah sich als Richter über die Fürsten der Welt, eine Position, die sein Vorgänger Gregor VII. mit radikaler Entschiedenheit vertreten hatte, als er Heinrich IV. (1056–1106) zwang, sich ihm in Canossa (1077) im Büßergewand zu unterwerfen, um von der Exkommunikation befreit zu werden. Darüber hinaus vertraten die Päpste seit der zweiten Hälfte des 12. Jahrhunderts die Auffassung, sie seien nicht nur Nachfolger des Apostels Petrus, sondern auch Statthalter Christi (*vicarius Christi*). Zwar habe der Kaiser ebenso wie der Papst sein Amt unmittelbar von Gott erhalten, aber da die Herrscher wie alle Menschen sündhaft seien, stehe der Kirche ein Aufsichtsrecht über sie zu. Innozenz III. brachte die Theorie der päpstlichen Überlegenheit in einem Gleichnis zum Ausdruck: So wie Gott Sonne und Mond geschaffen hat, wobei die Sonne größer ist und den Tag beleuchtet, der kleinere Mond hingegen die Nacht, so hat er zwei universale Mächte eingesetzt, deren größere, die Kirche, dem Tag, d. h. den Seelen vorsteht, die kleinere, das Kaisertum, der Nacht, d. h. den Körpern. So wie der Mond sein Licht von der Sonne erhält und daher unter ihr steht, so empfängt die kaiserliche Macht ihren Glanz von der Autorität des Papstes und strahlt umso stärker, je näher sie ihr steht …

Friedrich war dagegen, wie sein Großvater Barbarossa, von der Gleichberechtigung der beiden Gewalten überzeugt. Nach diesem herrscherlichen Selbstverständnis war der Kaiser nicht nur direkt von Gott eingesetzt, sondern erhielt durch die im Krönungsritual verankerte Königssalbung mit dem heiligen Öl (Chrisam) auch eine den Geistlichen vergleichbare sakrale

Stellung: Der Herrscher war der Gesalbte des Herrn (*Christus Domini*). Friedrich folgte einem politischen Konzept, nach dem Gott ihn mit der Sicherung des Friedens und des Rechts allgemein beauftragt hatte und er deshalb niemandem Rechenschaft schuldig war. Damit stand er in klarem Kontrast zur päpstlichen Auffassung, die von den Kirchenrechtlern im Laufe des 13. Jahrhunderts immer detaillierter begründet und präzisiert wurde.

Im Oktober 1238 traten die Spannungen zwischen Kaiser und Papst erneut zutage, als Gregor Friedrich vorwarf, die 1230 im Frieden von San Germano gemachten Zusagen über die Freiheit der Bischofswahlen in Süditalien nicht eingehalten zu haben, in Rom papstfeindliche Kräfte zu unterstützen und mit dem militärischen Vorgehen in Norditalien einen Kreuzzug unmöglich zu machen. Der Kaiser war hingegen vor allem durch Gregors Unterstützung der Lombarden aufgebracht und forderte in einem Brief vom 10. März 1239 die Kardinäle auf, sich gegen den Papst zu stellen, der zugunsten der aufrührerischen Kommunen einen ungerechten Schlag gegen ihn vorhabe. Damit spielte er auf die bevorstehende Exkommunikation an, die Gregor zehn Tage später, am 20. März 1239, dann tatsächlich aussprach. Zufällig am selben Tag starb Hermann von Salza, der Hochmeister des Deutschen Ordens, der bisher erfolgreich zwischen Friedrich und den Päpsten vermittelt hatte.

Die zweite Exkommunikation Friedrichs sollte anders als die erste, 1227 gegen ihn verhängte, nicht wieder aufgehoben werden und bis zu seinem Tode andauern. Da der Kaiser sich weigerte, das Richteramt des Papstes über die Fürsten der Welt anzuerkennen und die Unabhängigkeit der römischen Kirche bedrohte, war Gregor entschlossen, ihn mit allen Mitteln zu einer Unterordnung zu zwingen. In den folgenden Jahren spitzte sich der Kampf zwischen dem geistlichen und weltlichen Oberhaupt der abendländischen Christenheit in einem bisher nicht gekannten Maße zu und wurde mit einer ganz Europa einbeziehenden Propaganda von außergewöhnlicher Schärfe geführt.

Die Verschärfung des Konflikts

Die in der Exkommunikationssentenz Gregors IX. dem Kaiser vorgeworfenen Verfehlungen betrafen vor allem Verstöße gegen den Frieden von San Germano, die durch Zugeständnisse auszuräumen gewesen wären. Im Schlusssatz stellte der Papst jedoch Friedrichs Rechtgläubigkeit in Frage und behielt sich die Einleitung eines Untersuchungsverfahrens wegen Häresie und somit eine eventuelle Absetzung des Kaisers vor: „Weil er [Friedrich] außerdem aufgrund seiner Reden und Handlungen schwer in Verruf geraten ist – denn geradezu auf dem ganzen Erdkreis rufen viele laut aus, dass er über den katholischen Glauben nicht richtig denkt –, werden wir in dieser Sache, so Gott will, an seinem Ort und zu seiner Zeit gemäß dem vorgehen, was in solchen Dingen die Ordnung des Rechts vorschreibt."

Friedrich reagierte, indem er sich an die Öffentlichkeit wandte und den Papst anklagte, er zerstöre die von Gott gewollte Ordnung der Welt, wenn er die Ehre und das Recht des Kaisertums verletze und ihn, Friedrich, fälschlich der Ketzerei beschuldige. Der über ihn von Gregor verhängte Kirchenbann sei Blasphemie, schrieb er an die Römer, und bat sie, ihm zu helfen, das vom Papst erlittene Unrecht zu rächen. In einem Rundschreiben an die Fürsten der Christenheit vom 20. April 1239 bezeichnete Friedrich seine Exkommunikation als eine zum Himmel schreiende Untat Gregors, der ihn seit jeher mit seinem Hass verfolge und sich nicht scheue, mit Feinden des Reichs und Ketzern gemeinsame Sache zu machen, so dass er seines hohen Amtes unwürdig sei. Der Kaiser forderte die Kardinäle auf, ein allgemeines Konzil einzuberufen, auf dem er beweisen werde, dass er im Recht sei. Die scharfen persönlichen Angriffe auf den Papst, den er als „Heuchler" und „wahnwitzigen Propheten" bezeichnete, konnten nicht ohne Resonanz bleiben.

Gregor antwortete mit einer wahrscheinlich von Kardinal Rainer von Viterbo († 1250) verfassten und zwischen dem 27. Mai und dem 1. Juli versandten Enzyklika, in der Friedrich

in geradezu apokalyptischen Tönen als Ketzer und Vorläufer des endzeitlichen Antichrist dargestellt wird, der die Kirche vom Erdboden vertilgen wolle. „Friedrich, der so genannte Kaiser" und „König der Pestilenz" habe nicht nur der römischen Kirche „ihre vom heiligen Petrus und seinen Nachfolgern überlieferte Binde- und Lösegewalt" bestritten, sondern habe auch erklärt, die Welt sei von drei Betrügern getäuscht worden, nämlich von Christus, Moses und Mohammed, „von denen zwei in Ehren, Christus aber am Kreuz gestorben sei". Außerdem habe er geäußert, dass „alle töricht sind, die glauben, dass Gott, der die Natur und alles geschaffen hat, aus einer Jungfrau geboren werden konnte. Diese Häresie bekräftigt er durch den Irrtum, dass keiner geboren werden könne, wenn nicht seiner Empfängnis die Vereinigung von Mann und Frau vorausgegangen sei, und dass der Mensch nichts glauben sollte, was nicht durch die Kraft und Vernunft der Natur bewiesen werden könne".

Friedrich schrieb daraufhin an die Kardinäle und bezeichnete Gregor als Pharisäer und Irrlehrer, den Fürsten der Finsternis und Antichrist in Person; er, der Kaiser, sei dagegen ein rechtgläubiger Christ. Ein Jahr später wurde der Papst in einem weiteren Rundschreiben aus der Umgebung Friedrichs der Machtbesessenheit, Habgier und Genusssucht angeklagt, ganz im Gegensatz zur Friedfertigkeit, Nächstenliebe und Armut seines Vorbildes Christus. Gregor warf daraufhin Friedrich nochmals die Bedrückung des Königreichs Sizilien vor, ferner die Behinderung des Kreuzzugs sowie seine Freundschaft mit Muslimen und bezeichnete ihn als Ketzer und Antichrist.

Als Reaktion auf die Verschärfung des Konflikts mit dem Papst begann der Kaiser seine Christusnähe zu unterstreichen; so in dem berühmten Brief vom August 1239 an seine Geburtsstadt Jesi, die er mit Bethlehem verglich: „So bist du, Bethlehem, Stadt der Marken, nicht die geringste unter den Fürsten unseres Geschlechts: denn aus dir ist der Herzog (*dux*) hervorgegangen, der Fürst des römischen Reiches, der über dein Volk herrsche und es schirme." Auch in einem Schreiben vom Januar 1240 an die Bürger der im Norden des Kirchenstaats gelegenen Stadt Viterbo stellte sich Friedrich mit Christus auf eine Stufe: Mit den Worten, die Johannes der Täufer im Matthäus-Evangelium (3,3) zur Ankündigung der Ankunft Jesu Christi benutzt, forderte er die Bürger auf, sich auf seine Seite zu stellen: „Bereitet den Weg des Herrn, macht seine Pfade gerade, öffnet die Riegel eurer Tore, damit euer Kaiser komme, schrecklich den Rebellen, euch freilich milde gesinnt."

Solche direkten Vergleiche des Herrschers mit Christus waren ungewöhnlich, aber sie waren keine Blasphemie. Der Kaiser galt im politisch-theologischen Denken des Mittelalters als Stellvertreter (vicarius) Christi, auch wenn ihm diese Rolle vom Papst bestritten wurde. Wenn bei feierlichen Einzügen Friedrichs ein Kreuz voran getragen wurde, so war auch dies keine Gotteslästerung, anders als es Kardinal Rainer von Viterbo darstellte, sondern gehörte zum normalen Ritual eines feierlichen Empfangs des Herrschers. Die Annahme, dass der Kaiser Weihnachten 1239 im Dom zu Pisa von der Kanzel herab gepredigt habe, ist hingegen unbegründet und geht lediglich auf ein Missverständnis moderner Historiker zurück.

Die extrem scharfen Töne der erwähnten Rundschreiben und Pamphlete waren für die Öffentlichkeit bestimmte Propaganda mit dem Ziel, die europäischen Herrscher und Kirchenfürsten für die eine oder andere Seite zu gewinnen. In der praktischen Politik schlossen sowohl der Kaiser als auch der Papst es nicht grundsätzlich aus, den Konflikt beilegen zu können.

Die europäischen Monarchen und die meisten deutschen Fürsten verhielten sich zunächst neutral und bemühten sich um Vermittlung. Nur König Wenzel von Böhmen (1230–1253) und Herzog Otto von Bayern (1231–1253) waren bereit, der Aufforderung des Papstes nach der Wahl eines Gegenkönigs nachzukommen, fanden aber dafür im Reich keine Unterstützung. In Norditalien hatte Gregor dagegen mehr Erfolg: Die Städte Treviso und Ravenna sowie der Markgraf Azzo VII. von Este († 1264) fielen vom Kaiser ab, ferner in der Provence Graf Raimund Berengar V. († 1245);

nur Friedrichs Schwiegersohn Ezzelino da Romano hielt ihm die Treue. Indessen vereinbarte der Papst im Juni 1239 mit Mailand und Piacenza, keinen Separatfrieden mit dem Kaiser zu schließen. Diesem Abkommen schloss sich dann auch Genua an, das zusammen mit Venedig für Gregor eine Flotte und ein Heer zur Eroberung des Königreichs Sizilien ausrüstete.

Friedrich besetzte daraufhin die unweit der Grenze zum Kirchenstaat gelegene Abtei Montecassino, an deren Treue er zweifelte, und verstärkte in ganz Süditalien die Kastelle. Ferner wies er im Juni 1239 alle aus Norditalien stammenden Angehörigen der eng an den Papst gebundenen Bettelorden aus, belegte die Kirchen mit Sondersteuern und verbot dem Klerus, ohne seine Erlaubnis nach Rom zu reisen. Im Innern des Königreichs ließ er die politische Zuverlässigkeit seiner Untertanen überprüfen. In den nächsten Monaten führte Friedrich einen Feldzug gegen Bologna und Mailand, deren Umgebung er verwüstete; doch die beiden Städte vermieden eine offene Schlacht mit den kaiserlichen Truppen, so dass diese unverrichteter Dinge abziehen mussten. Der Kaiser versuchte darüber hinaus, auf Gregor Druck auszuüben, indem er das Herzogtum Spoleto und die Mark Ancona wieder in das Reich eingliederte und so eine Landverbindung zwischen Nord- und Süditalien herstellte.

Die Kosten des Krieges belasteten die Staatskasse immer stärker, so dass Friedrich Ende 1239 zu radikalen Sparmaßnahmen gezwungen war. Im November ordnete er an, den Bau der Kastelle an der Ostküste Siziliens vorläufig einzustellen, ließ dann jedoch trotz der Finanzprobleme in Catania ein neues Kastell errichten. Auch die Arbeiten am Brückenkastell von Capua gingen weiter und wurden mit einer prächtigen Marmorfassade abgeschlossen. Ebenfalls nicht verzichten wollte der Kaiser schließlich auf ein anderes Bauprojekt, das seine Herrschaft versinnbildlichen sollte: Castel del Monte, die „Krone Apuliens", auf das wir im Kapitel über Friedrichs Mythos näher eingehen werden.

Nachdem Viterbo dem Kaiser Anfang 1240 die Tore geöffnet hatte, hoffte Friedrich bald Rom unterwerfen zu können. Hier gewann die kaiserfreundliche Partei die Oberhand und rief Friedrich am 22. Februar 1240 in die Stadt. Da schlug nach einer spektakulären Aktion des Papstes die Stimmung plötzlich um: Gregor ließ die Reliquien des heiligen Kreuzes und der Apostel Petrus und Paulus in einer Prozession durch Rom tragen, setzte dann seine Papstkrone ab und legte sie auf die Reliquien der Heiligen, die er um Hilfe anflehte. Dies machte einen solchen Eindruck auf die römische Bevölkerung, dass sie sich nun auf die Seite des Papstes stellte. Der Kaiser verzichtete daraufhin auf einen Angriff auf Rom und kehrte Mitte März 1240 in das Königreich Sizilien zurück.

Im Mai 1240 ließ Friedrich die Umgebung der päpstlichen Enklave Benevent verwüsten, blieb aber in Verhandlungen mit dem Papst. Der Kaiser war grundsätzlich zu dem von Gregor vorgeschlagenen Waffenstillstand bereit, dem eine Friedensvermittlung durch die europäischen Fürsten folgen sollte. Er lehnte es allerdings ab, dem Wunsch des Papstes nachzukommen, die Lombarden in eine Einigung mit einzubeziehen, da er diese als Rebellen und Majestätsverbrecher betrachtete. Obwohl die Gespräche scheiterten, marschierte Friedrich nicht in den Kirchenstaat ein, um sich noch die Möglichkeit einer friedlichen Lösung des Konflikts mit dem Papst offen zu halten. Nachdem er Ravenna zurück gewonnen hatte, wollte der Kaiser gegen Bologna ziehen und belagerte zunächst die mit diesem verbündete Stadt Faenza (westlich von Ravenna), die jedoch stärkeren Widerstand leistete, als er erwartet hatte. Die Stadt ergab sich erst im April 1241 nach achtmonatiger Belagerung. Friedrich behandelte sie milde, ähnlich wie Benevent, das gleichzeitig von kaiserlichen Truppen erobert wurde.

Verwaltungsreformen in Nord- und Süditalien

Ende der dreißiger und zu Beginn der vierziger Jahre versuchte Friedrich, in Nord- und Mittelitalien eine zentrale Verwaltung ähnlich wie im Süden einzurichten. Der Kaiser

ernannte seinen Sohn Enzo zum Generallegaten für Reichsitalien, das er in Provinzen einteilte. Die Provinzen leiteten
Generalvikare oder -kapitäne, die meist aus dem hohen Adel
des Königreichs Sizilien stammten und vom Herrscher ernannt und besoldet wurden. Sie übten als seine Stellvertreter
eine unbeschränkte gerichtliche Gewalt aus. Die Provinzen
waren in von Vikaren oder Kapitänen verwaltete Bezirke un-
terteilt. Die Städte leiteten Podestà oder Rektoren, die direkt
dem Kaiser unterstanden. Friedrich hielt eine solche zentra-
listische staatliche Struktur für allgemein notwendig, um das
Chaos zu verhindern, das seiner Meinung nach der unge-
zügelte Freiheitsdrang der Menschen anrichtete. Die Norditaliener sahen dies allerdings ganz anders: Für sie war die
kommunale Selbstverwaltung, die städtische Freiheit, ein un-
verzichtbarer Wert. Angesichts des Widerstands der Kommunen und der begrenzten kaiserlichen Mittel konnte die von
Friedrich angestrebte Verwaltungsreform lediglich in der Toskana verwirklicht werden.

Mehr Erfolg hatten Friedrichs Maßnahmen in Süditalien.
Hier löste der Kaiser den fünfköpfigen, aus dem Großhofjustitiar Heinrich von Morra († 1242), Thomas von Aquino, Graf
von Acerra († 1251) und Verwandter des gleichnamigen Do-
minikanertheologen (1225–1274), und den Erzbischöfen von
Palermo, Capua und Otranto bestehenden Regentschaftsrat
auf, den er im Jahre 1235 vor seiner Abreise nach Deutschland
eingesetzt hatte. An dessen Stelle traten für die Zeit seiner
Abwesenheit vom Königreich zwei Kapitäne und Oberjustitiare, einer für Sizilien und Kalabrien, der andere für die rest-
lichen Gebiete Süditaliens. Sowohl für Süd- als auch Norditalien zuständig war das Großhofgericht, das dem reisenden
Kaiserhof folgte und an dessen Spitze ein Großhofjustitiar und
vier Hofrichter standen. Eine ganz neue Behörde war der im
Mai 1240 eingerichtete Rechnungshof, der die Amtsführung
der staatlichen Beamten überprüfte. Er bestand aus zwei Sek-
tionen, deren eine für Sizilien und Kalabrien und deren andere
für das restliche Süditalien zuständig war, und wurde später
(1247/48) noch weiter aufgegliedert.

Aufgrund der zunehmenden Spannungen mit dem Papst ordnete Friedrich im April 1240 auf dem Hoftag in Foggia an, Personen, die wegen Majestätsverbrechen angezeigt worden waren, mittels einer speziellen Untersuchung (Inquisition) auf ihre Loyalität hin zu überprüfen. Bereits im Juni 1239 hatte er befohlen, die Reisenden an den Grenzen nach antikaiserlichen Propagandaschriften, insbesondere päpstlichen Briefen, zu durchsuchen und sie, falls bei ihnen solches Material gefunden wurde, mit dem Tode zu bestrafen. Im Jahre 1242, nach der Verschärfung des Konflikts mit dem Papst, ließ der Kaiser in Süditalien eine groß angelegte Generalinquisition durchführen, welche diejenigen ausfindig machen sollte, die während seiner Abwesenheit im Heiligen Land von ihm abgefallen waren. Friedrich befürchtete offenbar, sie könnten wieder auf die Seite des Papstes treten. Die Aufforderung an die Bevölkerung, alle Verdächtigen anzuzeigen, konnte leicht zu unbegründeten, durch niedrige persönliche Motive verursachten Denunziationen führen, was der Kaiser durch Anweisungen zur korrekten Durchführung der Untersuchungsverfahren zu verhindern suchte. Aufgrund der Inquisitionen von Despotismus oder einer Art Orwellschem Überwachungsstaat zu sprechen, wie dies einige moderne Historiker getan haben, die sich Gregors Vorwurf zu eigen gemacht haben, im Königreich Sizilien könne niemand ohne Anordnung Friedrichs Hand oder Fuß bewegen, geht aber zu weit. Eine solche totale Kontrolle der Untertanen war mit den begrenzten Mitteln der Zeit schon allein aus praktischen Gründen nicht möglich.

Vergebliche Hoffnung auf eine Einigung

Am 9. August 1240 berief der Papst, wie Friedrich vorgeschlagen hatte, ein Konzil ein, zu dem die Erzbischöfe und Bischöfe Europas sowie Gesandte der europäischen Herrscher zu Ostern 1241 nach Rom eingeladen wurden. Angesichts der unversöhnlichen päpstlichen Haltung befürchtete der Kaiser, Gregor könne die Kirchenversammlung dazu benutzen, eine für ihn ungünstige Entscheidung zu treffen und ihn möglicherweise abzusetzen, anstatt, wie er es mit seinem Vorschlag beabsichtigt hatte, über eine friedliche Lösung des Konflikts zu beraten. Friedrich erklärte daher, er könne es grundsätzlich nicht mit dem Ansehen des Kaisertums vereinbaren, sich in Fragen, die seine Stellung als Herrscher betrafen, einem Konzil zu unterwerfen. Er war entschlossen, ein solches zu verhindern und verbot den Prälaten die Teilnahme mit der Drohung, sie einzukerkern.

Trotzdem wiederholte der Papst im Oktober 1240 seine Einladung und brachte Genua dazu, die Anreise der Konzilsteilnehmer aus Westeuropa sicher zu stellen. Genuesische Schiffe holten die französischen und spanischen Bischöfe in Nizza ab und brachten sie nach Genua, wo man einen längeren Halt einlegte, vermutlich weil man erfahren hatte, dass Friedrich seine mit Unterstützung Pisas, der traditionellen Rivalin Genuas, verstärkte Flotte ausgesandt hatte, um die Anreise der Konzilsteilnehmer zu verhindern. Als die genuesischen Schiffe Ende April den Hafen verließen, wurden sie von der sizilisch-pisanischen Flotte abgefangen. In der Nähe der Insel Montecristo (südlich von Elba) kam es am 2. Mai 1241 zu einer Seeschlacht, bei der sich nur zwei der siebenundzwanzig Genueser Schiffe retten konnten und der Erzbischof von Besançon ertrank. Die meisten anderen Prälaten wurden gefangen genommen und nach Süditalien gebracht, wo sie eingesperrt wurden.

Dieser Gewaltakt des Kaisers erleichterte es dem Papst, Friedrich erneut als Feind der Kirche darzustellen, zumal sich der Herrscher trotz päpstlichen Drängens weigerte, die gefangenen Bischöfe freizulassen; ein Vermittlungsversuch König Ludwigs IX. von Frankreich blieb ebenfalls erfolglos. Anfang August 1241 bezeichnete der Papst in einem erneut in apokalyptischen Tönen gehaltenen Rundschreiben den Kaiser als Statthalter des Teufels und Kirchenverfolger der Endzeit. Auch die Hilfegesuche des Königs Béla IV. von Ungarn (1235–1270) gegen die Mongolen, die im April 1241 bis nach Polen und Ungarn vorgedrungen waren, brachten trotz dieser schweren äußeren Bedrohung des christlichen Abendlands keine der beiden Seiten dazu, Zugeständnisse zu machen. Jeder schob die Schuld auf den anderen.

Am 22. August 1241 starb plötzlich der Papst. Friedrich, der dabei war, in der Umgebung Roms die Besitzungen papstfreundlicher Adeliger zu verwüsten, verließ auf die Nachricht vom Tod Gregors hin den Kirchenstaat und kehrte in das Königreich Sizilien zurück. Er hoffte, mit dessen Nachfolger zu einem Ausgleich zu kommen. Es ist bezeichnend, dass die kaiserliche Kanzlei ab dem Herbst 1241 auf apokalyptisch-eschatologisch geprägte Feindbilder verzichtete und sich auf Appelle an die Solidarität der europäischen Herrscher und Fürsten sowie allgemein gehaltene Kritik an der Verweltlichung der Kirche beschränkte.

Die Wahl des neuen Papstes ließ auf sich warten, da das Kardinalskollegium gespalten war. Kein Kandidat erreichte die seit 1179 erforderliche Zweidrittelmehrheit. Um die Kardinäle zu einer Einigung zu zwingen, sperrte sie der römische Senator Matteo Rosso Orsini († 1246) ein: ein Konklave *ante litteram*. Die schlechten hygienischen Verhältnisse der Unterbringung und die Sommerhitze führten dazu, dass viele Kardinäle erkrankten. Am 25. Oktober 1241 wurde schließlich der aus Mailand gebürtige Gottfried von Castiglione gewählt. Er nahm den Namen Cölestin IV. an, starb jedoch bereits am 10. November. Daraufhin verließ ein Großteil der Kardinäle Rom, um nicht noch einmal Opfer der Repressalien des Senators zu werden. Die kommenden anderthalb Jahre verfügte die Kirche über keinen Papst.

In dieser Zeit blieb Friedrich meistens in Süditalien und befasste sich mit der Reorganisation des Königreichs und dem Ausbau der Flotte, mit der er gemeinsam mit Pisa und Savona (westlich von Genua) auf das kaiserfeindliche Genua Druck ausübte. Nur zweimal griff der Kaiser im Kirchenstaat ein: In den Jahren 1242 und 1243 verwüstete er die Umgebung von Rom und sperrte den römischen Handelsverkehr mit dem Königreich Sizilien, um Druck auf den Senator Matteo Rosso auszuüben, der die papstlose Stadt unter seine Herrschaft bringen wollte. Unterdessen fielen in Deutschland die Erzbischöfe Konrad von Köln (1238–1261) und Siegfried III. von Mainz, letzterer bisher Reichsverweser für König Konrad, im Herbst 1241 angesichts der zwei Jahre zuvor ausgesprochenen Exkommunikation vom Kaiser ab.

Am 25. Juni 1243 kam es endlich in Anagni zur Wahl eines neuen Papstes. Gewählt wurde der aus Genua stammende Kardinal Sinibaldo Fieschi, einer der führenden Kirchenrechtler seiner Zeit, der den programmatischen Namen Innozenz IV. annahm, wohl um anzudeuten, dass er an den Pontifikat Innozenz' III. anknüpfen wollte, unter dem das Papsttum den Höhepunkt seiner Macht erreicht hatte. Wie sein gleichnamiger Vorgänger war der neue Papst entschlossen, eine führende Rolle in Europa zu spielen in der Überzeugung, als Stellvertreter Christi über die ganze Menschheit verfügen zu können, also auch über Kaiser und Könige. Trotz der grundsätzlichen Trennung der geistlichen und weltlichen Gewalt fühlte er sich berechtigt, den Kaiser bei schweren Verfehlungen wie Friedensstörung, Eidbruch und Ketzerei zu richten und gegebenenfalls zu verurteilen.

Friedrich war zunächst überzeugt, Innozenz IV. sei ihm freundlich gesinnt und ließ dessen Wahl mit Dankgottesdiensten feiern. Die Verhandlungen über einen Frieden zwischen Kaiser und Papst gestalteten sich nach den harten Auseinandersetzungen der letzten Jahre außerordentlich schwierig. Das Problem waren und blieben die Lombarden, die Innozenz in jede Vereinbarung mit einbeziehen wollte, was Friedrich hingegen als unvereinbar mit Recht und Ehre des Kaisertums ablehnte.

Das Klima wurde gespannter, als Kardinal Rainer von Viterbo, seit langem ein erbitterter Gegner des Kaisers, seine Heimatstadt dazu brachte, sich gegen Friedrich aufzulehnen. Daraufhin belagerte dieser im Oktober und November Viterbo, erlitt dabei allerdings eine empfindliche Niederlage. Nachdem ihm zugesichert worden war, dass der im Stadtkastell eingeschlossenen kaiserlichen Besatzung freier Abzug gewährt werde, zog sich der Kaiser zurück. Die Viterbesen hielten jedoch ihr Versprechen nicht, setzten Friedrichs Gefolgsleute gefangen und bemächtigten sich ihrer Güter.

Trotz seiner Empörung über dieses Verhalten brach der Kaiser die Verhandlungen mit dem Papst nicht ab, und bald schien eine Lösung in greifbare Nähe gerückt. Die Vereinbarung, die am 31. März 1244 von kaiserlichen Gesandten beschworen wurde, sah Folgendes vor: Friedrich verpflichtete sich, die von ihm besetzten päpstlichen Gebiete zurückzugeben, die nach seiner Exkommunikation gemachten Gefangenen freizulassen, den danach Verbannten die Rückkehr zu gestatten, die von ihm angerichteten Schäden wieder gut zu machen, als Entschädigung Geld und Soldaten zur Verfügung zu stellen, wohltätige Einrichtungen zu stiften und zu fasten, ferner allen nach seiner Exkommunikation auf die Seite der Kirche getretenen und den früheren Aufständischen zu vergeben. Die Entscheidung über die von ihm vor seiner Bannung begangenen Untaten und das Urteil über seine Vergehen gegen die Kirche, die zu seiner Exkommunikation geführt hatten, überließ er dem Papst. Seine Herrschaft im römisch-deutschen und sizilischen Reich sollte aber unangetastet bleiben.

Durch diese sehr weit gehenden Zugeständnisse hoffte der Kaiser, endlich vom Kirchenbann gelöst zu werden. Er plante, in Verona einen Hoftag abzuhalten, auf dem der Konflikt mit dem Papst beigelegt und dann über die Sicherung des Friedens im Reich beraten werden sollte. Doch bald stellte sich heraus, dass Friedrich sich zu früh gefreut hatte. Die anschließenden Verhandlungen über die praktische Durchführung der Vereinbarung erwiesen sich als äußerst schwierig: Innozenz bestand darauf, die päpstlichen Gebiete unverzüglich zurückzuerhalten, der Kaiser wollte hingegen vorher Klarheit über die genauen Bedingungen und den Zeitpunkt seiner Lösung vom Kirchenbann.

Obwohl die erhoffte Einigung damit wieder in die Ferne rückte, gab Friedrich nicht auf und verhandelte weiter. Der Papst war dagegen offenbar überzeugt, dass weitere Gespräche zwecklos seien, und floh Ende Juni mit den meisten Kardinälen in seine Heimatstadt Genua, wo er bis zum Oktober blieb. Dann reiste er weiter nach Lyon, wo er am 2. Dezember 1244 eintraf. Diese Stadt lag zwar noch im Königreich Burgund (Arelat), das zum römisch-deutschen Kaiserreich gehörte, befand sich aber in unmittelbarer Nähe zum Königreich Frankreich. Innozenz wollte offensichtlich auch geographisch auf Distanz zum Kaiser gehen. Enttäuscht wandte sich Friedrich an die Herrscher Europas und klagte über die unversöhnliche Haltung des Papstes.

Eine neue Hoffnung auf ein päpstliches Einlenken knüpfte Friedrich an die alarmierenden Nachrichten aus dem Heiligen Land, wo Jerusalem wieder in die Hände der Muslime gefallen war (1244). Patriarch Albert von Antiochia († 1247) kam deshalb Anfang 1245 nach Europa, um Kaiser und Papst um Hilfe zu bitten. Zunächst besuchte er Friedrich, der ihn von seiner Bereitschaft zum Frieden mit dem Papst überzeugte und erklärte, weitere Zugeständnisse machen zu wollen. Dann reiste der Patriarch zu Innozenz nach Lyon, der ebenfalls verhandlungsbereit schien. Von dort kehrte er wieder zu Friedrich zurück, der sich zu dieser Zeit in Foggia aufhielt (März 1245). Der Kaiser bot an, dem Papst die Schiedsrichterrolle in der Lombardenfrage zu überlassen, wenn dieser allen seinen Anhängern verzeihe. Eine solche pauschale Begnadigung lehnte Innozenz jedoch ab.

In der zweiten Aprilhälfte sandte Friedrich den neuen Hochmeister des Deutschen Ordens, Heinrich von Hohenlohe (1244–1249), mit weiteren Vorschlägen nach Lyon, in denen er vermutlich anbot, nicht nur alle Gefangenen freizulassen, den angerichteten Schaden wieder gutzumachen und einen dreijährigen Kreuzzug zu unternehmen, sondern es auch zu akzeptieren, falls der Papst ihn von der derzeitigen Exkommunikation löse, künftig für alle gegen die Kirche gerichteten Handlungen oder Vertragsverletzungen sogleich wieder exkommuniziert zu werden. Die Lage blieb dennoch weiter verfahren. Jeder verlangte vom anderen, den ersten Schritt zu tun.

Ende 1244 berief der Papst für den 24. Juni 1245 ein allgemeines Konzil nach Lyon ein. Das zentrale Thema der Kirchenversammlung war der Konflikt mit dem Kaiser, was nur bedeuten konnte, dass Innozenz entschlossen war, Friedrich zu verurteilen und seine Absetzung zu verkünden.

Die Absetzung Friedrichs und ihre Folgen

Das am 26. Juni 1245 vom Papst in Lyon eröffnete Konzil war im Vergleich zum Laterankonzil Innozenz' III. (1215) eher schlecht besucht. Die meisten der etwa 150 angereisten Bischöfe kamen aus Frankreich und Spanien, während England und Italien nur schwach vertreten waren. Die Erzbischöfe von Köln und Mainz, die bereits vor Ostern angekommen waren, reisten vor der Eröffnung des Konzils wieder ab. Ihnen gingen die päpstlichen Absetzungspläne offenbar zu weit. Friedrich ließ durch seinen Gesandten Thaddäus von Sessa († 1248) ein umfassendes Friedensangebot vorlegen. Es umfasste die Rückerstattung der kirchlichen Güter, Schadensersatz, die Rückführung des griechischen Kaiserreichs in die römische Kirche, die Bekämpfung der Tataren, wie die Mongolen genannt wurden, und anderer Feinde der Kirche sowie einen Kreuzzug. Für die Einhaltung der Zusagen sollten die Könige von England und Frankreich bürgen.

Doch Innozenz war nicht mehr von seinem Vorsatz abzubringen. Er lehnte auch diesmal ab mit der Begründung, er glaube nicht an die Ehrlichkeit des Angebots, da Friedrich bisher seine Versprechungen nie vollständig eingehalten habe. Nach kurzen Beratungen und ohne ein formal abgesichertes Verfahren verkündete der Papst auf der Schlusssitzung des Konzils am 17. Juli 1245 die Absetzung Friedrichs. Er tat dies als exklusiver Interpret des göttlichen Willens, nicht mit Zustimmung, sondern nur im Beisein der Kirchenversammlung, wie er erklärte. Vergeblich bestritt der kaiserliche Gesandte Thaddäus von Sessa die Gültigkeit dieses Aktes: Friedrich habe keine ordnungsgemäße Vorladung erhalten, die Anklagen seien unpräzise und der Papst, der sowohl als Kläger wie auch als Richter auftrete, sei voreingenommen. Daher appelliere er an ein allgemeines Konzil.

Innozenz begründete die Absetzung des Kaisers mit vier schweren Vergehen: Eidbruch, da Friedrich die im Frieden von San Germano gemachten Zusagen nicht eingehalten habe; Verletzung des Friedens mit der Kirche, weil er die zum

Konzil nach Rom reisenden Prälaten gefangen genommen und in die süditalienischen Bischofswahlen eingegriffen habe; Sakrileg, da er die gefangenen Geistlichen unmenschlich hart behandelt habe; Verdacht der Häresie, weil er die Exkommunikation missachtet habe, mit Muslimen freundschaftlich verkehre, sich am Kaiserhof Eunuchen halte und eine seiner Töchter mit dem griechisch-orthodoxen Kaiser Johannes Vatatzes verheiratet habe.

Der Papst forderte die deutschen Fürsten auf, einen Nachfolger des abgesetzten Kaisers zu wählen, während er das Königreich Sizilien als dessen Lehnsherr einzog und sich vorbehielt, es an eine Person seiner Wahl auszugeben. Ferner warnte er die christlichen Fürsten und Herrscher davor, mit Friedrich zusammenzuarbeiten, andernfalls würde er auch sie exkommunizieren. Diese Drohung fruchtete zunächst wenig; die Könige von Frankreich und England blieben weiterhin mit dem Staufer in Kontakt. Schwerwiegend war jedoch die Tatsache, dass die Absetzung gegenüber der Exkommunikation eine deutliche Steigerung darstellte: Bisher hatte es kein Papst es gewagt, einen gekrönten Kaiser zu absetzen; Heinrich IV. war bei seiner Absetzung durch Gregor VII. (1076) lediglich König und noch nicht Kaiser gewesen.

Friedrich wandte sich an die Öffentlichkeit des Abendlands und kritisierte sowohl die Form als auch den Inhalt des gegen ihn auf dem Konzil gemachten Prozesses, den er als ungültig betrachtete: Das Verfahren sei von schweren Fehlern gekennzeichnet und die Anklagen seien unbegründet. Der Papst könne dem Kaiser nicht nach Belieben sein ihm von Gott verliehenes Amt entziehen. Die europäischen Herrscher forderte er zur Solidarität auf: Wenn der Papst einmal den Kaiser zum Fall gebracht habe, seien auch ihre Königsthrone nicht mehr sicher.

In einem anderen Rundschreiben ging Friedrich noch weiter und beklagte die Verweltlichung der Kirche, die durch die vergangenen Ereignisse von ihren eigentlichen religiösen Aufgaben abgelenkt worden sei. Mit Gottes Hilfe wolle er dafür sorgen, dass die Geistlichen zur apostolischen Lebensweise der Urkirche zurückkehrten, und zu diesem Zweck sei es gut, ihnen ihre Reichtümer zu nehmen. Mit dieser radikalen Reformforderung, die zeitgenössische Kirchenkritik aufnahm, ging es dem Kaiser darum, den Papst und die Kurie zu verunsichern. Sein Hauptziel war es, die Unabhängigkeit seiner Herrschaft von der Kirche zu bewahren.

Friedrich schickte Anfang September 1245 Gesandte mit der Bitte um Vermittlung an König Ludwig IX. von Frankreich, der seit 1244 einen Kreuzzug plante und deshalb am Frieden zwischen Kaiser und Papst interessiert sein musste. In den Gesprächen zwischen Ludwig und Innozenz gelang es dem Papst aber, den französischen König auf seine Seite zu ziehen. Innozenz erreichte dies dadurch, dass er die Heirat von Ludwigs Bruder Karl von Anjou (1226–1285) mit Beatrix, der Erbin der Grafschaft Provence (1234–1267), ermöglichte, indem er einen Dispens erteilte, der das Ehehindernis der zu nahen Verwandtschaft aus dem Wege räumte.

In einem wohl von Kardinal Rainer von Viterbo verfassten Manifest von Ende 1245 oder Anfang 1246 widerlegte Innozenz die Einwände, die Friedrich gegen seine Absetzung vorgebracht hatte: Als Nachfolger Petri sei der Papst das Haupt aller Gläubigen und der Stellvertreter Gottes auf Erden, dem Christus die priesterliche und die königliche Gewalt verliehen habe. Die weltlichen Fürsten unterstünden daher seiner Kontrolle. Wenn sie seine Ermahnungen missachteten und sich schwere Vergehen zu Schulde kommen ließen, schieden sie aus der Gemeinschaft der Gläubigen aus und verlören ihr Herrscheramt. In einem weiteren Rundschreiben bezeichnete der Papst den Kaiser erneut als einen Kirchenfeind und Tyrannen sowie als Vorläufer und Ebenbild des Antichrist.

Um den Vorwurf der Häresie zu entkräften, setzte Friedrich zu Beginn des Jahres 1246 eine Kommission von Geistlichen ein, darunter zwei Dominikaner, die seine Rechtgläubigkeit prüfen sollte. Das, wie nicht anders zu erwarten, positive Ergebnis der Untersuchung teilte er dem Papst mit, der jedoch bei seiner Meinung blieb und seine Auffassung bekräftigte, dass der abgesetzte Herrscher ein Ketzer sei. Währenddessen war in kaiserfreundlichen Kreisen als weitere Reaktion auf Friedrichs Absetzung ein Rundschreiben entstanden, in dem der Machthunger des Papstes angegriffen, eine radikale Kirchenreform gefordert und Innozenz als Antichrist bezeichnet wurde, den Gott im Jüngsten Gericht verurteilen und absetzen werde. Der Verfasser dieses Pamphlets war ein Dominikaner namens Arnold, der erklärte, dass Friedrich ihn am Fest der Heiligen Drei Könige, also am 6. Januar (vermutlich des Jahres 1246), empfangen habe. Solche Ideen konnten in der päpstlichen Umgebung die Befürchtung aufkommen lassen, der Kaiser schließe nun auch eine Absetzung des Papstes nicht mehr aus.

Neben der Propaganda mit Rundschreiben und Pamphleten versuchte Innozenz die italienischen und deutschen Bischöfe durch die von ihm ausgesandten Legaten zum Abfall von Friedrich zu bewegen. Diese beeinflussten in massiver Weise die Bischofswahlen, denn nach Anordnung des Papstes durften die Domkapitel künftig nur noch mit Zustimmung der Legaten und unter deren Kontrolle die Wahlen vornehmen. Mit Zugeständnissen oder Strafen gelang es Innozenz je nach Gelegenheit, die Kirche Deutschlands und Oberitaliens in den vierziger Jahren auf seine Seite zu bringen. Ebenso agierte er beim Adel, den er unter Druck setzte, indem er Ehedispense bewilligte oder ablehnte, Kirchenlehen vergab oder einzog, den Kirchenbann aufhob oder androhte.

In Deutschland führte der wachsende päpstliche Einfluss schließlich zur Wahl eines Gegenkönigs. Am 22. Mai 1246 wählten die geistlichen Reichsfürsten den Landgrafen von Thüringen, Heinrich Raspe, der zunächst auf Seiten Friedrichs gestanden hatte, zum römisch-deutschen König. Noch Ende 1241 hatte der Kaiser ihn nach dem Abfall des Erzbischofs Siegfried von Mainz zum Reichsverweser und Prokurator für König Konrad ernannt. Durch einen Ehedispens veranlasste Innozenz den Landgrafen Anfang 1244, die Fronten zu wechseln. Allerdings war trotz massiver Bemühungen des Papstes kein weltlicher Reichsfürst dazu bereit, an der Wahl des Gegenkönigs teilzunehmen.

Im Juni 1246 verschärfte Innozenz seinen Kampf gegen Friedrich, indem er in Deutschland und einige Monate später auch in Italien, Polen und Dänemark gegen ihn als Kirchenverfolger und Feind der Christenheit den Kreuzzug predigen ließ. Wer gegen Friedrich kämpfe, erhalte die gleichen Privilegien und Ablässe wie die Kreuzfahrer im Heiligen Land. Es ging dem Papst darum, den Kaiser endgültig auszuschalten.

Über seinen Schwager, Bernardus Rolandi Rubei, gelang es Innozenz, in Italien eine Verschwörung gegen Friedrich anzuzetteln. Im August 1245 fielen dem Kaiser in einem Kloster in der Nähe von Parma Dokumente in die Hände, die Hinweise auf einen Plan enthielten, nach dem er und sein Sohn Enzo ermordet werden sollten; es fehlten aber die Namen der beteiligten Personen. Als Friedrich sich im März 1246 in Grosseto im Südwesten der Toskana aufhielt, wurde er von einem Boten des Grafen Richard von Caserta (1232–1266) vor einem kurz bevorstehenden Anschlag auf sein Leben gewarnt, in den hohe Beamte verwickelt seien. Anführer des Komplotts war der kaiserliche Podestà von Parma, Tebaldus Franciscus, dem sich Pandulf von Fasanella und Jakob von Morra, die in der Verwaltung Norditaliens führende Stellen bekleideten, sowie andere hohe Beamte und süditalienische Adelige angeschlossen hatten.

Nachdem das geplante Attentat aufgedeckt worden war, verschanzten sich die Verschwörer auf Burgen in der Gegend von Salerno. Ende April forderte der Papst die Bevölkerung des Königreichs auf, sich gegen die Herrschaft Friedrichs aufzulehnen, hatte damit jedoch wenig Erfolg. Ein von Innozenz entsandtes Heer, das die Aufständischen unterstützen sollte, wurde bereits in Umbrien von kaiserlichen Truppen geschlagen. Am 17. Juli 1246 fiel die letzte Stellung der Verschwörer, die südöstlich von Salerno gelegene Burg Capaccio. Die Strafe für die Hochverräter war hart: Die Frauen unter ihnen wurden verbrannt oder zu lebenslanger Haft verurteilt, die Männer zuerst geblendet, dann verstümmelt und schließlich ertränkt. Die Anführer des Komplotts wurden nach ihrer Blendung und Verstümmelung zur Abschreckung durch das Land geführt, Tebaldus Franciscus mit einer auf seiner Stirn angebrachten päpstlichen Bulle, die ausdrücken sollte, wer der Drahtzieher des Komplotts war.

Wenige Wochen nach dem Fall von Capaccio konnten Friedrichs Truppen auf Sizilien eine Erhebung der letzten dort verbliebenen Muslime niederschlagen, so dass seine Herrschaft im Süden wieder gefestigt war. Im Oktober 1246 hielt der Kaiser einen Hoftag in Barletta ab, auf dem er die 1239/40 eingeleitete Verwaltungsreform des Königreichs, die sich als nicht praktikabel erwiesen hatte, rückgängig machte: Friedrich schaffte die Zwischeninstanz der beiden Kapitäne und Oberjustitiare wieder ab. Damit waren die Justitiare, die Leiter der Provinzen, denen jetzt ein Oberkämmerer zur Seite gestellt wurde, erneut direkt dem Herrscher unterstellt, wie es bereits in normannischer Zeit der Fall gewesen war. In der Struktur des Hofs und des Großhofgerichts wurden nur einige kleinere Änderungen vorgenommen, während der Kaiser in der Finanzverwaltung den Versuch unternahm, die Provinzen in fünf Regionen (Abruzzen, Kampanien, Apulien, Kalabrien, Sizilien) zusammenzufassen. Doch auch diese Reform wurde schon nach wenigen Jahren (1249) wieder rückgängig gemacht.

Anfang 1247 hatten sich die Verhältnisse im Südreich soweit stabilisiert, dass Friedrich Ende März im Norden Italiens, in Cremona, einen Hoftag abhalten konnte. Die allgemeine Lage schien sich zu bessern: Viterbo und Venedig kehrten auf seine Seite zurück, ebenso der Markgraf Bonifaz von Montferrat. Für Juni plante der Kaiser einen Hoftag in Deutschland und beschloss daher, seine Vertretung im Königreich Sizilien zu regeln. Sein neunjähriger Sohn aus der Ehe mit Isabella von England, der zunächst Carlotto genannt worden war, dann aber den Namen des abgesetzten Königs Heinrich erhalten hatte, wurde zum König erhoben und sollte während Friedrichs Abwesenheit das offizielle Landesoberhaupt sein. Mit der Landesverteidigung beauftragte Friedrich Graf Walter von Manoppello († 1262/69), dem er zwei seiner Schwiegersöhne, Graf Richard von Caserta und Thomas von Aquino († 1273), den Enkel und Nachfolger des gleichnamigen Grafen von Acerra, zur Seite stellte. Angesichts der schlechten Erfahrungen, die er kurz zuvor mit dem süditalienischen Adel gemacht hatte, glaubte Friedrich, nur noch seinen Verwandten voll vertrauen zu können: So ernannte er seinen unehelichen Sohn Richard, Graf von Chieti († 1266), zum Generalvikar in der Mark Ancona und im Herzogtum Spoleto, verlieh einem anderen unehelichen Sohn, Friedrich von Antiochia († 1256), die Grafschaft Albe (in den Abruzzen) und ernannte seinen Enkel Friedrich († 1251), Sohn Heinrichs (VII.), zum Kommandanten einer Gruppe von Rittern.

In Deutschland war der Gegenkönig Heinrich Raspe zunächst erfolgreich und schlug am 5. August 1246 das Heer Konrads IV. Er scheiterte jedoch im Januar 1247 an der Belagerung der Stadt Ulm und musste erkrankt nach Thüringen zurückkehren, wo er am 16. Februar 1247 auf der Wartburg starb. Zum Nachfolger wählten die geistlichen Reichsfürsten sowie ein einziger weltlicher Fürst, Herzog Heinrich II. von Brabant (1235–1248), am 3. Oktober 1247 den neunzehnjährigen Grafen Wilhelm von Holland, einen Neffen des Brabanter Herzogs. Der neue Gegenkönig konnte erst ein Jahr später gekrönt werden, da die Stadt Aachen ihm bis dahin die Tore verschlossen hielt. Wilhelm setzte sich nur im Norden Deutschlands durch, während der Süden größtenteils Konrad IV. treu blieb.

Neue Rückschläge und Tod

Der Kaiser versuchte unterdessen, den Norden Italiens unter seine Kontrolle zu bekommen, um dadurch Druck auf den Papst auszuüben. Im April 1247 vereinbarte er die Ehe seines unehelichen Sohns Manfred mit Beatrix († 1257/58), einer Tochter des Grafen Amadeus IV. von Savoyen († 1253), der große Teile des Nordwestens Italiens in seiner Hand hatte. Friedrich war entschlossen, nach Lyon zu ziehen, um sich dort, wie er erklärte, von den gegen Gott und alle Gerechtigkeit erhobenen Vorwürfen des Papstes zu reinigen. Innozenz reagierte mit einem Hilfegesuch an den französischen König, der ihm militärische Unterstützung zusagte. Mitte Mai 1247 machte der Kaiser sich von Cremona aus auf den Weg nach

Lyon. Einen Monat später kam er in Turin an, wo er den Grafen von Savoyen und die anderen Großen des Piemont traf. Als sich Friedrich anschickte, die Alpen zu überqueren, erhielt er eine Nachricht, die ihn zur Umkehr veranlasste.

Die Stadt Parma war von ihm abgefallen und zum Stützpunkt seiner Feinde geworden. Neben anderen hielten sich dort der päpstliche Legat Gregor von Montelongo († 1269) und Bernardus Rolandi Rubei, der Schwager Innozenz' IV. und Anstifter der Verschwörung von 1246, auf. Friedrich hatte Grund zur Befürchtung, dass sich andere italienische Städte der Rebellion anschließen könnten, falls er nicht sogleich einschritt. Daher kehrte er unverzüglich um und begann am 2. Juli die Belagerung von Parma, die sich allerdings schwieriger gestaltete als erwartet. Die Bürger leisteten erbitterten Widerstand, obwohl in der Stadt bald die Nahrungsmittel ausgingen. Selbst drastische Maßnahmen des Kaisers, der sich nicht nur weigerte, die in den Kämpfen vor den Stadtmauern gemachten Gefangenen auszutauschen, sondern auch einige von ihnen demonstrativ enthaupten ließ, fruchteten nichts. Friedrich war deshalb gezwungen, sich auf den Winter vorzubereiten und errichtete eine große Lagerstadt, die er zuversichtlich *Victoria* (Sieg) nannte.

Dass dieser Optimismus nicht gerechtfertigt war, zeigte sich am 18. Februar 1248, als die Eingeschlossenen unter der Führung Gregors von Montelongo einen Ausfall machten und die Lagerstadt vollständig zerstörten, wobei sie den Schatz des Kaisers mit zahlreichen Wertgegenständen, darunter eine Krone und das kaiserliche Siegel, erbeuteten und mehr als 1500 Gefangene machten. In seiner allzu großen Siegessicherheit war Friedrich am frühen Morgen des Tages auf die Jagd gegangen, während ein Großteil der Soldaten mit dem Bau einer Brücke über den Po beschäftigt war und der zurückgebliebene Markgraf Manfred (II.) Lancia († 1257/59) sich von einer nach Süden abrückenden päpstlichen Reiterabteilung aus dem Lager herauslocken ließ.

Die kaiserliche Niederlage vor Parma hatte vor allem einen psychologischen Effekt: Das Ansehen Friedrichs, der einen Sieg über die Stadt zu einer Prestigeangelegenheit gemacht hatte, erlitt einen empfindlichen Schlag, infolge dessen seine Gegner neuen Auftrieb bekamen. Obwohl der Kaiser zusammen mit seinem Sohn Enzo weiter in Norditalien aktiv blieb, traten Ravenna und die meisten Städte der Romagna auf die Seite des Papstes, und Kardinal Rainer von Viterbo konnte im Herzogtum Spoleto und in der Mark Ancona Erfolge verzeichnen. Als Friedrich im März 1248 den gefangenen Bischof Marcellinus von Arezzo, den Rektor der päpstlichen Marken, hinrichten ließ, gab dies Rainer die Gelegenheit, den Kaiser erneut als Kirchenverfolger und Sohn des Teufels in der Öffentlichkeit anzuklagen.

Friedrichs Versuche, weiter mit dem Papst zu verhandeln – er hoffte immer noch auf eine Vermittlung des französischen Königs – wurden von Innozenz abschlägig beschieden: Gott habe den Kaiser bereits gerichtet und daran könne menschliche Barmherzigkeit nichts mehr ändern. Der Papst war entschlossen, Friedrich und das ganze staufische Geschlecht zu vernichten, das seiner Auffassung nach eine tödliche Bedrohung für die Kirche darstellte. Einen weiteren schweren Schlag musste der Kaiser Anfang 1249 hinnehmen, als er entdeckte, dass der Vorsteher seiner Kanzlei und einer seiner engsten Vertrauten, Petrus de Vinea, sich der Bestechung und des Verrats schuldig gemacht hatte. Im Februar ließ Friedrich Petrus blenden und einkerkern, bis dieser dann Ende April Selbstmord beging.

Im Oktober 1248 war es dem Kaiser noch gelungen, die für den Zugang ins Piemont und somit für einen eventuellen Zug nach Lyon wichtige Stadt Vercelli zu unterwerfen. Im Februar 1249 hielt Friedrich in Cremona einen Hoftag ab, auf dem sein Sohn Enzo eine Nichte seines Schwiegersohns Ezzelino da Romano heiratete, der den Nordosten Italiens kontrollierte. Einen Monat später begab sich der Kaiser in die Toskana und äußerte mit ungebrochenem Optimismus, er werde nach Deutschland aufbrechen, sobald es die Verhältnisse in Italien erlaubten.

Doch dazu sollte es nicht mehr kommen, denn im selben Monat (März 1249) kehrte Friedrich, erschöpft von den Auseinandersetzungen und Rückschlägen der letzten Jahre, nach

Süditalien zurück, um sich hier zu erholen – in der Hoffnung, später mit frischen Kräften den Kampf wieder aufnehmen zu können. Dort musste er erfahren, dass sein Sohn Enzo, Generallegat für Reichsitalien und einer der erfolgreichsten kaiserlichen Heerführer, Ende Mai gefangen genommen und nach Bologna gebracht worden war. Vergeblich bemühte sich der Herrscher um die Freilassung Enzos, der bis zu seinem Tod (1272) in Haft bleiben sollte. Auch aus anderen Gebieten Norditaliens kamen keine guten Nachrichten. Como, bisher ein Gegner des Lombardenbunds, schloss Frieden mit Mailand; der Ort Pontremoli, der einen wichtigen Apenninenpass zwischen Norditalien und der Toskana kontrollierte, ging verloren; und schließlich trat das bisher mit Bologna verfeindete Modena auf die Seite der kaiserlichen Gegner.

Vom Oktober 1249 an blieb Friedrich, dessen Gesundheit vielleicht angeschlagen war, meist in seiner Residenz in Foggia, die er nur in den heißen Sommermonaten verließ, um sich in das kühlere Castel Lagopesole (zwischen Melfi und Potenza) zurückzuziehen. Indessen waren im Norden einige Erfolge zu verzeichnen. Dem kaiserlichen Heerführer Uberto Pallavicini († 1269) gelang am 18. August 1250 mit Unterstützung der Stadt Cremona ein Sieg über Parma, womit die Niederlage von Victoria gerächt wurde; die Stadt selbst konnte aber nicht erobert werden. Zwei Tage danach besiegten kaiserliche Truppen in der Gegend von Ancona ein päpstliches Heer. Diese vereinzelten militärischen Erfolge hatten jedoch keine weit reichenden Folgen.

Der ungebrochene Optimismus des Kaisers, der immer noch glaubte, Oberitalien bald unterwerfen zu können, war kaum berechtigt, obwohl es an Spannungen zwischen einzelnen lombardischen Städten nicht fehlte. Ebenso unrealistisch war Friedrichs Hoffnung, der Misserfolg des Kreuzzugs Ludwigs IX. von Frankreich, der in Ägypten in muslimische Gefangenschaft geraten war, würde die europäischen Könige und Fürsten zur Solidarität mit ihm und zu einem gemeinsamen Bündnis gegen den Papst veranlassen.

Am 13. Dezember 1250 starb der Kaiser in der Burg von Fiorentino, einer im späten Mittelalter untergegangenen Bischofsstadt nördlich von Lucera, im Alter von knapp sechsundfünfzig Jahren an einer Krankheit, vielleicht Typhus, Paratyphus oder Blutvergiftung. In seinem Testament setzte er seinen Sohn Konrad IV. zum Nachfolger im römisch-deutschen Kaiserreich und im Königreich Sizilien ein. Falls dieser ohne Erben sterben sollte, war vorgesehen, dass ihm Heinrich und nach diesem Manfred nachfolgten. Seit Friedrich vermutlich 1248 seine langjährige Geliebte Bianca Lancia, die Mutter Manfreds, geheiratet hatte, galt dieser als ehelicher Sohn des Kaisers. Manfred sollte während der Abwesenheit Konrads IV. an dessen Stelle das süditalienische Königreich verwalten; außerdem sollte er als Lehen Konrads das Fürstentum Tarent sowie die Gegend um den Monte Gargano (im Norden Apuliens) erhalten, die nach dem dortigen, dem Erzengel Michael geweihten Wallfahrtsort *Honor montis Sancti Angeli* genannt wurde. Ebenfalls zu Lehen Konrads sollte sein Bruder Heinrich das Königreich Jerusalem oder das Arelat (Burgund) bekommen, dessen Neffe Friedrich, der Sohn Heinrichs (VII.), hingegen die Herzogtümer Österreich und Steiermark.

Weiter verfügte der Kaiser, die Güter des Templerordens und die Rechte der Kirchen zurückzugeben, die Gefangenen mit Ausnahme der Hochverräter freizulassen, seine Schulden zu begleichen, die jährlichen Steuern (Generalkollekten) abzuschaffen, die Reichsverräter zu verbannen und zu verfolgen, 100 000 Goldunzen für den Kreuzzug zu spenden, die Rechte und Besitzungen der römischen Kirche unter der Bedingung zurückzuerstatten, dass diese das gleiche mit den Rechten des Reichs tun sowie die Ehre und das Recht des Kaisertums wahren würde. Das Testament zeigt, dass Friedrich an der Vereinigung des römisch-deutschen Kaiserreichs mit dem Königreich Sizilien unter einem einzigen Herrscher festhalten und gleichzeitig seinen guten Willen gegenüber der Kirche zeigen, nicht aber das Ansehen des Kaisertums mindern wollte. Das Wahlrecht der deutschen Fürsten wurde von Friedrichs Verfügung nicht angetastet.

Abb. 5: Porphyrsarkophag Friedrichs II. im Dom von Palermo

Über die letzten Stunden des Kaisers berichten die Quellen
unterschiedlich. Nach Matthäus Paris soll Friedrich auf dem
Sterbebett nach Beichte und Absolution durch Erzbischof
Berard von Palermo das Gewand eines Zisterziensermönchs
angelegt haben (das letztere Detail wird allerdings von keiner
anderen Quelle bestätigt). Dem Kaiser feindlich gesinnte Ge-

schichtsschreiber zeichneten dagegen seinen Tod in düsteren Farben, so wie ihn ein Ketzer verdient hatte. Begraben wurde Friedrich am 25. Februar 1251 in der Kathedrale von Palermo, an der Seite seiner Eltern und seines Großvaters Roger, wie diese in einem Porphyrsarkophag (Abb. 5), den er bereits im Jahre 1215 für seine Grablege bestimmt hatte.

Die Reaktionen auf Friedrichs Tod waren grundverschieden – je nach dem, wie man im Leben zu ihm gestanden hatte. Seine Gegner waren erleichtert, der Papst geradezu begeistert; er beglückwünschte die Bewohner des Königreichs Sizilien zur Befreiung von ihrem Unterdrücker. Die Anhänger des Kaisers waren hingegen zutiefst bestürzt, äußerten jedoch die Hoffnung, wie Manfred in einem Brief an seinen Bruder Konrad, dass in seinem Nachfolger die Sonne der Gerechtigkeit und des Friedens, die mit Friedrich untergegangen war, neu erstrahlen werde. Viele wollten lange Zeit nicht an den Tod des Kaisers glauben und bald kamen Gerüchte auf, er lebe im Verborgenen weiter, so wie die erythräische Sibylle geweissagt hatte: „Er lebt, und lebt doch nicht" (*Vivit, non vivit*).

Es ist schwer zu sagen, was geschehen wäre, wenn Friedrich nicht so plötzlich gestorben wäre. Dass er mit einem nachgiebigeren Papst als Innozenz IV. doch noch zu einem Ausgleich hätte kommen können, ist möglich, angesichts der unvereinbaren Grundpositionen von kaiserlicher und päpstlicher Seite sowie der Eskalation der Auseinandersetzung in den letzten Jahren jedoch eher unwahrscheinlich. Auch der Konflikt mit den norditalienischen Kommunen war im Grunde unlösbar, da Friedrich aufgrund der traditionell-konservativen Auffassung seines Herrscheramts nicht die Zugeständnisse machen wollte und konnte, die zu einer Einigung notwendig gewesen wären. Hinzu kamen die praktischen Schwierigkeiten, die mit der Herrschaft über ein von Sizilien (oder theoretisch sogar von Jerusalem) bis an die Nordsee reichendes Großreich verbunden waren.

Das Ende der Staufer

Nach Friedrichs Tod führten die Päpste den Kampf weiter. Das Testament des Kaisers besaß für sie keine Gültigkeit; daher erkannten sie weder Konrads Nachfolge noch Manfreds Regentschaft an. Innozenz versuchte das Königreich Sizilien einem Bruder König Heinrichs III. von England, zu übertragen, doch dieser lehnte 1252 ab. Unterdessen wurde die Lage Konrads IV. in Deutschland immer schwieriger, während der Gegenkönig Wilhelm von Holland militärische Erfolge verzeichnen konnte. Im Oktober 1251 brach Konrad auf, um sein Südreich in Besitz zu nehmen. Ihm gelang die Unterwerfung der süditalienischen Städte, die sich nach Friedrichs Tod selbstständig machen wollten. Doch schon am 21. Mai 1254 starb er in Lavello (nordöstlich von Melfi) im Alter von nur sechsundzwanzig Jahren vermutlich an Malaria. Obwohl Konrad in seinem Testament den Markgrafen Berthold von Hohenburg († 1256/57) zum Regenten für seinen zweijährigen gleichnamigen Sohn, der in Italien Corradino, der kleine Konrad, genannt wurde, bestellt hatte, gelang es Manfred, die Regentschaft in die Hand zu nehmen und vom Papst anerkannt zu werden.

Das Verhältnis zu Innozenz IV. verschlechterte sich bald, da der Papst unter Umgehung Manfreds in die weltlichen Belange des Königreichs eingriff. Sein Nachfolger Alexander IV. (1254–1261) exkommunizierte Manfred und belehnte im April 1255 Edmund, einen Sohn König Heinrichs III. von England, mit dem Königreich Sizilien; doch angesichts des Widerstands der englischen Barone ließ sich dieses Projekt nicht realisieren. Während in Deutschland die Fürsten sich nicht auf einen Nachfolger des 1256 gestorbenen Königs Wilhelm von Holland einigen konnten und 1257 die römisch-deutsche Königskrone zwei Ausländern, Richard von Cornwall († 1272) und Alfons X. von Kastilien († 1284), anboten, verbreitete Manfred das Gerücht, Konradin sei gestorben, und ließ sich 1258 in Palermo zum König krönen. Er konnte jedoch mit dem neuen Papst Urban IV. (1261–1264), einem gebürtigen Franzosen, ebenso wenig eine Einigung erreichen wie mit dessen ebenfalls aus Frankreich stammenden Nachfolger Clemens IV. (1265–1269), der den Bruder des französischen Königs Ludwigs IX., Karl I. von Anjou, mit dem Königreich Sizilien belehnte. Bei Benevent wurde Manfreds Heer vernichtend geschlagen, wobei er selbst den Tod auf dem Schlachtfeld fand (1266).

Erfolglos blieb auch das Unternehmen Konradins, des letzten Staufers, der dem Ruf der Ghibellinen und der aus dem Königreich Sizilien vertriebenen Anhänger der Staufer in den Süden folgte. Er wurde vom Papst exkommuniziert und erlitt am 23. August 1268 bei Tagliacozzo im Norden der Abruzzen unweit der Grenze zum Kirchenstaat eine vernichtende Niederlage durch das Heer Karls. Nach seiner Gefangennahme wurde der Sechzehnjährige am 29. Oktober 1268 in Neapel hingerichtet. Damit war die Hauptlinie des staufischen Geschlechts erloschen.

Der von Friedrich aufgenommene Kampf gegen die Päpste endete somit achtzehn Jahre nach dem Tod des Herrschers mit einer vollständigen Niederlage, von der sich das römisch-deutsche Kaisertum nicht mehr erholen sollte. In Deutschland begann mit der Doppelwahl von 1257 das so genannte Interregnum, „die kaiserlose, die schreckliche Zeit", wie Friedrich Schiller sie nannte, die erst mit der Wahl Rudolfs von Habsburg zum römischen König (1273) endete. In Nord- und Mittelitalien gehörte die Zukunft regionalen Machthabern. Dem Königreich Sizilien standen Jahrhunderte unter der Herrschaft landfremder Dynastien bevor, während das auf die Gegend um Akkon zusammengeschrumpfte Königreich Jerusalem im Jahre 1291 durch die Mameluken vernichtet wurde.

Vom Großreich Kaiser Friedrichs II., dessen Ausdehnung die vier Krönungsorte Palermo, Aachen, Rom und Jerusalem verdeutlichen, blieb wenig über.

Fazit: Die Grenzen eines mittelalterlichen Kaisers

Friedrich erbte von seinen Eltern zwei Königreiche: Das römisch-deutsche Reich, das sich von der Nordsee bis nach Mittelitalien erstreckte und auch Burgund mit einschloss, und das von seinem Großvater Roger II. gegründete Königreich Sizilien, dessen nördliche Grenze bis nach Mittelitalien reichte und an einigen Stellen nicht mehr als fünfzig Kilometer von Rom entfernt war. Diese beiden Reiche gemeinsam zu regieren, stellte den Staufer vor eine äußerst schwierige Aufgabe: Im römisch-deutschen Reich schränkte im Innern die starke Stellung der deutschen Fürsten und der oberitalienischen Städte den Handlungsspielraum des Herrschers ein. Nach außen konkurrierte der Kaiser mit dem Papst, der aufgrund seiner Rolle bei der Kaiserkrönung und seines universalen Richteramts ein Aufsichtsrecht über den römisch-deutschen König einforderte. Besser sah es im Königreich Sizilien aus: Hier hatten die normannischen Herrscher dank einer gut funktionierenden Verwaltung und eines effizienten Steuersystems, das ihnen auch die Haltung eines stehenden Heers gestattete, die Selbstständigkeit des Adels und der Städte erheblich eingeschränkt. Zudem war dort die Bedeutung der Bischöfe gering, da die meisten von ihnen nur über kleine Bistümer verfügten, die finanziell von der Krone abhängig waren, und es den normannischen Königen gelungen war, ihre Kontrolle über die Kirche zu behaupten. Die Päpste hatten zwar nach dem Tod Wilhelms II. (1189) die königlichen Rechte in landeskirchlichen Angelegenheiten beschränken können; ihr politischer Einfluss auf die Herrscher von Sizilien war allerdings stark begrenzt, obwohl diese Vasallen der Nachfolger Petri waren, denen sie den Treueid leisteten.

Die Minderjährigkeit Friedrichs II. veränderte diese Situation insofern, als der damals amtierende Papst Innozenz III. durch seine Lehnsherrschaft über das Südreich und seine Vormundschaft für den jungen König seine Stellung zu stärken vermochte. Überdies verdankte Friedrich dem Papst, dass er neben der sizilischen auch die römisch-deutsche Königskrone erwerben konnte. Die Beziehungen zu den Päpsten waren jedoch von Anfang an durch eine grundsätzliche Problematik belastet: Während die römisch-deutschen Kaiser ihr Gottesgnadentum und ihre Sakralität betonten und sich damit den Nachfolgern Petri gleichrangig fühlten, bestanden die Päpste, besonders seit Innozenz III., auf ihrem universalen, über den kirchlichen Bereich hinausgehenden Anspruch, der sie allen Herrschern überordnete. Außerdem widersetzte Friedrich sich der Ausdehnung des Kirchenstaats auf Kosten mittelitalienischer Gebiete, die zum römisch-deutschen Reich gehörten. Der Papst sah hingegen durch die staufische Umklammerung von Norden und Süden die Freiheit der Kirche bedroht.

Friedrich erwies sich in Deutschland als ein „Realpolitiker", der die landesherrliche Stellung der Fürsten bestätigte und so seine Herrschaft sichern, ja sogar seinen eigenen Sohn als römisch-deutschen König absetzen konnte. Er war aber weder bereit, die Selbstverwaltung der wirtschaftlich blühenden Städte Norditaliens hinzunehmen, noch die Zugeständnisse anzuerkennen, die seine Mutter Konstanze dem Papst hinsichtlich der königlichen Rechte über die Kirche des Südreichs gemacht hatte.

Die Probleme, die durch Friedrichs Beharrlichkeit aufgeworfen wurden, blieben in der Schwebe, solange mit Honorius III. ein kompromissbereiter Papst an der Spitze der römischen Kirche stand. Unter seinem Nachfolger Gregor IX., der die erste sich bietende Gelegenheit ergriff, um den Kaiser zu exkommunizieren, spitzte sich die Lage zu. Nur dem Vermittlungsgeschick des Deutschordenshochmeisters Hermann von Salza, der gleichermaßen das Vertrauen von Kaiser und Papst genoss, war es zu verdanken, dass nach Friedrichs Kreuzzug, der zwar erfolgreich gewesen, in seiner Durchführung aber letztlich ohne Billigung des Papstes erfolgt war, eine Versöhnung zustande kam. Die unnachgiebige Haltung des Kaisers bei den süditalienischen Bischofswahlen und sein Versuch, die kaiserliche Herrschaft in Norditalien ohne Rücksicht auf den Papst durchzusetzen sowie den päpstlichen Einfluss auch in

Mittelitalien zurückzudrängen, ließen den Konflikt jedoch nach wenigen Jahren erneut ausbrechen.

Der Streit eskalierte insbesondere auf ideologischer Ebene: Der Papst, der sich in die Enge getrieben fühlte, exkommunizierte den Kaiser erneut und bestritt ausdrücklich dessen Rechtgläubigkeit. Mit diesem Angriff auf die sakrale Grundlage des Kaisertums und Friedrichs vehementer Reaktion begann ein Propagandakrieg, der eine Verständigung immer schwieriger machte. Nachdem Gregors Nachfolger Innozenz IV. nach Lyon geflohen war und dort Friedrich auf einem Konzil abgesetzt hatte, hätte den Kaiser nur eine bedingungslose Unterwerfung unter den Papst aus seiner ausweglosen Situation retten können. Militärisch war Friedrich nicht in der Lage, sich gegen die norditalienischen Städte durchzusetzen, und auch in Deutschland wurde sein Kaisertum durch die Wahl von Gegenkönigen in Frage gestellt.

Im Königreich Sizilien erwiesen sich Friedrichs Bemühungen um eine Neuordnung der staatlichen und wirtschaftlichen Strukturen größtenteils als undurchführbar. Die Kriege, der zunehmende Steuerdruck, der Amtsmissbrauch und die Bestechlichkeit der Beamten, die er vergeblich bekämpfte, stellten für das wirtschaftlich blühende Südreich eine Hypothek dar, die einige Jahrzehnte nach Friedrichs Tod unter seinem Nachfolger Karl I. von Anjou zu dem als „Sizilische Vesper" bekannten Aufstand (1282) führte. Diese Erhebung richtete sich nicht nur gegen die Provenzalen und Franzosen, die mit der neuen Dynastie ins Land gekommen waren, sondern auch gegen das unter Friedrich eingerichtete System der Verpachtung von Steuern an private Unternehmer, das zu Missbräuchen bei der Steuereinziehung geführt hatte. Andererseits sind die Bemühungen des Staufers um die Verbesserung der Infrastrukturen unverkennbar, und es wäre ungerecht, seine Maßnahmen zur Förderung der Wirtschaft nur unter dem fiskalischen Gesichtspunkt zu sehen.

Die Kriegspolitik Friedrichs hat sein Südreich zwar stark belastet, aber dies bedeutet nicht, dass der Herrscher das blühende Land ausgebeutet und an den Rand des Ruins gebracht hätte. Seine Nachfolger aus dem Hause Anjou erbten eines der reichsten Königreiche Europas, und die spätere wirtschaftliche Unterentwicklung Süditaliens, die sog. *Questione meridionale*, ist zu komplex, als dass man sie einfach den normannischen oder staufischen Königen zuschreiben könnte. Mit seinem hohen Grad an Schriftlichkeit, den für die damalige Zeit fortschrittlichen Behörden wie dem Rechnungshof, einer von kirchlichem Einfluss freien staatlichen Universität und einer vorbildlichen Gesetzgebung konnte sich das Königreich Sizilien durchaus im zeitgenössischen europäischen Kontext sehen lassen, obwohl in der Praxis Anspruch und Realität oft erheblich auseinander gingen.

Die Bilanz von Friedrichs Herrschaft ist insgesamt allerdings negativ. Anfangs erzielte er zwar eine Reihe von Erfolgen: die Vereinigung seines Nord- und Südreichs, der Erwerb der Königskrone von Jerusalem und die Rückgewinnung der wichtigsten christlichen Pilgerziele im Heiligen Land, die Stabilisierung der Verhältnisse in Deutschland und die Reorganisation des Königreichs Sizilien. Politische Probleme grundsätzlicher Art blieben aber ungelöst: Der Kaiser scheiterte sowohl bei dem Versuch, die Selbstverwaltung der norditalienischen Städte und die Stellung des Papsttums in Italien einzuschränken, als auch dabei, die Gleichberechtigung von Kaisertum und Papsttum durchzusetzen. Friedrichs Auffassung von der Universalität der Kaiserherrschaft war angesichts der starken Position der norditalienischen Städte und des Papsttums unrealistisch und unrealisierbar.

Ein solches Urteil ist natürlich ebenso Ausdruck modernen Denkens, wie es die Begriffe „Realpolitik" und „Realismus" sind. Im Mittelalter waren Vorstellungen von Ehre und Würde des Reichs und Kaisers so wichtig, dass sie nicht einem politischen Pragmatismus geopfert werden konnten. Dennoch ist es legitim, die Frage zu stellen, ob Friedrich bei einer nachgiebigeren Haltung mit weniger intransigenten Päpsten wie Gregor IX. und Innozenz IV. doch noch zu einem Ausgleich hätte kommen können. Dazu hätte er sich jedoch dem Nachfolger Petri in aller Form unterordnen müssen. Während Barbarossa in Venedig im Jahre 1177 und ein Jahrhundert vor diesem Heinrich IV. in Canossa ein demütigendes Unterwerfungsritual in Kauf genommen hatten, um ihre Herrschaft zu retten, ist es unwahrscheinlich, dass Friedrich II. sich in einem solchen Maße erniedrigt hätte. Einerseits hatten die Päpste inzwischen so häufig politische Gegner aus der Gemeinschaft der Gläubigen ausgeschlossen, dass die Wirkung der Exkommunikation trotz ihrer schwerwiegenden Konsequenzen deutlich nachließ, wie schließlich am Anfang des 14. Jahrhunderts Bonifaz VIII. (1294-1303) am eigenen Leib erfahren sollte, als er König Philipp IV. von Frankreich (1285-1314) exkommunizieren wollte, dieser aber daraufhin nicht vor einem Attentat auf den Papst zurückschreckte (1303). Durch die Verschmelzung der normannisch-sizilischen Herrschaftstradition, die bewusst auf das byzantinischen Hofzeremoniell zurückgegriffen hatte, mit den staufischen Vorstellungen von der Heiligkeit des römisch-deutschen Kaisertums war andererseits die Sakralität des Herrschers so stark gewachsen, dass eine entwürdigende Unterwerfung unter den Papst kaum noch in Frage kam. Der mit der Exkommunikation verbundene ideologische Ansehensverlust des Kaisers wurde deshalb durch die entsprechende sakrale Überhöhung seiner Person aufgewogen. Hinzu kam das extrem starke Selbstbewusstsein Friedrichs, das Ausdruck einer komplexen Persönlichkeit war, auf die wir im Folgenden eingehen werden.

II Der Mensch

1   Kindheit und Jugend

Unsere Informationen über die ersten Lebensjahre Friedrichs sind ausgesprochen dürftig, so dass wir diese wichtige Phase der Persönlichkeitsbildung nur unvollständig erfassen können. Bekanntlich sind die ersten sechs Jahre für die Entwicklung eines Kindes entscheidend. Nach den Erkenntnissen der Neurobiologen bilden sich in dieser Zeit in einem Teil des Gehirns, dem so genannten Mandelkern, die emotionalen Empfindungen aus, wobei den ersten drei Jahren besondere Bedeutung zukommt. Damit sich die entsprechenden Hirnstrukturen aufbauen können, braucht das Kleinkind feste Bezugspersonen, die nicht unbedingt die leiblichen Eltern sein müssen. Das Langzeitgedächtnis, das Erfahrungen verarbeitet und gewisse Lernprozesse ermöglicht, scheint erst mit fünf oder sechs Jahren einzusetzen. Der Spracherwerb beginnt allerdings schon früher, denn er gehört noch zum emotionalen Lernen und hängt mit der Bindung an eine bestimmte Person zusammen.

Es wäre also schön, mehr über die frühe Kindheit Friedrichs zu erfahren. Wir wissen jedoch kaum etwas, vor allem über die Bezugspersonen in dieser Lebensphase. Die für das Kleinkind wichtigste Gestalt war sicher die Gemahlin des schwäbischen Adeligen Konrad von Urslingen. Ihr Mann war 1176/77 Herzog von Spoleto geworden und residierte vorwiegend in der mittelitalienischen Provinzstadt Foligno (unweit von Assisi). Ihr war Friedrich wenige Monate nach seiner Geburt von seiner Mutter Konstanze übergeben worden. Die Kaiserin selbst reiste nach Süditalien, wo sie die Regierungsgeschäfte übernahm, während die Herzogin von Spoleto den Säugling zusammen mit ihren eigenen Kindern aufzog. Wir kennen leider weder ihren Namen noch wissen wir, ob sie Deutsche oder Italienerin war. Daher ist unklar, ob Friedrich seine ersten Worte auf Deutsch oder Italienisch hervorbrachte. Seinem Vater, Heinrich VI., begegnete der Neugeborene nur kurz bei den Vorbereitungen zu seiner Taufe.

Abb. 6: Kaiserin Konstanze übergibt vor ihrer Abreise in den Süden ihren Sohn der Herzogin von Spoleto (Petrus von Eboli)

Nach dem Tod seines Vaters wurde der kaum dreijährige Friedrich nach Palermo gebracht, verbrachte also seine übrige Kindheit in einer noch stark von ihrer arabischen Vergangenheit geprägten Großstadt. Nun befand er sich zwar in der Nähe seiner Mutter; doch diese war weiter von Regierungsgeschäften in Anspruch genommen und starb bereits am 28. November 1198 im Alter von vierundvierzig Jahren. Noch nicht ganz vier Jahre alt war das staufische Königskind somit Vollwaise.

In Palermo lebte Friedrich im von seinem Großvater Roger II. erbauten Königspalast, in dem zur Zeit König Wilhelms I. (1154–1166) eine Schule für die Kinder des Herrschers erwähnt wird. Von seinen Erziehern kennen wir mit Namen nur Wilhelm Francisius, der aus einer Adelsfamilie aus der Nähe von Neapel stammte. Seine literarische Bildung verdankte der junge Staufer wohl hauptsächlich den am Hof lebenden Geistlichen. Dass er auch eine solide Ausbildung im Umgang mit Waffen und Pferden erhielt, war für einen Königssohn selbstverständlich. Anders als es sich etwa Kantorowicz vorstellte, streifte der unmündige König sicher nicht unbeaufsichtigt durch die „Gassen, Märkte und Gärten der halb-afrikanischen Hauptstadt am Fuße des Pellegrino, wo in verwirrend buntem Gemisch Völker, Religionen und Sitten sich wechselseitig durchdrangen". Dies hätten die jeweiligen Machthaber kaum zugelassen, denn wer den noch im Kindesalter stehenden König in seiner Hand hatte, konnte in dessen Namen Politik treiben.

Die Folgen der Machtkämpfe um die Leitung der Regierung, die nach dem Tod Konstanzes am Hof in Palermo ausbrachen, bekam der kleine Friedrich am eigenen Leib zu spüren. Die Auslieferung des noch nicht ganz siebenjährigen Staufers an Markward von Annweiler am 1. November 1201 schildert Rainald von Celano, der erwählte Erzbischof von Capua und Neffe des von Markward entmachteten Kanzlers Walter von Pagliara, in einem Brief an Innozenz III., wobei er sich auf den Augenzeugenbericht des erwähnten Wilhelm Francisius beruft:

> *„Als der Knabe durch die verfluchte Treulosigkeit seiner Wächter verraten und er, der sanfte kleine König, von dem, der ihm nach dem Leben trachtete, im innersten Gemach des Palastes gestellt war, und als er nun die Gefangenschaft unabwendbar vor Augen sah, weil die Schwäche seiner Jugend und der Abfall seiner Leibwächter jede Möglichkeit einer Verteidigung ausschlossen, als ihm klar wurde, dass er nun den Fesseln der Barbaren ausgeliefert war, er, den man bis vor kurzem noch mit Wiegenliedern in den Schlaf sang, da schützte er sich statt mit Waffengewalt durch Tränen und konnte doch nicht – ein gutes Vorzeichen für den künftigen Herrscher – den Adel königlicher Gesinnung verleugnen. Denn gleich dem Berg Sinai, den kein Unwürdiger besteigen darf (Ex 19,13; Hebr 12,20), sprang er, da er ja doch ergriffen werden musste, dem Häscher entgegen und suchte, so gut er konnte, den Arm dessen, der den Gesalbten des Herrn antastete, zu lähmen. Darauf nestelte er seinen Königsmantel auf, zerriss voll Schmerz seine Kleider und*

zerkratzte mit der Schärfe der einschneidenden Nägel sein zartes Fleisch."

Dieser stark stilisierte Text darf nicht wörtlich genommen werden, denn es geht dem Verfasser vor allem um die Hervorhebung der königlichen Haltung des kindlichen Herrschers. Wir wissen nicht, ob die mehrfachen Machtwechsel am Hof in Palermo – nur ein Jahr nachdem Markward den kleinen König in seine Gewalt gebracht hatte, kam wie erwähnt Wilhelm Capparone an die Macht, der vier Jahre später durch einen Handstreich Diepolds von Schweinspeunt zugunsten Walters von Pagliara wieder entmachtet wurde – wirklich so dramatisch verliefen, wie es der Brief schildert. Man sollte deshalb vorsichtig sein, daraus zu folgern, dass Friedrich „derartige Szenen, die ihn in besonders drastischer Weise zum bloßen Werkzeug fremder Interessen, oft des puren Eigennutzes einzelner machten, mit zunehmendem Alter und Bewusstsein immer schmerzlicher als entwürdigend und untragbar" empfand, und dass solche „schlimmen Erfahrungen Zorn und Erbitterung gegen seine Umgebung, sogar Misstrauen gegen die Menschen überhaupt in ihm weckten" und „zugleich durchaus sein Gefühl für den eigenen Wert stärkten und seinen Willen, sich als Herrscher um so unbedingter durchzusetzen" (Stürner).

Das einzige Quellenzeugnis aus dieser Zeit, ein vermutlich 1207 abgefasstes Schreiben eines unbekannten Verfassers aus der Umgebung Walters von Pagliara, das den heranwachsenden König näher beschreibt, hat eine stark idealisierende Tendenz, ist jedoch an den Stellen interessant, an denen einige unkonventionelle Verhaltensweisen des jungen Friedrich getadelt werden:

„Die Statur des Königs hast Du Dir nicht klein vorzustellen, aber auch nicht größer, als es seinem Alter entspricht. Die Natur hat ihm den Vorzug gegeben, dass sie ihm zu einem widerstandsfähigen Körper kräftige Gliedmaßen gab, denen zu jeder Betätigung eine natürliche Ausdauer innewohnt. Niemals in Ruhe verbringt er den Tag in ständiger Tätigkeit, und damit die Kraft durch Übung

gemehrt werde, schult er seinen gelenken Körper im Umgang mit jeglicher Art von Waffen: Bald handhabt er sie, bald zieht er das Schwert, das ihm mehr als alles andere vertraut ist, und gerät in wilde Wut, als wolle er es seinem Gegner ins Gesicht stoßen. Er hat gut gelernt, den Bogen zu spannen und Pfeile abzuschießen, und übt sich fleißig darin. Er hat seine Freude an edlen und schnellen Pferden; sie mit dem Zaum anzutreiben und laufen zu lassen – das kannst Du glauben – versteht niemand besser als der König. So verbringt er den ganzen Tag mit Übungen in verschiedenen militärischen Aktivitäten und den Abend bis in die Nacht hinein mit der Lektüre von Kriegsgeschichte.

Außerdem besitzt er königliche Würde, Miene und gebieterische Majestät des Herrschers. Sein Antlitz ist von anmutvoller Schönheit, mit heiterer Stirn und einer noch strahlenderen Heiterkeit der Augen, so dass es eine Freude ist, ihn anzuschauen. Er ist aufgeweckt, scharfsinnig und lernt schnell, aber er zeigt ein unangemessenes und unpassendes Betragen, das ihm nicht die Natur mitgegeben hat, sondern der Umgang mit rohen Menschen. Doch seine angeborene königliche Begabung, sich leicht zum Bessern zu wandeln, wird wohl allmählich durch bessere Gewöhnung das unpassende Verhalten, das er angenommen hat, ändern. In Verbindung damit steht freilich, dass er unzugänglich für Ermahnungen, dem freien Ermessen seines Willens folgt und es anscheinend als schimpflich betrachtet, bevormundet und für einen Knaben anstatt für einen König gehalten zu werden. Daher kommt es, dass er jede Bevormundung von sich abschüttelt und dass die Freiheit, die er sich nimmt, oft das Maß dessen, was einem König erlaubt ist, überschreitet. Er lässt sich dann zu sehr in allgemeinen Umgang ein, und das Gerede darüber muss die Ehrfurcht vor der Majestät mindern.

So sehr eilt aber sein Können dem Alter voraus, dass er, wohl ausgerüstet mit Wissen, noch bevor er zum Mann gereift ist, die Gabe der Weisheit empfangen hat, die sich doch (normalerweise) erst im Laufe der Zeit ausbildet. Darum rechne bei ihm nicht die Zahl der Jahre nach und warte nicht auf die Zeit der Reife, denn an Wissen ist er schon jetzt ein Mann und an Majestät ein Herrscher."

Bemerkenswert ist die Ähnlichkeit von Friedrichs Ausbildung mit der des ritterlich-höfischen Helden in dem von Gottfried von Straßburg († um 1215) verfassten mittelhochdeutschen Versroman „Tristan und Isolde". Wie Friedrich übte Tristan nicht nur die Beherrschung der Waffen und des Reitens, sondern las auch Bücher und lernte Sprachen. Wir haben es also hier mit keiner ungewöhnlichen, sondern einer durchaus traditionellen ritterlichen Erziehung zu tun. Die im Brief erwähnte „anmutvolle Schönheit" und „Heiterkeit" Friedrichs entspricht dem zeitgenössischen Ideal höfischen Verhaltens: Der heranwachsende Tristan bekam eingeschärft, „stets höfisch und heiter" aufzutreten. Auch Friedrichs Erziehung hat sich offenbar an diesem Ideal ausgerichtet.

Es bleiben allerdings bei Friedrich einige unkonventionelle Züge übrig, die der Briefschreiber dadurch zu rechtfertigen versucht, dass der junge Herrscher „Umgang mit rohen Menschen" pflegte, womit vielleicht die Soldaten gemeint waren, die ihn bewachten: Der Zwölfjährige wolle nur seinen eigenen Willen durchsetzen, höre nicht auf Ermahnungen und bewahre nicht die Distanz zu seiner Umgebung, die zur Erhaltung der „Ehrfurcht vor der Majestät" des Herrschers erforderlich sei. Dies lässt auf ein starkes Selbstbewusstsein des Heranwachsenden schließen.

Die Frage nach Friedrichs Muttersprache kann, wie bereits angedeutet, nicht beantwortet werden. Da er seit dem vierten Lebensjahr in Palermo aufwuchs, beherrschte er wahrscheinlich am besten das Volgare, die sizilische Volkssprache. Ab seinem achten Lebensjahr stand Friedrich vier Jahre unter der Aufsicht des vermutlich deutschen Heerführers Wilhelm Capparone, könnte also auch etwas Deutsch gelernt haben. Richtig lernte der junge Staufer diese Sprache aber wohl erst später, als er acht Jahre in Deutschland verbrachte (1212–1220) und vorwiegend von süddeutschen Adeligen umgeben war.

Von seinen geistlichen Erziehern erwarb Friedrich sicher Grundkenntnisse in Latein. Ob am Normannenhof in Palermo, an dem in der Mitte des 12. Jahrhunderts Französisch gesprochen wurde, diese Sprache auch noch während der Kindheit Friedrichs eine Rolle spielte, wissen wir nicht. Es gab damals am Hof in Palermo vermutlich noch einzelne des Arabischen kundige Beamte, was jedoch nicht bedeutet, dass der junge Staufer Arabisch gelernt haben muss. Die Quellen, die behaupten, dass er diese Sprache beherrschte, sind erst nach seinem Tod entstanden; so die Nachricht des arabischen Chronisten Ibn Said (1214–1286), Friedrich sei von einem „Kadi der Muslime" erzogen worden, oder auch die Mitteilung des Ricordano Malispini (um 1282), der Kaiser habe außer Latein, Italienisch, Deutsch, Französisch und Griechisch auch Arabisch gesprochen.

Aus diesen spärlichen Quellenaussagen zum Spracherwerb des jungen Staufers kann man nur vermuten, dass er in seiner Jugend in Palermo hauptsächlich Italienisch und Latein lernte, später in Deutschland auch Deutsch. Vielleicht verstand er außerdem Französisch – wir wissen, dass er im Jahre 1240 ein Exemplar eines französischen Romans mit dem Titel *Palamedes* oder *Guiron le courtois* erhielt – sowie etwas Arabisch und eventuell auch ein wenig Griechisch.

Möglicherweise lernte Friedrich in seiner Jugend auch das im Mittelmeerraum beliebte Schachspiel, das er nach einer Mitteilung Salimbenes beherrschte. Vom Königspalast aus wird er in Begleitung seiner Erzieher gelegentlich durch Palermo gegangen sein. Dabei empfing er Eindrücke, die wohl für seine spätere Aufgeschlossenheit gegenüber der arabisch-mediterranen Kultur nicht ohne Folgen blieben. Es muss jedoch berücksichtigt werden, dass Palermo zur Zeit der Kindheit und Jugend Friedrichs kein Zentrum der arabischen Kultur mehr war, da der größte Teil der muslimischen Elite im Laufe des 12. Jahrhunderts nach Nordafrika und Spanien ausgewandert war.

2   Frauen und Kinder

Im August 1209 heiratete der noch nicht fünfzehnjährige Friedrich die mindestens zehn Jahre ältere Konstanze von Aragón. Sie war um 1199 mit König Emmerich von Ungarn (1196–1204) vermählt worden, dem sie 1200 einen Sohn namens Ladislaus gebar. Als nach Emmerichs Tod dessen Bruder Andreas II. die Macht an sich riss, musste Konstanze mit ihrem Sohn, der einige Monate vor dem Tod seines Vaters zum König gekrönt worden war, Ungarn verlassen. Sie floh an den Hof Herzog Leopolds VI. von Österreich nach Wien, wo Ladislaus wenig später starb (Mai 1205). Daraufhin kehrte die junge Witwe in ihre spanische Heimat zurück.

Die Ehe Friedrichs mit Konstanze hatte Papst Innozenz III. vermittelt. Es war nicht ungewöhnlich, dass Heiraten zwischen Angehörigen von Fürsten- und Königshäusern über die Köpfe der Beteiligten hinweg aus politischen Gründen geschlossen wurden. Die persönlichen Gefühle von Braut und Bräutigam und selbst erhebliche Altersunterschiede spielten keine erkennbare Rolle. So war es auch bei Friedrichs Eltern, Heinrich VI. und Konstanze von Sizilien, gewesen.

Über das persönliche Verhältnis der Ehegatten zueinander schweigen sich die Quellen – wie nicht anders zu erwarten – aus. Die wichtigste Aufgabe der Ehefrau eines Herrschers war es, durch die Geburt von möglichst männlichen Nachkommen die Kontinuität der Dynastie zu sichern. Die Königin oder Kaiserin war zwar grundsätzlich in die Herrschaftsausübung mit einbezogen – auch Konstanze von Aragón wird einmal in einer Urkunde als „Teilhaberin an der Königsherrschaft" (*consors regni*) bezeichnet (1218) –, aber persönlich politisch aktiv wurde sie erst dann, wenn Handlungsbedarf entstand. So übte Konstanze nach Friedrichs Aufbruch nach Deutschland (1212) die Regentschaft für den einjährigen, vor der Abreise des Vaters zum König von Sizilien gekrönten Heinrich (VII.) aus, bis Friedrich 1216 seine Frau und seinen Sohn, der nun die römisch-deutsche Königskrone tragen sollte, nach Deutschland kommen ließ.

Wie viel Zeit Konstanze und Friedrich zusammen verbrachten, ist nicht genau zu ermitteln, da die Herrscherin nur ausnahmsweise in Urkunden genannt wird und auch die Nachrichten der Chronisten in dieser Hinsicht wenig weiterhelfen. Völlig getrennt lebten die Ehegatten lediglich in den viereinhalb Jahren zwischen Friedrichs Aufbruch nach Deutschland im März 1212 und Konstanzes Ankunft in Nürnberg im De-

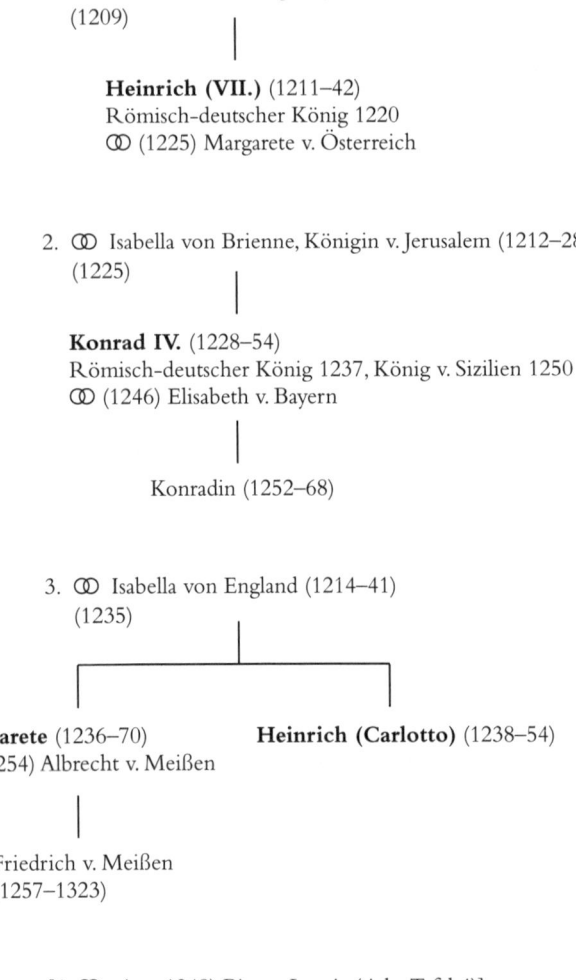

1. ⚭ Konstanze von Aragón (1183–1222)
   (1209)

   Heinrich (VII.) (1211–42)
   Römisch-deutscher König 1220
   ⚭ (1225) Margarete v. Österreich

2. ⚭ Isabella von Brienne, Königin v. Jerusalem (1212–28)
   (1225)

   Konrad IV. (1228–54)
   Römisch-deutscher König 1237, König v. Sizilien 1250
   ⚭ (1246) Elisabeth v. Bayern

   Konradin (1252–68)

3. ⚭ Isabella von England (1214–41)
   (1235)

Margarete (1236–70)   **Heinrich (Carlotto)** (1238–54)
⚭ (1254) Albrecht v. Meißen

Friedrich v. Meißen
(1257–1323)

[4. ⚭ (um 1248) Bianca Lancia (siehe Tafel 4)]

Tafel 3:   Die ehelichen Kinder Friedrichs II.

zember 1216. Die Königin verbrachte die meiste Zeit ihres Aufenthalts nördlich der Alpen wahrscheinlich im elsässischen Hagenau, wo Friedrich mit Vorliebe residierte. Gemeinsam mit ihrem Mann zog sie 1220 zur Kaiserkrönung nach Rom, wurde dort wie Friedrich gekrönt und begleitete ihn weiter nach Süditalien.

Natürlich folgte Konstanze nicht immer ihrem Gemahl auf seinen Reisen. Da eine lokale Chronik ausnahmsweise nicht nur über den Aufenthalt des Herrschers, sondern auch der Herrscherin berichtet, wissen wir beispielsweise, dass sie zu Beginn des Jahres 1221, als Friedrich in Capua und Neapel bezeugt ist, mehr als einen Monat in der kleinen Stadt Sessa (Sessa Aurunca nördlich von Capua) verbrachte. Gemeinsam mit ihrem Gemahl zog Konstanze schließlich nach Sizilien, wo sie vermutlich meistens in Catania blieb. Hier starb die Kaiserin am 23. Juni 1222, während Friedrich eine von aufständischen Muslimen verteidigte Festung südwestlich von Palermo (Jato) belagerte.

Konstanze wurde in der Kathedrale von Palermo bestattet, wobei bemerkenswert ist, dass Friedrich ihr eine Krone ins Grab legen ließ. Wahrscheinlich handelte es sich nicht um die von ihm selbst bei der Kaiserkrönung im Jahre 1220 getragene, sondern um die Krone, die damals Konstanze aufgesetzt bekommen hatte. Diese Geste kann vielleicht als ein Zeichen besonderer Wertschätzung Friedrichs für seine erste Gemahlin gedeutet werden, die ihm einen Thronfolger geboren und während der ersten Jahre seines Deutschlandaufenthalts erfolgreich in Sizilien die Regentschaft ausgeübt hatte.

Wie seine normannisch-sizilischen Vorfahren hatte der Kaiser eine Reihe von außerehelichen Verbindungen, aus denen zahlreiche Kinder hervorgingen. Ungefähr um dieselbe Zeit, als Konstanze den Thronfolger Heinrich (VII.) zur Welt brachte (1211), schenkte eine sizilische Adelige unbekannten Namens ihm einen weiteren Sohn, der nach seinem Vater Friedrich genannt wurde und später mit einem Kastell in den Abruzzen (Pettorano südlich von Sulmona) abgefunden wurde. Bei seinem ersten Deutschlandaufenthalt zeugte Friedrich mit Adelheid, einer deutschen Adeligen, über die wir nichts Näheres wissen, zwei Kinder: einen Sohn namens Enzo oder Enzio (eine italienische Kurzform von Heinz) und eine Tochter mit Namen Katharina. Enzo wurde, wie bereits erwähnt, später mit Adelasia von Sardinien verheiratet, seine Schwester mit einem norditalienischen Markgrafen.

Nach dem Tod seiner ersten Gemahlin Konstanze vermählte sich Friedrich im Jahre 1225 mit Isabella von Brienne, der Erbin des Königreichs Jerusalem. Diese wahrscheinlich von Papst Honorius III. angeregte und vom Deutschordensmeister Hermann von Salza vermittelte Ehe diente, wie wir sahen, zur Bekräftigung von Friedrichs Kreuzzugsgelübde und gestattete ihm, seine Herrschaft bis nach Jerusalem auszudehnen. Auch bei dieser Heirat war der Altersunterschied der Eheleute beträchtlich: Isabella war erst knapp vierzehn, Friedrich schon dreißig Jahre alt.

Chronisten aus Frankreich und dem Heiligen Land erzählen, der Kaiser sei von seiner jungen Braut nicht begeistert gewesen und hätte ihr in der Hochzeitsnacht eine ältere Kusine vorgezogen, ein Verhalten, das den Zorn des Schwiegervaters hervorrufen musste. Bei dieser Nachricht könnte es sich um den Versuch handeln, den Konflikt Friedrichs mit Johann von Brienne, der bald nach der Hochzeit ausbrach, durch persönliche Motive zu erklären. In Wirklichkeit ging es um die Regentschaft des Königreichs Jerusalem, die Johann auch nach der Heirat seiner Tochter behalten wollte, was Friedrich ihm aber nicht gestattete. Ferner spielte sicher auch der von der päpstlichen Propaganda verbreitete Vorwurf der *luxuria* (sexuellen Ausschweifung) des Kaisers eine Rolle. Es handelte sich hierbei um ein Stereotyp: Nach der im Mittelalter weit verbreiteten Enzyklopädie des Isidor von Sevilla († 636) war jeder Tyrann *per definitionem* ein Wüstling.

Die süditalienischen Quellen überliefern keine Hinweise auf ein gespanntes Verhältnis zwischen dem Kaiser und seiner jungen Frau. Isabella ist nach der Hochzeit in der Umgebung Friedrichs bezeugt. Lediglich auf dem anstrengenden Zug nach Oberitalien (1226) begleitete sie ihn nicht. Ende 1226/ Anfang 1227 reiste sie zusammen mit ihrem Mann nach Sizilien und Apulien. Vor seinem ersten Aufbruch zum Kreuzzug, im August 1227, ließ Friedrich die kurz zuvor schwanger gewordene Isabella nach Otranto im äußersten Süden Apuliens bringen, vermutlich um sie von der in Brindisi ausgebrochenen Seuche fernzuhalten, von der Friedrich wenig später selbst befallen wurde. Am 25. April 1228 gebar Isabella in Andria (zwischen Foggia und Bari) ihren Sohn Konrad. Nur zehn Tage später starb die kaum sechzehnjährige Königin an den Folgen der Geburt und wurde in der Kathedrale von Andria beigesetzt.

In der ersten Hälfte der zwanziger Jahre kamen, soweit dies aus den in dieser Hinsicht stets spärlichen Quellenzeugnissen hervorgeht, mehrere uneheliche Kinder des Kaisers zur Welt: Friedrich von Antiochia, dessen Beiname wohl auf die süditalienische Adelsfamilie hinweist, aus der seine namentlich nicht bekannte Mutter stammte, und der später Graf von Albe (in den Abruzzen) und Generalvikar der Toskana wurde; von unbekannten Müttern Richard, Graf von Chieti; Salvaza, die den oberitalienischen Adeligen Ezzelino da Romano heiratete; Margarete, die mit Thomas von Aquino, Graf von Acerra, vermählt wurde. Vermutlich hatte der Kaiser noch weitere uneheliche Kinder, so vielleicht einen Sohn namens Gerhard und eine Blanchefleur genannte Tochter.

Ein besonders langes und intensives Verhältnis verband Friedrich mit der wohl um 1210 in Süditalien geborenen Bianca Lancia, die aus einer piemontesischen Markgrafenfamilie stammte: Sie war vermutlich eine Nichte des Markgrafen Manfred (II.) Lancia, der seit ca. 1220 im Dienst Friedrichs stand. Der Kaiser lernte Bianca wahrscheinlich in der zweiten Hälfte der zwanziger Jahre des 13. Jahrhunderts kennen. Um 1230 gebar sie ihm eine Tochter, die Konstanze genannt wurde und später den in Nicäa residierenden byzantinischen Kaiser Johannes Vatatzes heiratete. Der 1232 geborene Manfred wurde Friedrichs Lieblingssohn und nach dem Tod Konrads IV. 1254 bekanntlich dessen Nachfolger als König von Sizilien. Aus dem Verhältnis mit Bianca ging wohl auch noch eine weitere Tochter namens Violante hervor, die mit dem Grafen Richard von Caserta vermählt wurde.

Während seines Verhältnisses mit Bianca heiratete der Kaiser im Jahre 1235 Isabella, die einundzwanzigjährige Schwester König Heinrichs III. von England. Auch hierbei handelte es sich um eine politisch motivierte Heirat, die einerseits den Wünschen Papst Gregors IX. entsprach, andererseits zur Beilegung des staufisch-welfischen Konflikts nützlich war, wie wir bereits sahen. Der englische Chronist Roger von Wendover schreibt, dem Kaiser habe Isabella auf den ersten Blick gefallen, da „die Natur sie gewissermaßen mit besonderer Sorgfalt geschmückt hatte (…). Gefiel sie ihm schon sehr aufgrund ihrer Gestalt (*in specie corporali*), so noch viel mehr im Ehebett, wo er sie als reine Jungfrau erkannte". Es ist offensichtlich, dass der Autor hier ein Idealbild einer Prinzessin entwirft, das man nicht wörtlich nehmen darf.

Die Hochzeit Friedrichs mit Isabella von England wurde mit großem Aufwand in Worms gefeiert (1235) und diente dazu, die Macht des Kaisers zur Schau zu stellen. Isabella ist in den nächsten Jahren häufig in der Umgebung Friedrichs bezeugt und brachte 1236 eine Tochter namens Margarete zur Welt, die später den Markgrafen Albrecht von Meißen heiratete; im Februar 1238 gebar sie ihren Sohn Carlotto, welcher später den Namen des abgesetzten Heinrich (VII.) bekam.

Anfang Januar 1239 begleitete Isabella Friedrich nach Padua. Wenn sich der englische König darüber beklagte, dass seine Schwester nicht öffentlich die Krone trug, so ist das kaum ein Indiz dafür, dass der Kaiser seine Gemahlin unstandesgemäß behandelte. Im Süden herrschten andere Sitten als im Norden Europas. In der von orientalischen Formen beeinflussten normannisch-sizilischen Hofhaltung, die Friedrich II. übernahm, spielten die Königinnen bei der Repräsentation eine geringere Rolle. Aus Unverständnis darüber stellte sich der englische Chronist Matthäus Paris die von arabischen Eunuchen umgebene Isabella als vom Kaiser vernachlässigt vor.

Dass Friedrich seine Frauen von Eunuchen bewachen ließ, erzählt auch ein Fortsetzer der Chronik des Bischofs Wilhelm von Tyrus, der dies als Indiz dafür anführt, dass sich der Kaiser überhaupt in vielen Dingen an die Sitten und Gebräuche der Muslime gehalten habe. Die auf dem Konzil von Lyon gegen Friedrich erhobene Anklage, er halte sich einen regelrechten Harem, wies der kaiserliche Gesandte Thaddäus von Sessa entschieden zurück: „Die sarazenischen Mädchen hält er sich nicht zum Beischlafe – wer könnte das beweisen? – sondern wegen ihrer Gewandtheit und wegen einiger anderer weiblicher Kunstfertigkeiten."

Sicher ist, dass in den Palästen in Palermo, Messina und Lucera weibliche Bedienstete teils arabischer Herkunft lebten, die in den dortigen Textilwerkstätten arbeiteten, aber auch als Tänzerinnen bei Festen auftraten. Darüber berichtet anschaulich Matthäus Paris, als er den Empfang von Friedrichs Schwager Graf Richard von Cornwall, der auf der Rückreise vom Heiligen Land (1241) Süditalien besuchte, am Kaiserhof in Foggia beschreibt:

„Auf Befehl des Kaisers sah er mit großem Ergötzen mannigfaltige, ihm unbekannte Spiele und Vorstellungen, die mithilfe musikalischer Instrumente zur Erheiterung der Kaiserin aufgeführt wurden. Zwei schön gestaltete sarazenische Mädchen stellten sich auf dem glatten Estrich mit ihren Füßen auf vier Kugeln, jede auf zwei, und rollten auf diesen fort. So bewegten sie sich hierhin und dorthin und wohin es ihnen einfiel. Dabei klatschen sie in die Hände und bewegten auf verschiedene Weise die Arme im Spiel und unter Gesang. Mit den Händen schlugen sie tönende Zimbeln oder Becken zusammen und bewegten den Körper nach der Melodie. Dabei stellten sie in wunderbarer Weise allerhand Scherze dar. So boten sie und andere Gaukler den Zuschauern ein erstaunliches Schauspiel."

Der Biograph von Papst Innozenz IV., Nikolaus von Calvi, Bischof von Assisi (1250–1273), der Friedrich als Tyrannen in schwärzesten Farben darstellte und ihn auch homosexueller Neigungen bezichtigte, machte aus dem von Eunuchen bewachten weiblichen Palastpersonal „des Kaisers Dirnen" (*meretrices*). Es ist durchaus möglich, dass Friedrich mit einzelnen von diesen Mädchen gelegentliche sexuelle Beziehungen unterhielt. Beweisbar ist das allerdings ebenso wenig wie das Gegenteil. Auch Roger II. von Sizilien wurde wegen der von Eunuchen bewachten Frauen in den königlichen Hofwerkstätten in Palermo ein Harem zugeschrieben, ein nicht zuletzt auf kulturelle Missverständnisse norditalienischer und deutscher Autoren zurückzuführendes Urteil, das von der neueren Forschung als unzutreffend zurückgewiesen wird. Auch am Hof des byzantinischen Kaisers lebten zahlreiche Eunuchen, ohne dass es dort einen Harem gegeben hätte.

Am 1. Dezember 1241 starb die Kaiserin in Foggia, wahrscheinlich an einer Fehlgeburt, und wurde in Andria begraben, wo auch ihre gleichnamige Vorgängerin bestattet war. Vielleicht sind Nachrichten über Friedrichs tiefe Bestürzung angesichts des plötzlichen Todes von Isabella mehr als nur reine Rhetorik. Matthäus Paris überliefert einen Brief Friedrichs an seinen Schwager, den englischen König, in dem er diesem „nicht ohne tiefste Erschütterung des Herzens" die traurige Nachricht mitteilt. „Zärtliche Liebe" (*gratiosus amor*) und „tiefe Zuneigung" (*carus zelus*), versichert Friedrich, hätten ihn an seine „geliebte erhabene Gemahlin" gebunden, für die er im ganzen Königreich Sizilien Trauergottesdienste abhalten ließ. Es bleibt sicherlich aber auch die Absicht dieses Schreibens zu berücksichtigen, nach dem Tod Isabellas die guten Beziehungen zum englischen Königshaus aufrechterhalten zu wollen.

Wenige Jahre später (1245) dachte Friedrich an eine neue, auch diesmal politisch motivierte Ehe: Seine Wahl fiel auf Gertrud, die Nichte und eventuelle Erbin Herzog Friedrichs II. von Österreich. Dadurch hätte er sich am Vorabend des Konzils von Lyon die Unterstützung dieses wichtigen Fürsten gesichert, dem er die Erhebung zum König versprach. Das Projekt scheiterte, vermutlich weil die kaum zwanzigjährige Braut nicht bereit war, den Kaiser zu heiraten, so lange er exkommuniziert war. Vielleicht auch unter dem Eindruck dieses Misserfolgs entschloss sich Friedrich dann um 1248, seine Geliebte Bianca Lancia zu heiraten, um so seinen aus diesem Verhältnis geborenen Kindern den Status von legitimen Nachfahren zu geben.

Ebenso wenig wie aus den Quellen etwas über Friedrichs emotionale Bindung an seine Frauen hervorgeht, ist ihnen auch über das persönliche Verhältnis des Kaisers zu seinen Kindern zu entnehmen. Während es Hinweise dafür gibt, dass Friedrich eine starke Zuneigung zu seinen unehelichen Söhnen Enzo und Manfred hatte, waren die Beziehungen zu seinem ältesten Sohn, dem zur Nachfolge bestimmten Heinrich (VII.), ausgesprochen problematisch.

Heinrich verbrachte die ersten fünf Lebensjahre bei seiner Mutter Konstanze von Aragón am Hof in Palermo. Danach kam er auf Anordnung Friedrichs mit seiner Mutter nach Deutschland (1216), wo er als König herrschen sollte. Vier Jahre später brachen seine Eltern zur Kaiserkrönung nach Rom auf. Der neunjährige Heinrich blieb in Deutschland zurück und wuchs somit fortan ohne Eltern auf. Mit elf Jahren in Aachen zum König gekrönt, wurde er drei Jahre später gegen seinen Willen mit der mindestens fünf Jahre älteren Margarete von Österreich verheiratet. Die Probleme begannen, als Friedrich, der selbst mit vierzehn Jahren angefangen hatte zu regieren, dies seinem Sohn nicht gestattete, sondern den Fünfzehnjährigen unter die Aufsicht eines Reichsverwesers stellte. Weitere Spannungen entstanden, als der zwanzigjährige Heinrich sich im Jahre 1231 von seiner Frau scheiden lassen wollte, um Agnes von Böhmen zu heiraten, was der Kaiser ihm aber strikt verbot. Das Grundproblem war politischer Natur: Friedrich wollte, dass sein Sohn nur in seinem Auftrag, also praktisch als Befehlsempfänger des Vaters, regierte. Eine solche empfindliche Einschränkung seines Aktionsrahmens im eigenen Königreich musste Heinrich als eine seinem königlichen Rang abträgliche Zumutung empfinden.

Man kann den Konflikt zwischen Vater und Sohn jedoch nicht allein auf das politische Problem der konkurrierenden Herrschaft oder der unterschiedlichen Tradition der Herrschaftsausübung in Deutschland und Süditalien reduzieren. Es spielten sicher auch psychologische Aspekte mit. Dabei geht es weniger um Heinrichs angebliche „charakterliche Schwächen" (Stürner), die ihm moderne Historiker zugeschrieben haben, die jedoch aus den Quellen schwer zu belegen sind.

Plausibler ist die Annahme, dass für den Sohn der ferne Vater ein Fremder blieb, den er nie richtig kennen gelernt hatte und von dem er sich hart und ohne menschliche Zuwendung behandelt fühlte.

Trotz der offenen Auflehnung Heinrichs, seiner Absetzung und harten Kerkerhaft, seiner Erkrankung an Lepra, die als Strafe Gottes gedeutet werden konnte, sowie seines möglicherweise selbst herbeigeführten Tods (1242) ließ Friedrich ihn mit allen Ehren im Dom von Cosenza beisetzen. Mit bewegten Worten drückte der Kaiser seine Betroffenheit über das tragische Schicksal seines Erstgeborenen aus:

„Das Erbarmen des liebevollen Vaters hat das Urteil des strengen Richters überströmt. Daher müssen wir das Schicksal unseres erstgeborenen Sohns Heinrich betrauern. Die Natur trieb eine Flut von Tränen aus unserem Innersten hervor, die bisher der Schmerz über die Kränkung und die Strenge der Gerechtigkeit zurückgehalten hatten. Vielleicht werden sich harte Väter wundern, dass der von öffentlichen Feinden unbesiegte Caesar von häuslichem Schmerz hat besiegt werden können. Aber eines jeden Fürsten Sinn, sei er noch so starr, ist der Herrschaft der allmächtigen Natur unterworfen. Sie, die ihre Macht über jeden ausübt, kennt weder Könige noch Kaiser. Wir gestehen ein, dass wir, der wir durch den Übermut des lebenden Königs nicht gebeugt werden konnten, durch den Sturz dieses unseres Sohns gerührt sind.

Wir sind jedoch weder die ersten noch die letzten, die durch die Übergriffe von Söhnen Schaden erlitten haben und dennoch an ihrem Grab weinen. Denn auch David trauerte drei Tage um seinen Erstgeborenen Absalom; und über der Asche seines Schwiegersohns Pompejus, der dem Glück und dem Leben seines Schwiegervaters nachstellte, versagte sich jener erhabene Julius, der erste Caesar, nicht die Pflicht und die Tränen väterlicher Liebe. Und der herbste Schmerz über die Verfehlung bedeutet ja auch kein wirksames Gegenmittel gegen die Betrübnis der Eltern, die sie beim Tod der Söhne durch den Stachel der Natur empfinden, wenn sie auch wider die Natur von den Söhnen in unehrerbietiger Weise beleidigt wurden.“

In diesem von Friedrichs Kanzleichef Petrus de Vinea formulierten Schreiben an den Klerus des Königreichs Sizilien, den er zu Gebeten für den verstorbenen Sohn aufforderte, versuchte der Kaiser zwar die harte Behandlung des aufrührerischen Thronfolgers zu rechtfertigen, brachte aber auch seine Betroffenheit zum Ausdruck. Für Selbstkritik war hier allerdings kein Platz, wie der Schlusssatz zeigt, der die Schuld allein dem Sohn zuschreibt. Außerdem bleibt zu berücksichtigen, dass es sich nicht um einen persönlichen Brief handelt, in dem Gefühle geäußert wurden, sondern um ein offizielles Schreiben mit einer gewissen emotionalen Theatralik, die zur Stilisierung des Herrschers diente.

Es fällt jedoch auf, dass sich Friedrich danach intensiver um die Erziehung seines Nachfolgers Konrad kümmerte. So schrieb er 1244 an die Berater des Sechszehnjährigen, er sei besorgt über „Gerüchte, die uns über das schlechte Betragen unseres Sohns, des Königs Konrad, zugetragen werden". Dabei wies er ausdrücklich auf die „Unermesslichkeit" des Schmerzes hin, die der Leichtsinn Heinrichs ihm seinerzeit verursacht habe, der durch schlechte Gesellschaft in den „Abgrund der Laster" gefallen sei, und befahl, aus der Umgebung seines Sohnes alle Personen zu entfernen, die einen seiner Persönlichkeitsbildung abträglichen Einfluss ausüben könnten. Gleichzeitig wandte sich der Kaiser direkt an Konrad und ermahnte ihn mit „väterlicher Besorgnis", sich seinem hohen Amt entsprechend zu verhalten, wobei er ihm Heinrich als abschreckendes Beispiel vor Augen stellte:

„*Folge den Ratschlägen derer, die nach unserer Anordnung als Ratgeber an Deiner Seite sind. Und damit Du Schädliches zu meiden weißt und Dich an Heilsamem zu unterrichten lernst, so komme Dir die unüberlegte und unvorsichtige Leichtfertigkeit Deines Bruders, des ehemaligen Königs Heinrich, oft in den Sinn, der deshalb, weil er uns nicht gehorchen wollte und als Sohn dem Vater zu gehorchen sich weigerte, weil er den Schmeicheleien, Heuchleleien und Verführungen sowie den üblen Ratschlägen derer, die seine Güter verschleuderten und seine guten Sitten täglich verdarben, folgte, als Verfemter von dem Thron, den er innehatte,*

stürzte. (…) Die Lehre auch, mit der wir Dich in unserem Schrei-
ben öfters ermahnten, befolge mit freudigem Herzen, indem Du,
wie es sich ziemt, unter der Rute des Lehrers gehorsam bist und,
wenn Du zu wissen begehrst, auch belehrt zu werden wünschst!"

Während Konrad in Deutschland heranwuchs, ließ der Kaiser
seine beiden Enkel Friedrich und Heinrich, die Söhne Heinrichs (VII.), an seinem Hof erziehen und bat seine Schwieger-
tochter Margarete von Österreich in einem Schreiben, das in
einem persönlich-familiären Ton abgefasst ist, um Verständnis
dafür:

„Unter unseren Augen leben zwei Söhne (Friedrich und Hein-
rich), die er (Heinrich [VII.]) von Dir geschenkt bekam, geliebte
Enkel des Großvaters, die Heilmittel süßen Trostes zur Milderung
des Schmerzes über den Tod ihres dahingegangenen Vaters sind
und die wir als Söhne ansehen und halten und mit väterlicher Liebe
umfangen. Auch Dich betrachten wir als unsere Tochter. Wenn Du
Dich auch an nur wenige Freuden von Seiten unseres Sohnes,
Deines Gemahls erinnern kannst und bei der Nachricht von seinem
Tod die Tränen, welche die Zerstörung Deiner Ehe beweinen, nicht
zurückhalten kannst, so versichern wir Dich doch aus Liebe zu
den Söhnen, die uns und Dir der Herr von ihm schenkte, unserer
väterlichen Huld und eines zu allem bereiten guten Willens. Diese
Deine Söhne, die wir bei uns haben, behalten wir zu Deiner und
ihrer Ehre, zur Vermehrung des Trostes und Erhaltung des Ge-
denkens und bleiben in ihnen Deines Besitztums und Deiner Ehre
gedenk. "

Ebenso wie um seine legitimen Nachkommen kümmerte
sich Friedrich auch um seine unehelichen Kinder. Nach der
traumatischen Erfahrung der Verschwörung von 1246, in die
viele hohe süditalienische Beamte verwickelt gewesen waren,
denen er hohe Ämter in Mittel- und Norditalien anvertraut
hatte, besetzte er die politisch wichtigsten Stellen in Italien mit
seinen unehelichen Söhnen Enzo, Friedrich von Antiochia
und Richard von Chieti sowie seinen Schwiegersöhnen Ezzelino da Romano, Thomas von Aquino und Richard von

Caserta, ferner mit den mit Bianca Lancia verwandten Manfred II. Lancia und Galvano Lancia. Damit kehrte er zu der traditionellen dynastischen Familienpolitik zurück, wie sie sein Großvater Roger II. praktiziert hatte.

Eine besondere Zuneigung scheint Friedrich dem um 1220 geborenen Enzo entgegen gebracht zu haben, der nach Meinung Salimbenes, welcher ihn als idealen höfischen Ritter beschreibt, der tüchtigste aller Söhne des Kaisers war. Ein anderer Franziskaner, Thomas von Pavia, schrieb um 1278 in seiner Chronik, Friedrich habe Enzo mehr geliebt als alle anderen Söhne mit Ausnahme Konrads. Nach seiner Heirat mit Adelasia von Sardinien ernannte Friedrich ihn zum kaiserlichen Generallegaten in Nord- und Mittelitalien. Da er später während seiner langen Haft in Bologna (1249–1272) Gedichte verfasste, muss er eine gewisse literarische Bildung gehabt haben. Nach Enzos Gefangennahme durch Bologneser Truppen am 26. Mai 1249 versuchte der Kaiser vergeblich, mit Versprechen und Drohungen die Stadt zur Freilassung seines Sohns zu bewegen. Wie er emotional auf diesen weiteren Schicksalsschlag reagierte – wenige Wochen zuvor hatte Friedrichs engster Vertrauter Petrus de Vinea Selbstmord begangen –, wissen wir nicht.

Neben Enzo und Konrad scheint der 1232 geborene Manfred dem Vater besonders nahe gestanden zu haben. Er teilte sein Interesse für die Falkenjagd, die Naturwissenschaften und die Philosophie. Während wir für Enzo lediglich vermuten können, dass er eine gute Ausbildung genoss, ohne dass wir dies konkret belegen könnten, gibt es eine Aussage Manfreds, nach der „eine Schar ehrwürdiger Gelehrter" (*venerabilium doctorum turba*) ihn am Hof (*aula*) des Kaisers in Theologie und Philosophie unterrichtet hätte.

Über Friedrichs Verhältnis zu seinen Töchtern schweigen die Chronisten, was nicht ungewöhnlich ist, da diese in der Regel erst dann erwähnenswert schienen, wenn sie vom Vater als Heiratsobjekte eingesetzt wurden. Daher wissen wir auch nicht, ob sie eine Schulbildung erhielten, wie etwa die Töchter Karls des Großen, die zusammen mit den Söhnen erzogen wurden. Karls starke emotionale Bindung an seine Töchter,

Friedrich v. Pettorano (ca. 1210/15 – nach 1240)
(Mutter: sizilische Adelige)

Enzo (Heinrich) (ca. 1220–1272), 1238 Kg. v. Torres u. Gallura, 1243 Kg. v. Sardinien
(Mutter: Adelheid, deutsche Adelige)
    ⚭ 1. (1238) Adelasia v. Torres (ca. 1207–55)
    ⚭ 2. (1249) Nichte Ezzelinos da Romano

Katharina (ca. 1214/20 – nach 1272)
(Mutter: vielleicht Adelheid, deutsche Adelige)
    ⚭ (1247) Jakob v. Carretto, Graf v. Savona († 1268)

Friedrich v. Antiochia (ca. 1226–56), 1245 Generalvikar der Mark Ancona, 1246
Generalvikar der Toskana, 1254 Graf v. Albe, Celano u. Loreto
(Mutter: Sizilische Adelige, v. Antiochia ?)
    ⚭ (1239/40) Margarete v. Poli

Richard (ca. 1222/25–49), ca. 1245 Graf v. Chieti, 1247 Generalvikar der Mark
Ancona u. des Herzogtums Spoleto
(Mutter: unbekannt)

Salvaza (ca. 1222/25 – vor 1244)
(Mutter: unbekannt)
    ⚭ (1238) Ezzelino da Romano (1194–1259)

Margarete (ca. 1222/25–97/98)
(Mutter: unbekannt)
    ⚭ (1247) Thomas v. Aquino, Graf v. Acerra († 1273)

Konstanze (ca. 1230–1307)
(Mutter: Bianca Lancia [ca. 1210-48?], von Friedrich auf dem Sterbebett geheiratet)
    ⚭ (ca. 1241) Johannes III. Vatatzes, byzantinischer Kaiser (in Nicäa) (1221–54)

Manfred (1232–66) Kg. v. Sizilien 1258
(Mutter: Bianca Lancia)
    ⚭ 1. (1248/49) Beatrix v. Savoyen († 1257/58)
    ⚭ 2. (1258) Helena v. Epiros (vor 1244–71)

Violante (ca. 1233- nach 1264)
(Mutter: Bianca Lancia)
    ⚭ (vor 1246) Richard v. Caserta

? Gerhard († vor 1255)
(Mutter: unbekannt)

? Blanchefleur († ca. 1279)
(Mutter: unbekannt)

Tafel 4:   Die unehelichen Kinder Friedrichs II.

von denen er sich nach Aussage seines Biographen nicht hätte trennen wollen und denen er in seinem Testament einen eigenen Erbteil hätte zukommen lassen wollen, scheint eine Ausnahme gewesen zu sein. Sie ist nur deshalb bekannt, weil Einhard in seinem Werk, das sich literarisch an den antiken römischen Kaiserbiographien Suetons († 150) orientierte, besonders viele Details über die persönliche Sphäre des Herrschers berichtet, die hingegen bei anderen mittelalterlichen Kaisern, so auch bei Friedrich II., weitgehend im Dunkeln bleibt.

3 Leben am Hof

Der Hof war dort, wo sich der Herrscher aufhielt. Da dieser oft unterwegs war – zur Durchsetzung der Herrschaft musste er persönlich präsent sein –, zog sein Hof mit ihm. Er bestand, neben dem Herrscher und seiner engeren Begleitung von Freunden und Beratern, aus Hofbeamten und Bittstellern sowie einer Reihe von Personen, die in den Urkunden und Chroniken normalerweise nicht genannt werden. In einem Brief Peters von Blois, der die Zustände am Hof König Heinrichs II. von England (1154–1189) in den achtziger Jahren des 12. Jahrhunderts beschreibt, ist dagegen gerade von diesen die Rede:

„Das Hofgesinde bekommt oft schlechtes, schweres, unausgebackenes Brot, Fleisch von kranken Tieren und stinkende, alte Fische! – damit nur einige desto besser leben können. Der Wein ist bisweilen so abscheulich, dass man ihn nur mit geschlossenen Augen und Zähnen herunterwürgen kann. Keiner weiß: wird der König bleiben oder abreisen: woraus für Hofleute, Kaufleute und viele andere gar große Not entsteht. Dann läuft man umher und erkundigt sich bei Huren und Kammerdienern: denn diese Art von Menschen ist gewöhnlich am besten unterrichtet. Dem Hofe folgen fleißig Schauspieler, Sängerinnen, Würfelspieler, Weinverkäufer, Narren, Possenreißer, Bartscherer, von Huren und Dienern, die

über Hofgeheimnisse am besten Bescheid wissen, ganz zu schweigen. Plötzlich aber wird die Reise geändert; dann fehlt es oft an dem Nötigsten, und über Nachtlager, um deren willen nicht einmal die Schweine in Streit geraten sollen, entstehen arge Schlägereien. Mit Fremden und Gästen gehen die Marschälle nach Willkür um, und der Redliche wird am Hofe oft so zurückgesetzt, wie der keine Mittel scheuende Nichtsnutzige hervorgehoben und begünstigt. "

Es handelt sich hier offensichtlich um die Karikatur eines mittelalterlichen Königshofs, nach dem Motto: Übertreiben macht anschaulich. Dabei bedient sich der Autor allerdings auch realistischer Elemente. Gut zum Ausdruck kommen die Mobilität und die damit verbundenen logistischen Probleme, die das Hofleben charakterisierten. Dies gilt auch für Friedrich II., der sich zwar in Foggia eine Residenz bauen ließ, wo hohe Beamte über Haus- und Grundbesitz verfügten, durch die Probleme, die mit der Ausübung der Herrschaft über seine Reiche verbunden waren, aber gezwungen war, viel unterwegs zu sein.

Das überlieferte Urkundenmaterial gibt uns Auskünfte über die Orte, die der Herrscher besuchte, gestattet es jedoch meist nicht, die Dauer seiner Aufenthalte genauer festzulegen. Ferner muss berücksichtigt werden, dass der Ausstellungsort der Urkunden nur anzeigt, wo die Kanzlei gerade arbeitete. Der Kaiser kann durchaus an einem anderen Ort gewesen sein. Es ist z. B. wahrscheinlich, dass die Kanzlei und ein Großteil des Hofpersonals in Foggia blieben, wenn Friedrich mit einem kleinen Gefolge seine Jagdschlösser im nördlichen Apulien besuchte. So ist Friedrichs Anwesenheit in Fiorentino (nördlich von Lucera) allein deswegen bekannt, weil er hier starb, und die Tatsache, dass keine Urkunde in Castel del Monte ausgestellt wurde, bedeutet nicht, dass sich der Kaiser nie dort aufhielt.

Ein Blick auf die in der Überlieferung bezeugten Aufenthaltsorte Friedrichs lässt eine Vorliebe für gewisse Gegenden und Orte erkennen: Während seines ersten Deutschlandaufenthalts (1212–1220) beschränkte er sich hauptsächlich auf das staufische Kerngebiet im Südwesten des Reichs, wobei er besonders lange in der Pfalz Hagenau im Elsass weilte. In dieser Zeit besuchte Friedrich auch mehrfach die Städte Nürnberg, Speyer, Augsburg, Ulm, Würzburg, Frankfurt am Main, Eger und Regensburg. Nach seiner Rückkehr nach Italien hielt er sich vorwiegend in Süditalien und besonders im nördlichen Apulien, der Capitanata, auf, wo sich nicht nur die von ihm zur Residenz ausgebaute Stadt Foggia, sondern auch zahlreiche Burgen und Jagdschlösser befanden. Im Sommer, wenn es dort zu heiß war, residierte er mit Vorliebe in der benachbarten Basilicata, besonders in der Gegend um Melfi.

In andere Regionen begab sich Friedrich lediglich dann, wenn dies zur Festigung seiner Herrschaft erforderlich war. So zog er 1233/34 nach Sizilien, um dort einen Aufstand niederzuschlagen, 1235/36 nach Deutschland, um seinen Sohn Heinrich (VII.) zu unterwerfen, und 1237 nach Österreich, um den dortigen Herzog Friedrich in die Schranken zu weisen. In den folgenden Jahren erforderten die Auseinandersetzungen mit den lombardischen Städten und den Päpsten seine Präsenz in Nord- und Mittelitalien, auch wenn er öfters in seine Residenz Foggia zurückkehrte. Wie wir bereits erwähnten, deutet die rege Bautätigkeit der dreißiger Jahre in der Gegend um Syrakus im Südwesten Siziliens darauf hin, dass der Herrscher hier vielleicht eine zweite Residenz einrichten wollte; in Syrakus hatte schon von 663 bis 666 der byzantinische Kaiser Konstans II. (641–668) residiert. Falls solche Pläne bestanden, waren sie jedoch angesichts der dauernden Probleme auf der italienischen Halbinsel nicht realisierbar.

Palermo blieb auch unter Friedrich die offizielle Hauptstadt des Königreichs Sizilien; der Herrscher besuchte sie aber nach seiner Kaiserkrönung (1220) nur selten. Die zentrale Landschaft wurde jetzt Apulien, für das er eine besondere Vorliebe hegte. Wenn Friedrich in einem Brief an die Einwohner von Brindisi schreibt, er halte es nicht für unrühmlich, einer aus Apulien genannt zu werden (*unum ex Apulia nominari non reputemus inglorium*), so muss berücksichtigt werden, dass das lateinische Wort *Apulia* oft als Synonym für ganz Süditalien gebraucht wird. Obwohl es in dem Brief vor allem darum ging, den Bürgern der apulischen Hafenstadt die Steuern, die der Kaiser ankündigte, „schmackhafter" zu machen, so sind doch die Worte über die Lieblichkeit (*amoenitas*) seines Südreichs, eines „Lustgartens unter dem Dornengestrüpp", ernst zu nehmen. Nach Salimbene soll Friedrich geäußert haben, Gott hätte das gelobte Land nicht so gepriesen, wenn er Süditalien gekannt hätte.

In der Nähe seiner Residenz in Foggia ließ der Kaiser einen Park mit Seen anlegen, der von Wasservögeln bewohnt war, die als Beute für die Falkenjagd, Friedrichs bevorzugtes Freizeitvergnügen, dienten. Daneben gab es einen Tierpark mit exotischen Lebewesen – ein Statussymbol, wie es auch Karl der Große in Aachen gehabt hatte. Es handelte sich um eine auf hellenistische, römische und byzantinische Vorbilder zurückgehende Tradition, nach der sich der Kaiser als Herr über alle Lebewesen, auch über die Tierwelt, verstand. Friedrichs Menagerie zeichnete sich durch eine in Europa bis dahin unbekannte Vielfalt von Tierarten aus: Neben Löwen, Leoparden, Geparden, Luchsen, Kamelen, Dromedaren, Bären, Affen, Papageien, Bartkäuzen und anderen Vögeln gab es hier sogar eine Giraffe und, weniger ungewöhnlich, auch einen Elefanten, wie ihn bereits Karl der Große besessen hatte.

Großen Eindruck machten nördlich der Alpen auch einige Araber und Äthiopier, die diese Tiere betreuten. Im Juni 1235 erschien Friedrich in Worms mit Kamelen, Dromedaren, Affen und Geparden (Jagdleoparden); einige Jahre später brachte er seinen Elefanten, vierundzwanzig Kamele und fünf Geparde nach Verona mit, als er im Kloster San Zeno zu Gast war. Vom kaiserlichen Elefanten, den er der kaisertreuen Stadt Cremona anvertraute, hat sich in der Chronik des Matthäus Paris ein Bild erhalten. Auf seinem Rücken sehen wir einen hölzernen Aufbau, in dem eine aus Fanfarenbläsern und Beckenschlägern bestehende kleine Musikkapelle sitzt, die zum Empfang eines hohen Gastes, Friedrichs Schwager Richard von Cornwall, aufspielte (Abb. 7).

Abb. 7:   Der Elefant Friedrichs II. in Cremona (Matthäus Paris)

Das feste Personal an Friedrichs Hof umfasste insgesamt wohl etwa zweihundert Personen. Das Registerfragment von 1239/ 40 ermöglicht einen Einblick in den Alltag des Hoflebens. Hier ist u. a. die Rede von Hofmusikern, Tänzern und Tänzerinnen. An einen hohen Beamten in Palermo, Obertus Fallamonachus (Ubart Fallamūnaqa), wahrscheinlich ein arabischer Christ, erging die Anweisung, einige schwarze Sklaven des Hofs im Fanfarenblasen ausbilden zu lassen: vier sollten große Fanfaren (*tubas*), einer eine kleine Fanfare (*tubettam*) blasen lernen. Ein anderer Beamter wurde aufgefordert, einen in Südfrankreich lebenden „sarazenischen Tänzer", der „auf verschiedene Weise" zu tanzen verstand, an den Hof zu schicken. Von den arabischen Tänzerinnen und ihren akrobatischen Künsten, die des Kaisers Gäste beeindruckten, war bereits die Rede.

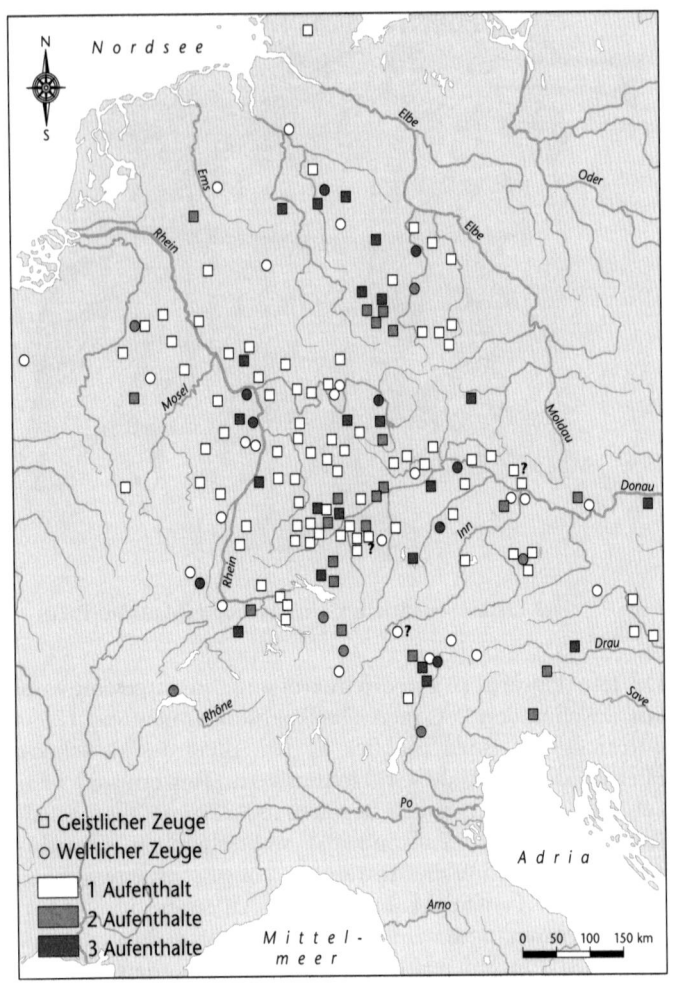

Karte 6: Zeugen von nördlich der Alpen am Hof Friedrichs II. in Italien (1220–1235)

Wenn er in Deutschland war, versammelte der Herrscher auf Hoftagen die geistlichen und weltlichen Fürsten, um mit ihnen besonders wichtige politische Entscheidungen abzusprechen. In der Kanzlei, die dem Hof folgte, wurden Privilegien, andere Urkunden und Anweisungen an Beamte ausgestellt. Die Namen der in den Herrscherurkunden als Zeugen genannten Personen geben uns einen Einblick in die Umgebung des Herrschers und zeigen seine Anziehungskraft. Auch in den Jahren, die Friedrich in Italien verbrachte, kamen Bittsteller aus allen Gegenden Deutschlands an seinen Hof.

Der Hof war nicht nur ein politisches, sondern auch ein kulturelles Zentrum. Darauf werden wir im Zusammenhang mit Friedrichs intellektuellen Interessen noch näher eingehen. Bei den politischen Entscheidungen, die der Herrscher am Hof traf, beriet er sich mit seinen Vertrauten und Mitarbeitern. Darunter waren auch die wenigen Freunde, im Sinne von engsten Vertrauten, die Friedrich hatte: Berard von Castagna, Hermann von Salza und Petrus de Vinea, also zwei Italiener und ein Deutscher.

Durch alle Stationen seines Lebens begleitete ihn Berard von Castagna, ein Geistlicher aus einer stauferfreundlichen adeligen Familie der Abruzzen, der im Gefolge des Kanzlers Walter von Pagliara an den Königshof in Palermo gekommen war. Nachdem Berard 1207 Erzbischof von Bari geworden war, berief ihn Friedrich bereits 1210 in den Kreis der Familiaren, der engsten königlichen Berater, dem er bis zum Tod des Kaisers angehörte. 1212 begleitete Berard den siebzehnjährigen Staufer auf seinem abenteuerlichen Zug nach Deutschland, wurde dann zwei Jahre später von Innozenz III. auf den Erzbischofsstuhl von Palermo versetzt, vertrat Friedrich 1215 auf dem Laterankonzil in Rom, reiste 1216 mit Konstanze und Heinrich (VII.) nach Deutschland und war danach einige Zeit lang Statthalter von Sizilien. Nach Friedrichs Rückkehr nach Italien war Berard, der zu den im Mittelalter nicht seltenen Bischöfen gehörte, die ihre geistlichen Aufgaben stark hinter ihre politische Tätigkeit zurückstellten, fast ständig an der Seite des staufischen Herrschers präsent. Seine enge persönliche Bindung an Friedrich zeigt die Tatsache, dass er dem Kaiser auch nach der zweiten Exkommunikation treu blieb, obwohl ihm dies die gleiche Kirchenstrafe und den Verlust seines Erzbischofsamts einbrachte (1239). Berard ließ sich auch nicht davon abhalten, Friedrich auf dem Sterbebett die Absolution zu erteilen, womit er streng genommen einen ungültigen Akt vornahm, da sowohl er als auch der sterbende Kaiser noch exkommuniziert waren.

Ebenfalls ein Leben lang auf der Seite Friedrichs stand Hermann von Salza, der aus Thüringen gebürtige Hochmeister des Deutschen Ordens, den der Staufer spätestens im Dezember 1216 in Nürnberg kennen gelernt hatte. Unermüdlich bemühte sich Hermann in den folgenden Jahren, einen Bruch zwischen Friedrich und den Päpsten zu vermeiden. Gleichzeitig konnte er die anfangs noch geringe Bedeutung des von ihm geleiteten Ritterordens durch päpstliche Privilegien und kaiserliche Schenkungen in Europa und im Heiligen Land erheblich stärken. Nachdem Friedrich Jerusalem für die Christenheit zurück gewonnen hatte, gelang es Hermann, Gregor IX. zur Aufhebung der 1227 ausgesprochenen Exkommunikation zu bewegen und eine Versöhnung zwischen Kaiser und Papst auszuhandeln (1230). In den folgenden Jahren wurde es angesichts von Friedrichs unnachgiebiger Politik in Norditalien und des sich verstärkenden Misstrauens des Papstes gegenüber dem Kaiser für den Hochmeister immer schwieriger, eine Eskalation des Konflikts zu verhindern. Eine Erkrankung zwang Hermann schließlich, sich in Salerno in ärztliche Behandlung zu geben, wo er bekanntlich zufällig am selben Tag starb, als Gregor Friedrich zum zweiten Mal exkommunizierte (20. März 1239).

Bezeichnend für den mäßigenden Einfluss, den der Hochmeister auf den Kaiser ausübte, ist die Krönung in Jerusalem, die Friedrich, wie wir sahen, auf seinen Rat hin ohne eine Verbindung mit einer sakralen Funktion vollzog. Damit vermied er es, den Papst zu provozieren, der ohnehin schon durch den Aufbruch des noch exkommunizierten Herrschers ins Heilige Land stark irritiert war. Hermann muss ein erhebliches diplomatisches Geschick gehabt haben, denn er brachte das Kunststück fertig, eng an Friedrich gebunden zu sein und gleichzeitig die Hochachtung des Papstes zu genießen. In einem Brief vom 25. August 1232 schrieb Gregor den Brüdern des Deutschen Ordens in Akkon, die sich über die häufige Abwesenheit des Hochmeisters vom Heiligen Land beklagten, er könne diesen momentan „in gewissen Angelegenheiten von Kirche und Reich" (*pro quibusdam ecclesie negotiis ac imperii*) nicht entbehren. Es ist wohl kein Zufall, dass die kaiserliche Propaganda erst nach dem Tod Hermanns neue, radikal antipäpstliche Töne anschlug.

Während Berard von Castagna und Hermann von Salza mindestens zehn bis fünfzehn Jahre älter waren als der Kaiser, war sein dritter und vielleicht engster Freund und Berater Petrus de Vinea mit Friedrich etwa gleichaltrig. Nach Salimbene genoss er des Herrschers höchste Wertschätzung (*quem maxime dilexit*). Petrus stammte aus einer angesehenen Familie aus Capua – sein Vater war Richter, ein Onkel Abt – und studierte wohl in Bologna Jura. Anfang der zwanziger Jahre erhielt er auf Empfehlung Berards von Castagna, an den er sich gewandt hatte, eine Stelle als Notar in der kaiserlichen Kanzlei und war dann besonders zwischen 1230 und 1232 als Hofrichter tätig. Seine hauptsächliche Aufgabe bestand darin, wichtige Schriftstücke zu entwerfen, darunter auch die Privatbriefe des Kaisers. Ferner betraute ihn Friedrich mit wichtigen diplomatischen Missionen und ernannte ihn zum Vorsteher der kaiserlichen Kanzlei mit dem Titel des Protonotars und zu seinem Logotheten („Wortführer"), der bei feierlichen Gelegenheiten als sein Sprecher auftrat.

Die von Petrus de Vinea verfassten Schriftstücke sind in einem feierlichen formvollendeten Latein abgefasst, das späteren Kanzleien als Vorbild diente. Seine an die spätantike Kunstprosa anknüpfende Stilkunst, die in seiner Heimatstadt Capua Tradition hatte, wetteiferte mit dem kunstvollen Briefstil der päpstlichen Kanzlei. Die Rundschreiben, mit denen Friedrich nach 1239 den propagandistischen Kampf mit dem Papsttum aufnahm, wurden von Petrus formuliert, allerdings wohl kaum ohne vorherige Absprache mit dem Kaiser. Um Petrus und seinen führenden Mitarbeiter und Freund, den Hofrichter Thaddäus von Sessa, bildete sich ein Kreis von jungen Männern, die nicht nur in der Kanzlei tätig waren, sondern auch literarische Interessen verfolgten. Für Petrus de Vinea war Friedrich römischer Caesar, Weltkaiser, Friedensfürst, der von Gott gesandte Retter der Welt; ja er nannte ihn sogar „heiliger Friedrich" (*sanctus Fridericus*), was nicht blasphemisch gemeint war, sondern die göttliche Herkunft des Kaisertums ausdrücken sollte.

Es muss für Friedrich ein schwerer Schlag gewesen sein, als Petrus im Jahre 1249 des Hochverrats und der Bestechlichkeit bezichtigt wurde. Ob die Anklage des Verrats begründet war, ist nicht mehr zu klären; was die Korruption betrifft, so gibt es Indizien dafür, dass es bei dem Reichtum, den Friedrichs Kanzleichef angehäuft hatte, nicht immer mit rechten Dingen zugegangen war. Es spielte vielleicht auch der Neid auf seine rasante Karriere und sein enges Verhältnis zum Kaiser eine Rolle. Wie dem auch sei, Friedrich hielt Petrus für schuldig, ließ ihn gefangen nehmen und blenden, bis dieser dann einige Monate später (April 1249) Selbstmord beging.

Diese Erfahrung musste in Friedrich die bereits nach der Verschwörung von 1246 entstandene Überzeugung verstärken, dass er sich außer auf seinen alten Freund Berard von Castagna nur auf seine Verwandten verlassen konnte. Neben seinen Söhnen und Schwiegersöhnen, die wir schon erwähnten, stand ihm der ebenfalls bereits genannte Markgraf Manfred Lancia, der Onkel seiner Lebensgefährtin Bianca Lancia, als treuer Helfer in Norditalien zur Seite, weshalb auch er 1245 exkommuniziert wurde. Zu den Beratern Friedrichs gehörten ferner Heinrich von Morra, der bis zu seinem Tod (1242) als Großhofjustitiar dem kaiserlichen Hofgericht vorstand, sowie der bereits erwähnte Thaddäus von Sessa, der den Kaiser auf dem Konzil von Lyon verteidigte.

Ein anderer Vertrauter Friedrichs war Walter von Pagliara, Graf von Manoppello († 1262/69), einer seiner tüchtigsten und zuverlässigsten Generale, der auch Konrad IV. und Manfred treu blieb. Er wird zum ersten Mal im Jahre 1229 im Gefolge des Kaisers erwähnt, kommandierte 1232 Truppen auf Zypern, war 1238/39 Generalvikar in der Romagna sowie 1240 in Burgund und begab sich anschließend im Auftrag des

Kaisers nach Sardinien. 1246 befand er sich wieder im Gefolge Friedrichs, der ihn 1247 mit der Verteidigung Süditaliens gegen einen Angriff, der von Seiten des Papstes zu erwarten war, beauftragte. Vergeblich versuchte Innozenz IV., Walter auf seine Seite zu ziehen, der hingegen von Friedrich zum Generalvikar der Marken ernannt im Juni 1250 die päpstlichen Truppen besiegte.

Einer der wenigen deutschen Getreuen, auf die Friedrich sich in Italien stützte, war Rainald von Urslingen, Sohn und Nachfolger Konrads von Urslingen, des Herzogs von Spoleto, an dessen Hof Friedrich seine ersten Lebensjahre verbracht hatte. Beim Aufbruch zum Kreuzzug vertraute ihm der Kaiser, der ihn bereits vorher zum Reichslegaten in der Toskana ernannt hatte, nicht nur die Verwaltung weiterer Gebiete in Mittelitalien an, sondern beauftragte ihn auch mit seiner Vertretung im Königreich Sizilien. Rainald nahm seine Aufgabe energisch wahr und verteidigte die kaiserlichen Positionen gegen die Angriffe des Papstes, der Friedrichs Abwesenheit dazu nutzen wollte, dessen Stellung in Italien entscheidend zu schwächen. Der Herzog, der Ende 1228 von Gregor IX. exkommuniziert wurde, kam allerdings durch die Agitation der Franziskaner in Süditalien in zunehmende Bedrängnis, bis sich durch die Rückkehr Friedrichs aus dem Heiligen Land im Frühjahr 1229 die Situation entscheidend zugunsten des Kaisers verbesserte. Als Friedrich einige Monate später anordnete, die Amtsführung der kaiserlichen Verwaltung während der Zeit seiner Abwesenheit zu überprüfen, erschütterte das Ergebnis sein Vertrauen in Rainald. Da beim Umgang mit den ihm anvertrauten staatlichen Geldern Unregelmäßigkeiten vorgekommen waren, ließ Friedrich ihn um 1230 verhaften und einsperren. Einige Jahre später (1233) wurde Rainald zwar begnadigt, musste jedoch Italien verlassen.

Eine besondere Gruppe von Vertrauten des Kaisers bildeten die Edelknappen (sog. Valets), die an seinem Hof eine ritterlich-höfische Erziehung erhielten. Es handelte sich hauptsächlich um Söhne aus süditalienischen Adelsfamilien, um deren Ausbildung sich Friedrich persönlich kümmerte. Diese Hofpagen begannen ihren Dienst mit vierzehn Jahren und wurden mit verschiedenen Aufgaben betraut. Einige dienten dem Herrscher in dessen persönlicher Kammer, andere begleiteten hohe Gäste, wieder andere kümmerten sich um die kaiserlichen Falken und Jagdleoparden. Nachdem sie zu Rittern erhoben worden waren, verließen die Valets den Hof, kehrten auf die elterlichen Adelsgüter zurück oder blieben als Soldaten oder Beamte im Dienst des Kaisers.

Unter den kaiserlichen Edelknappen finden wir auch einige, die nicht aus Süditalien stammten; so einen Sohn des Johann von Ibelin, den Friedrich aus Zypern mitbrachte, oder zwei Söhne der Markgräfin von Hohenburg, Berthold und Gottfried, die ihm von Wien folgten. Die letzteren machten rasch Karriere und bekleideten hohen Ämter in Norditalien. Andere, wie Graf Richard von Caserta und Thomas von Aquino wurden ebenfalls in jungen Jahren mit wichtigen Aufgaben betraut und traten wie beschrieben durch ihre Heirat mit unehelichen Töchtern Friedrichs in ein besonders enges Verhältnis zu ihm. Auch des Kaisers Söhne Enzo, Friedrich von Antiochia, Konrad und Manfred wuchsen zusammen mit den Valets auf.

Nicht mit allen Edelknappen hatte der Kaiser Glück. Bei Friedrich, einem Sohn des in erster Ehe mit Beatrix († 1235), einer Kusine des Kaisers, verheirateten Königs Ferdinand III. von Kastilien-León (1217/30–1252), versagten die kaiserlichen Erziehungsmethoden. Der junge Spanier kam 1240 an den kaiserlichen Hof und schien zunächst „für die geziemenden Tugenden empfänglich", wie der Kaiser dem Vater schrieb, dem er weiter mitteilte, dass er sich persönlich um „seine Belehrung in höfischen Sitten und seine Mehrung in allen Übungen" kümmere. Er hoffe, damit Erfolg zu haben und so zeigen zu können, dass der kastilische König „ihn nicht so sehr zu einem Onkel als zu einem Vater gesandt" habe. Als der spanische Königssohn nach Friedrichs Absetzung auf dem Konzil von Lyon im Sommer 1245 nach Mailand floh, war der Kaiser zutiefst enttäuscht.

In einem Schreiben an dessen Vater warf Friedrich dem jungen Kastilier vor, nicht die für einen hohen Adeligen angemessene Distanz zur gemeinen Bevölkerung gewahrt zu haben:

„Er hat sich nämlich – was wir mit Schande berichten – zu der Niedertracht (infamia) des Volkes gewandt. Denen er ein Spiegel der Tugenden und ein Maßstab der Sitten sein sollte, denen ist er jetzt ein Abbild der Laster. Er wird öffentlich zum Gelächter des Volkes gemacht, da er Euren zahlreichen Befehlen, durch die Ihr ihn in väterlicher Pflichterfüllung oft mahntet, nicht gehorchte, da er auch die adligen Sitten und Taten, die zu kennen er von Natur aus verpflichtet war, schändlicherweise außer Acht ließ, da er die Ehre und die Stellung, die er an unserem Hof genoss, vergaß, da er weder mit dem Umgang verschiedener Adeliger, mit deren edelsten er in unserem Lager verkehrte, noch mit der Ehre des kaiserlichen Vertrauens, dessen er an unserer Seite oft teilhaftig wurde, zufrieden war, sondern zu unseren Rebellen und Feinden überging, denen er als Gegner hätte entgegen treten sollen. Während unsere Hoheit auch ihn gegen sie als Stachel einzusetzen beschlossen hatte, damit er, wie es seinem Alter entsprach, so auch, wenn irgendeine Tapferkeit in ihm schlummerte, sich mithilfe der Ausübung der Waffen erhebe, wurde er in eigener Person zum Verräter und entfloh heimlich wie ein Räuber, durch seine Jugend von der Bosheit überwältigt. Und so wurde er dem Volk ein Hohn und befleckte mit der Ansteckung seiner abartigen Taten die Würde des erhabenen königlichen Bluts."

Obwohl der Kaiser in diesem von Petrus de Vinea formulierten Schreiben noch ganz den konventionellen ritterlich-höfischen Wertvorstellungen seiner Zeit verhaftet ist und seine Valets hauptsächlich aus Adelsfamilien rekrutierte, so stand doch auch Söhnen aus „bürgerlichen" Familien der Weg in führende Stellen der kaiserlichen Verwaltung offen, besonders im Finanzwesen, wo technisches Know how unentbehrlich war. Außergewöhnlich war jedoch die Karriere, die an Friedrichs Hof Johannes Morus, der Sohn einer schwarzen Sklavin, machte. Er brachte es bis zum Vorsteher der kaiserlichen Finanzverwaltung und erhielt schließlich sogar eine Baronie. Später, unter Konrad IV., wurde er Kommandant der Festung Lucera und Großkämmerer des Königreichs Sizilien. Als er unter Manfred auf die Seite des Papstes überwechselte, wurde er von den staufertreuen Muslimen in Lucera getötet.

Das Hofleben war stark auf die Person des Herrschers zugeschnitten, also von seinen persönlichen Interessen und Neigungen abhängig. Unter diesen spielte bei Friedrich die Falkenjagd, auf die wir im Folgenden gesondert eingehen, eine wichtige Rolle.

4 Jäger und Intellektueller

Friedrich war ein leidenschaftlicher Jäger. Dies ist zunächst nichts Ungewöhnliches, war doch die Jagd im Mittelalter der bevorzugte Sport der hohen Herren. Jagdpartien waren Gelegenheiten zur Sozialisierung mit Standesgenossen, zur herrscherlichen Repräsentation und zum Training im Umgang mit Waffen. Der im frühen Mittelalter praktizierten Großwildjagd zog man seit dem 12. Jahrhundert, entsprechend den neuen höfischen Idealen des Rittertums, die Jagd mit Vögeln, besonders mit gezähmten Falken, vor. Für dieses teure Hobby – ein solcher Jagdvogel konnte so viel kosten wie ein ganzes Bauerngut – hatte Friedrich eine wahre Passion. Ein ihm feindlich gesinnter Autor, der unbekannte Verfasser einer Biographie Papst Gregors IX., spöttelte, der Kaiser habe den Titel der Majestät in ein Jagdamt verwandelt, sei nicht mit Waffen und Gesetzen geschmückt, sondern von Hunden und schreienden Vögeln umgeben, habe das Szepter mit dem Jagdspieß vertauscht und lasse die Adler des Triumphes auf den Vogelfang los, kurz, er sei vom Herrscher zum Jäger geworden.

Aus dem Registerfragment von 1239/40 geht hervor, wie sehr Friedrich die Falkenjagd am Herzen lag. Immer wieder ergingen Befehle, ihm Falken, besonders aus Malta, zu besorgen. Auch von „Leoparden", die in Lucera abgerichtet wurden, ist die Rede. Es handelte sich um Geparde (sog. Jagdleoparden), die im Orient bei der Beizjagd eingesetzt wurden. Da sie zwar sehr schnell sind, aber leicht ermüden, wurden sie auf der Jagd von ihren Betreuern auf den Pferden mitgenommen. In einer Anweisung Friedrichs ist in der Tat die Rede von „Leoparden, die reiten können" (*sciant equitare*).

Die Jagd mit abgerichteten Raubvögeln wie Falken, Habichten und Sperbern war für Friedrich mehr als ein Freizeitvergnügen oder ein höfisches Statussymbol. Sie war für ihn eine Wissenschaft. Der Kaiser ließ nicht nur von weit her die besten Jagdvögel an seinen Hof bringen und sie von Falknern betreuen, sondern auch die einschlägige Literatur zur Vogelkunde und zur Jagd beschaffen. Darunter befanden sich arabische Texte, die Friedrich übersetzen ließ und die auch die Jagd auf Rotwild und die Jagdhunde betrafen. Sie wurden auf Anordnung des Kaisers in einer Sammelhandschrift, einer Art Vorstudie zum Falkenbuch, zusammengestellt. Erst im letzten Jahrzehnt seines Lebens verfasste der Kaiser sein berühmtes Buch „Über die Kunst mit Vögeln zu jagen" (*De arte venandi cum avibus*), das bei seinem Tod zwar bereits weit vorangekommen, aber noch nicht vollendet war. Die Faszination dieses Werks, das in einer von Friedrichs Sohn Manfred redigierten Fassung überliefert ist, liegt in der Verbindung von Theorie und Praxis. Im Vorwort betont der Kaiser, dass er fast dreißig Jahre dafür gebraucht habe, um die oft unzureichende und widersprüchliche Literatur zur Falkenjagd unter Heranziehung von Experten aus aller Welt mit seinen praktischen Erfahrungen zu vergleichen. Wenn man hier liest, Friedrich habe das Werk „geschrieben", so ist diese Formulierung nicht wörtlich zu nehmen. Angaben mittelalterlicher Herrscher, sie seien Autoren einer Schrift, bedeuten oft nur, dass sie deren Auftraggeber waren. Man denke beispielsweise an eine Äußerung Manfreds, er sei der Verfasser der lateinischen Übersetzung eines pseudo-aristotelischen Werks aus dem Hebräischen, obwohl der junge Staufer sicher nicht über die notwendigen Sprachkenntnisse verfügte. Auch der Kaiser schrieb demnach das Falkenbuch nicht persönlich, nahm aber an dessen Redaktion regen Anteil, indem er auf seine persönlichen Beobachtungen aufmerksam machte und die Richtung des Unternehmens angab.

Es handelte sich dabei um keine neue Methode. Bereits Friedrichs Großvater Roger II. von Sizilien, der sich besonders für die Geographie interessierte, hatte zunächst die einschlägige Fachliteratur konsultiert und, da er nicht mit ihr zufrieden war, Gelehrte an seinen Hof gerufen. Nachdem ihn auch deren Auskünfte nicht befriedigten, hatte er Reisende von überall her zu sich kommen lassen, die er über die einzelnen Länder ausfragte: „Das, was in ihren Aussagen übereinstimmte und zu dem Ganzen des Berichtes passte, verzeichnete und bewahrte er, und das, was sich widersprach, schloss er aus. Er blieb etwa fünfzehn Jahre dabei, ohne einen Moment die Prüfung, Suche und Forschung nach der Wahrheit zu unterbrechen, bis er erreicht hatte, was er wünschte"; so der arabische Gelehrte al-Idrīsī, der 1154 die später unter dem Kurztitel „Das Buch Rogers" bekannte arabische Erdkunde redigierte. Friedrichs Falkenbuch ist also in seinem methodischen Ansatz nicht so revolutionär, wie es auf den ersten Blick scheint. Dies gilt auch für seine oft zitierte Kritik an Aristoteles als naturwissenschaftlicher Autorität und für seine Absicht, „die Dinge so zu zeigen, wie sie sind". Dennoch bleibt sein Falkenbuch als das wissenschaftliche Werk eines abendländischen Herrschers ein außergewöhnliches Zeugnis.

Nach einer ausführlichen allgemeinen Vogelkunde, die durchaus auf dem Niveau der modernen Ornithologie steht, und einem spezielleren Teil über die Raubvögel und Falkenarten werden die verschiedenen Methoden des Fangens und der Zähmung von Falken behandelt. So etwa das sog. Aufbräuen, bei dem das untere Augenlid über das obere gezogen und angenäht wurde, um dem gefangenen Falken den Anblick der für ihn fremden Umgebung zunächst zu ersparen. Nachdem er sich eingewöhnt hatte, wurde er dann stufenweise „losgebräut" und auf die Beizjagd abgerichtet, die ihren Namen von „beißen" ableitet, da die Falken ihre Beute mit einem Biss in das Genick töten.

Der Kaiser ließ Experten aus dem Orient kommen – in der arabischen Welt lebten Meister in der Falkenjagd – und übernahm nicht nur deren Innovationen, sondern entwickelte sie auch weiter: Die kleinen Lederhauben beispielsweise, welche die arabischen Falkner den abgerichteten Falken über den Kopf zogen, um zu verhindern, dass sie durch ihre Umgebung abgelenkt wurden, verbesserte Friedrich durch Luftlöcher, die eine Erhitzung des Kopfes und dadurch mögliche Erkältungen der kostbaren Tiere verhinderten:

Abb. 8: Falkner mit Falken und Falkenhaube (Biblioteca Vaticana, Ms. Pal. lat. 1071, fol. 106r)

„Die Falkenhaube (capellum) ist eine Erfindung der orientalischen Völker. Die Araber nämlich haben sie (…) zuerst bei der
Abrichtung von Falken und falkenartigen Vögeln gebraucht. Wir
selbst haben, als wir über das Meer gefahren sind, gesehen, dass
die Araber die Haube bei dieser Kunst anwandten. Die Könige
der Araber schickten uns ihre in dieser Kunst erfahrensten Falkner
mit vielen Arten von Falken. Außerdem haben wir es nicht ver-
säumt, in diesen Dingen Erfahrene sowohl aus Arabien als auch
aus allen Ländern zu berufen, seit der Zeit, versteht sich, als wir
zuerst den Vorsatz fassten, alles, was zu dieser Kunst gehört, in
einem Buch zusammenzufassen, und wir haben, wie schon ein-
gangs erwähnt, das, was sie besser verstanden, von ihnen übernommen. (…)
Der Teil der Haube, der den obersten Teil des Kopfes bedeckt, ist
mit einem oder mehreren Löchern zu versehen. Diese Löcher dienen dazu, dass die Haube den Kopf nicht zu stark erhitzt und
dass der Dunst (des Schweißes), der zum Kopf aufsteigt, vollständig herauskommt. Wir haben diese Löcher zur ursprünglichen
Gestalt der Haube hinzugefügt, da wir ihre Nützlichkeit bemerkt
haben. Als die Haube nämlich ohne Löcher war und vom Kopf
des Falken abgenommen wurde, erkältete sich der Kopf, der sich
unter der Haube erhitzt hatte, nachdem er nach Abnahme der

143

Haube kälterer Luft ausgesetzt war, und so erkrankten die Falken nicht nur an Kopfschmerzen, sondern auch an zahlreichen anderen Kopfkrankheiten. Diese Krankheiten nahmen bei den Falken ab, seitdem wir die Hauben oben mit Löchern versehen ließen, denn so wird beim Aufsetzen oder Abnehmen der Haube ein plötzlicher Umschwung von Hitze zu Kälte und umgekehrt vermieden. "

Besonders bemerkenswert sind die Experimente, die der Kaiser anstellte, um von der Theorie offen gelassene oder ihm fragwürdig erscheinende Probleme zu lösen: So etwa, ob Straußeneier durch die Sonnenhitze ausgebrütet werden konnten, was sich in Apulien als möglich herausstellte. Um festzustellen, ob sich Geier nur von totem Fleisch ernähren und ob sie dieses mit dem Geruchsinn oder mit den Augen wahrnehmen, ließ Friedrich zwei Versuche vornehmen: Zur Beantwortung der ersten Frage wurden ausgehungerten Geiern Küken vorgeworfen, die diese nicht anrührten, womit bewiesen war, dass sie ausschließlich das Fleisch toter Tiere fressen; dann wurde einigen Geiern, denen die Augenlider zugenäht worden waren – eine uns heute als Tierquälerei erscheinende Methode, die indes, wie erwähnt, auch bei der Abrichtung der Falken angewendet wurde –, totes Fleisch vorgelegt, was diese aber nicht bemerkten, so dass klar war, dass sie es nicht durch den Geruchsinn wahrnahmen.

Solche für die damalige Zeit noch recht ungewöhnliche Methoden – Friedrich bezeichnet sich im Falkenbuch als „Forscher" (*inquisitor*) und „Liebhaber der Weisheit" (*sapientie amator*) – mussten bei manchen Zeitgenossen Argwohn hervorrufen und konnten zu wilden Gerüchten Anlass geben: So schrieb Salimbene dem Kaiser Experimente mit Menschen zu, wobei es ihm offensichtlich darum ging, Friedrich als grausamen und gottlosen Herrscher anzuschwärzen: Um festzustellen, ob die Seele beim Tod den Körper verlasse, habe er einen zum Tode Verurteilten in ein Weinfass einschließen lassen, damit er sehen könne, ob bei dessen Ableben die Seele aus dem Spundloch entweiche. Da dies nicht der Fall gewesen sei, habe Friedrich nicht an die Unsterblichkeit der Seele geglaubt. Ferner habe er, um festzustellen, ob es für die Verdauung besser sei, nach dem Mittagessen spazieren zu gehen oder sich auszuruhen, zwei zum Tode Verurteilten eine Mittagsmahlzeit reichen lassen. Einer der beiden sei dann auf die Jagd geschickt worden, während der andere einen Mittagsschlaf halten durfte. Dann habe der Kaiser befohlen, beide herbeizurufen, zu töten und ihnen den Bauch aufzuschneiden, um zu sehen, bei wem von beiden die Verdauung besser vorangeschritten sei, was beim letzteren der Fall gewesen wäre.

Der wissensdurstige Herrscher habe sogar Experimente an Säuglingen vorgenommen:

> *„Seine zweite Wahnidee war, dass er in Erfahrung bringen wollte, welche Sprache und Sprechweise kleine Kinder nach ihrem Heranwachsen hätten, wenn sie (vorher) mit niemandem sprächen. Deshalb befahl er den Ammen und Pflegerinnen, sie sollten den Kindern Milch geben, sie also an ihren Brüsten saugen lassen, sie baden und waschen, aber in keiner Weise mit ihnen kosen und zu ihnen sprechen. Er wollte nämlich erforschen, ob sie die hebräische Sprache sprächen, die ja die erste gewesen ist, oder die griechische oder die lateinische oder die arabische oder aber die Sprache der Eltern, von denen sie abstammten. Aber er mühte sich vergebens, weil die Kinder oder vielmehr die Säuglinge alle starben. Denn sie konnten nicht leben ohne das Händeklatschen und Winken, das fröhliche Lächeln und die Koseworte ihrer Ammen und Nährerinnen."*

Diese und andere Anekdoten Salimbenes sind zweifellos Produkte der Phantasie des Franziskaners, zeigen aber, als wie ungewöhnlich Friedrichs wissenschaftliche Experimente angesehen wurden.

Die intellektuellen Interessen des Kaisers galten auch der Mathematik. Mit dem aus Pisa gebürtigen Leonardo Fibonacci (ca. 1170–1240), der sich u. a. um die Einführung der arabischen Ziffern im Abendland bemühte, soll der Herrscher mathematische Probleme diskutiert haben. Wenn es auch fraglich ist, ob Friedrich dazu die nötige Fachkompetenz hatte – es waren eher die an seinem Hof tätigen Gelehrten Johannes von Palermo, ein arabischkundiger Mathematiker, und der Hofarzt Theodor von Antiochia, auf den wir noch zu sprechen kommen, welche die Diskussion in Wirklichkeit führten –, so ist doch die Aufmerksamkeit des Kaisers für mathematische Probleme bemerkenswert.

Friedrichs Interesse für die Naturwissenschaften kommt in Fragen zum Ausdruck, die er, arabischen Quellen nach, an arabische Gelehrte richtete. Es ging zunächst um optische Phänomene: Warum sieht ein am grauen Star Erkrankter schwarze Punkte, obwohl solche nicht auf seiner Pupille zu erkennen sind? Warum wirkt ein Stern bei seinem Aufgang größer als im Zenit? Warum erscheinen teilweise ins Wasser getauchte Gegenstände wie Ruder oder Lanzen gekrümmt? Die Fragen waren zwar im Namen des Herrschers abgefasst, stammten in Wirklichkeit jedoch wahrscheinlich von den an seinem Hof tätigen Gelehrten. Herrscherfragen an Wissenschaftler waren ein im arabischen Raum verbreitetes literarisches Genre und dienten möglicherweise auch Friedrichs Diplomatie. Die sog. Sizilischen Fragen, die der Kaiser an den arabischen Philosophen Ibn Sab'īn († 1270) gerichtet haben soll und die u. a. Aristoteles' Auffassung von der Ewigkeit der Welt, den Zweck der Theologie sowie die Unsterblichkeit der Seele betrafen, sind nach neueren Forschungen (Akasoy) in Wirklichkeit ein literarisch-fiktives Werk, das Ibn Sab'īn um 1240 in Kenntnis der Interessen Friedrichs verfasste.

Aufgrund der vielfältigen geistigen Interessen, die der Kaiser förderte, hat man seinen Hof eine „Drehscheibe des Kulturtransfers" genannt (Grebner). Hier spielten jüdische Gelehrte eine nicht unbedeutende Rolle. Als Beispiel kann der aus der Provence stammende Jakob ben Anatoli angeführt werden, der hauptsächlich als Übersetzer arabischer Schriften tätig war. Er preist Friedrich nicht nur als Förderer der Wissenschaften, sondern berichtet auch von philosophisch-theologischen Diskussionen am Hof, an denen der Kaiser gelegentlich auch selbst teilnahm. Es ging u. a. um Thesen des 1204 in Kairo gestorbenen jüdischen Philosophen Maimonides, der versucht hatte, die Lehren des Aristoteles mit seinem Glauben in Einklang zu bringen. Ein anderer jüdischer Gelehrter, der aus Toledo, dem damaligen Zentrum für Übersetzungen aus dem Arabischen, gebürtige Juda ben Salomon

Cohen, erzählt, dass man am Kaiserhof auch über Verse aus dem Talmud (hebräisch „Lehre") diskutierte, neben der hebräischen Bibel das Hauptwerk des Judentums.

Dies ist bezeichnend für das offene geistige Klima, das am Hof Friedrichs herrschte. Zur selben Zeit wurden nämlich in Frankreich alle Exemplare des Talmuds beschlagnahmt (1240) und anschließend als gotteslästerlich verbrannt. Es ist möglich, dass der Kaiser besser über den Inhalt der religiösen Grundlagen des Judentums informiert war als mancher Zeitgenosse. Als ein kaiserliches Gericht 1236 während Friedrichs Aufenthalt im elsässischen Hagenau die des Ritualmords angeklagten Juden von Fulda freisprach, wurde im Urteil festgehalten, dass der Herrscher persönlich bereits vor Abschluss des Prozesses aufgrund seiner Kenntnis „vieler Bücher" – womit, wie aus dem Zusammenhang hervorgeht, auch der Talmud gemeint ist – von der Unbegründetheit der Anklage überzeugt gewesen sei. Lediglich „zur Beruhigung des ungebildeten Volks" habe er durch die Befragung von jüdischen Konvertiten ermitteln lassen, dass die jüdische Religion jede Art von rituellem Vergießen von Tier- oder Menschenblut strengstens verbietet.

Die jüdischen Gelehrten an Friedrichs Hof arbeiteten mit ihren Übersetzungen aus dem Arabischen ins Hebräische der dort führenden Persönlichkeit Michael Scotus († um 1235) zu. Dieser Geistliche schottischer Herkunft hatte in Toledo studiert und widmete sich hauptsächlich der Übertragung wissenschaftlicher arabischer Schriften ins Lateinische. Neben arabischen Aristoteleskommentaren galt sein besonderes Interesse der Astronomie und der damit eng verbundenen Astrologie. Auf Wunsch des Kaisers verfasste er eine umfangreiche Einführung in diese Wissenschaften (*Liber Introductorius*), weshalb er als „Astrologe Kaiser Friedrichs" (*astrologus Frederici imperatoris*) bezeichnet wurde. Man hat dieses umfangreiche, bis heute noch nicht vollständig edierte „Kompendium enzyklopädischen Wissens" (Grebner) als das „neben Friedrichs Falkenbuch (…) bedeutendste und eigenständigste Produkt der naturwissenschaftlichen Bemühungen am Kaiserhofe" bezeichnet (Stürner). Es enthält u. a. die berühmten Fragen Friedrichs nach der Lokalisierung von Hölle, Fegefeuer und

Paradies sowie eine Reihe weiterer zu verschiedenen Naturphänomenen wie den Winden, dem Wasserkreislauf und dem Vulkanismus. Der Herrscher, der wie viele vor und nach ihm an den Einfluss der Sternenkonstellationen auf die menschlichen Handlungen und Ereignisse glaubte, ließ sich von seinem Hofastrologen nicht nur über den günstigen Zeitpunkt militärischer Aktionen beraten, sondern auch über die geeignete Stunde zur Zeugung eines Nachkommen.

Als Astrologe, Philosoph und Übersetzer arbeitete auch Friedrichs Hofarzt Theodor von Antiochia († vor 1250), der u. a. in Bagdad Medizin studiert hatte. Um 1226 trat er in den Dienst des Kaisers und lehrte zeitweilig an der seit dem 12. Jahrhundert europaweit bekannten medizinischen Hochschule in Salerno. Mit dem Wirken Theodors könnte ein am Kaiserhof entstandener, reich ausgestatteter Codex mit antiken Texten zur Heilkunde zusammenhängen. Friedrich, der selbst Pferde und Jagdhunde züchten ließ, gab angeblich auch eine Reihe von Anregungen zu der von Jordanus Ruffus, einem Neffen seines Marschalls Petrus Ruffus, kurz nach 1250 beendeten Pferdeheilkunde (*Hippiatria*), die das erste veterinärmedizinische Werk des Mittelalters überhaupt darstellt.

Die Bedeutung, die der Herrscher der Medizin zuschrieb, spiegelt sich auch in der Gesetzgebung wider: Friedrich erließ eine Approbationsordnung für Ärzte und Apotheker sowie eine Studienordnung für die in Salerno studierenden Mediziner, die zunächst ein dreijähriges Studium der Logik, dann fünf Jahre Medizin und nach dem Studienabschluss ein einjähriges Praktikum unter der Leitung eines erfahrenen Arztes vorsah. Die Gesetze gegen die Luft- und Wasserverschmutzung zeigen, dass der Kaiser aus naturwissenschaftlichen Erkenntnissen praktische Konsequenzen zog. Nach einer nicht durch andere Quellen bestätigten Aussage des arabischen Chronisten Ibn Wāṣil (1207–1298), der im Jahre 1261 Lucera besuchte, habe Friedrich dort ein naturwissenschaftliches Institut errichten lassen, „damit hier alle Zweige der spekulativen Wissenschaften gepflegt würden".

Der Kaiser förderte neben den Naturwissenschaften auch die Literatur. An dem mit ihm reisenden Hof gab es einen

Kreis von etwa zwanzig bis fünfundzwanzig Dichtern, meist Beamte, die vorwiegend aus Sizilien, aber auch aus anderen Gebieten Süditaliens und sogar aus der Toskana stammten, wobei zu berücksichtigen bleibt, dass viele Texte anonym verfasst wurden. Diese Dichter schrieben Gedichte in der süditalienischen Volkssprache (*Volgare*) und orientierten sich an der Tradition der provenzalischen Troubadourdichtung, aus der sie zahlreiche Texte ins sizilische Volgare übersetzten. Auch ein, wenn auch geringer, Einfluss der mittelhochdeutschen Minnelyrik ist nicht auszuschließen. Es entstanden hauptsächlich Liebesgedichte und -lieder, von denen einige von Friedrich selbst verfasst wurden, andere von seinem Sohn Enzo, der wahrscheinlich die sizilische Dichtkunst nach Bologna vermittelte, wo er die letzten Jahrzehnte seines Lebens als Gefangener verbrachte.

An dieser sog. Sizilischen Dichterschule am Hof Friedrichs wurden die Grundlagen für die italienische Literatur gelegt. Die führende Persönlichkeit war Jakob von Lentini (südlich von Catania), der eine neue Gedichtform erfand, das aus vierzehn elfsilbigen Versen bestehende Sonett, das später in der europäischen Literatur einen großen Erfolg haben sollte. Nach Friedrichs Tod entwickelten die sog. sizilisch-toskanischen Dichter den Inhalt und die Formen der sizilischen Dichterschule in der Toskana weiter. Die Sprache der sizilischen Dichter am Hof Friedrichs übte keinen Einfluss auf das moderne Italienisch aus, das sich aus der Sprache des Toskaners Dante Alighieri entwickelt hat, denn ihre Texte wurden der Nachwelt nicht in ihrer originalen Form vermittelt, sondern nur in toskanischen Überarbeitungen aus dem Ende des 13. und dem Beginn des 14. Jahrhunderts.

Zu dem Literatenkreis des Kaisers gehörten auch Petrus de Vinea, von dessen glanzvoller lateinischen Prosa bereits die Rede war, und ein aus dem damals noch überwiegend griechischsprachigen Südapulien, der Terra d'Otranto, stammender Beamter, der Notar Johannes Grassus von Otranto. Dieser verfasste in seiner Muttersprache Lobgedichte auf den Herrscher, ebenso wie sein Schüler Georg von Gallipoli (südwestlich von Lecce), der in einem Gedicht die Stadt Rom bei

Friedrich, dem „Wunder der Erde", Hilfe suchen lässt, um ihren alten Glanz wiederzugewinnen.

Schließlich ist noch das Interesse des Kaisers für die Baukunst zu erwähnen. Das Brückenkastell von Capua, das, wie beschrieben, seine Herrschaftsauffassung sichtbar machen sollte und stark antikisierende Einflüsse aufweist, ist sicher in enger Absprache mit Friedrich erbaut und ausgestaltet worden. Richard von San Germano berichtet, dass der Herrscher es *manu propria consignavit*, was bedeutet, dass er den Bauplan eigenhändig gegenzeichnete, also nach eingehender Prüfung billigte. Ähnliches lässt sich für Castel del Monte vermuten. Auch die kaiserlichen Anordnungen zum Transport von Statuen zur Ausstattung des Kastells von Lucera deuten darauf hin, dass Friedrich sich zumindest gelegentlich persönlich um die Ausschmückung seiner Bauten kümmerte. Die immer noch in der modernen Literatur auftauchende Angabe, der Kaiser sei auch ein leidenschaftlicher Antikensammler gewesen, ist hingegen unbegründet.

Das offene und geistig angeregte Klima, das an Friedrichs Hof herrschte, lieferte seinen Gegnern jedoch Argumente für seinen angeblichen Unglauben, wie wir nun sehen werden.

5 Guter Christ oder Atheist?

Moderne Autoren haben lange Zeit angenommen, Friedrich sei ein „Freigeist" (Nietzsche) gewesen, „gewöhnt an eine völlig objektive Beurteilung und Behandlung der Dinge" (Burckhardt). Diese Einschätzung entstand unter dem Einfluss der von der päpstlichen Propaganda nach 1239 erhobenen Vorwürfe, der Kaiser sei ein Ketzer und Gotteslästerer, der an nichts glaube; sie entsprach aber nicht der eigentlichen Intention der päpstlichen Propaganda, die vor allem politisch motiviert war: Mit der Bestreitung der Rechtgläubigkeit des Kaisers sollte seine Herrschaftslegitimation untergraben werden. Der erwähnte Satz von den drei Betrügern Christus, Moses und Mohammed ist sicher nicht von Friedrich erfunden worden, denn bereits um 1200 war er an der Universität Paris bekannt. Der Kaiser war überzeugt davon, dass Gott ihn mit der Sicherung des Friedens und des Rechts beauftragt habe, eine Aufgabe, die er im Einvernehmen mit der Kirche ausüben wollte.

Einer der besten Kenner der Stauferzeit, Hans Martin Schaller, hat vor einigen Jahren (1995) die Frage gestellt, ob Friedrich ein frommer Herrscher gewesen sei. Während er noch kurz vorher (1993) die Auffassung vertreten hatte, als aufgeklärter Geist habe der Kaiser seine Exkommunikation „souverän missachtet" und an deren Wirkung wahrscheinlich auch gezweifelt, kam er nun zum Ergebnis, der Staufer sei zweifellos ein frommer Christ gewesen. Um über die persönliche Frömmigkeit Friedrichs II. „objektiv etwas zu ermitteln", untersuchte Schaller drei Bereiche: die Herkunft des Kaisers, seine eigenen Äußerungen und seine Handlungen. Da er väterlicherseits von den Staufern abstammte, die immer eine fromme, ja sogar sehr kirchlich eingestellte Familie gewesen seien, und mütterlicherseits von den normannischen Hauteville, die sich ebenfalls durch Frömmigkeit und streng kirchliche Gesinnung ausgezeichnet hätten, sei Friedrich, der als Kind von den Hofgeistlichen in Palermo wahrscheinlich auch Religionsunterricht erhalten habe, nach Herkunft und Erziehung ein frommer Christ gewesen.

Aus Friedrichs Äußerungen, die uns in seinen Urkunden, Gesetzen, Briefen und Rundschreiben vorliegen, gehe die Religiosität des Kaisers hervor. Besonders aufschlussreich seien die Arengen (Einleitungssätze) der Urkunden, von denen gerade unter Friedrich II. die meisten Neuschöpfungen seien, an deren Formulierung der gebildete, des Lateins kundige Herrscher sicher beteiligt gewesen sei oder sie zumindest gebilligt habe. Dabei sei er keineswegs der „oft schablonenhaften Tradition" der Kanzlei gefolgt, sondern habe eigene Akzente gesetzt. So habe Friedrich unter anderem die Frömmigkeit und das der Welt entrückte, kontemplative Leben der Mönche, denen er seine Fürsorge angedeihen ließ, ungewöhnlich stark betont, wobei der Armutsgedanke eine zentrale Rolle gespielt habe. Besonders nahe habe dem Herrscher der Zisterzienserorden gestanden, in dessen Gebetsgemeinschaft er schon 1215 nach einem sehr persönlich gehaltenen Brief an das Generalkapitel aufgenommen wurde, sowie das vom Zisterzienserabt Joachim von Fiore gegründete Reformkloster San Giovanni in Fiore in Kalabrien, das Friedrich außergewöhnlich stark gefördert habe. In den Briefen und Manifesten glaubte Schaller „ganz persönliche Äußerungen der Frömmigkeit Friedrichs" finden zu können, die um drei große Themen: Kreuzzug, Armut, Endzeit kreisten.

Auch die Handlungen des Herrschers zeigten nach Schaller eindeutig, dass er ein rechtgläubiger christlicher Kaiser war. Besonders aussagekräftig seien in dieser Hinsicht die Umbettung der Gebeine Philipps von Schwaben von Bamberg nach Speyer (1213), die Kreuznahme und persönliche Mitwirkung bei der Schließung des Aachener Karlsschreins (1215), die Teilnahme an der Erhebung der Gebeine der heiligen Elisabeth von Thüringen (1236), die Glaubensprüfung von 1246 sowie als letztes Zeugnis seiner Frömmigkeit die Tatsache, dass Friedrich sich auf dem Sterbebett „in streng kirchlicher Gesinnung" vom Kirchenbann habe lösen lassen und das graue Gewand der Zisterzienser angelegt habe.

Die von Schaller als Belege für Friedrichs Frömmigkeit angeführten Argumente halten jedoch einer kritischen Prüfung nicht stand. Vor allem sind sie von der modernen Auffassung einer innerlichen Religiosität beeinflusst, die nicht ohne weiteres auf das Mittelalter angewendet werden kann. Ein Bekenntnis zum Christentum und seinen Institutionen war für einen christlichen Herrscher unabdingbar und sagt nichts über seine persönliche Glaubensstärke aus. Ob Friedrich am Hof in Palermo wirklich eine Art Religionsunterricht erhielt, geht aus den Quellen nicht hervor. Wahrscheinlich ist nur, dass der junge König durch den Alltag religiöser Handlungen und speziell durch den Lateinunterricht, den ihm Geistliche mithilfe religiöser Texte wie der Psalmen erteilten, von der christlichen Kultur beeinflusst wurde.

Ein besonderes Problem stellen die Arengen der Urkunden als vermeintliche Zeugnisse von Friedrichs Denken dar. Sie beruhen auf einem relativ begrenzten Schatz von Denkfiguren, die von den Notaren variiert wurden. Die in ihnen enthaltenen

Aussagen über religiöse Dinge können nicht ohne weiteres als Friedrichs persönliche Überzeugungen angesehen werden, auch wenn die Kanzlei als „Sprachrohr kaiserlichen Willens" (Gleixner) sicher dessen Ideen widerspiegelt. Der Inhalt wichtiger Urkunden wurde nicht ohne Beteiligung des Herrschers abgefasst. Allerdings sind von ihm persönlich diktierte Urkundentexte (sog. Eigendiktat) höchst selten; die meisten stammen aus der Feder von Kanzleibeamten, ja einige wurden sogar von den Empfängern vorformuliert (sog. Empfängerausfertigung). Bei den Rundschreiben handelt es sich oft um politische Propaganda, die nicht immer unbedingt den wirklichen Vorstellungen des Herrschers entspricht, sondern dem jeweiligen Ziel angepasst ist. Die Schriftstücke unter dem Namen des Kaisers spiegeln also nicht seine Person wider, sondern die Gedankenwelt und Repräsentationsverpflichtung des Hofs.

Sicher hatte Friedrich ein gutes Verhältnis zum Zisterzienserorden, dessen Konversen (Laienbrüder) er als Experten im Bauwesen und in der Landwirtschaft heranzog. Ob jedoch der Brief, mit dem er 1215 das Generalkapitel der Zisterzienser bat, in das Gebetsgedenken des Ordens aufgenommen zu werden, als Beleg für seine persönliche Frömmigkeit gewertet werden kann, ist zweifelhaft, denn das Hauptanliegen dieses Schreibens war politischer Natur: Dem Staufer ging es darum, die Unterstützung der Zisterzienseräbte auf dem bevorstehenden Laterankonzil zu erhalten, auf dem die Appellation Ottos IV. gegen Friedrichs römisch-deutsches Königtum behandelt werden sollte.

Auch die angebliche Vorliebe des Herrschers für das Reformkloster San Giovanni in Fiore war kaum religiös motiviert: Die große Zahl der von Friedrich für die Abtei ausgestellten Urkunden lässt sich damit erklären, dass es sich um eine Neugründung handelte, die im Unterschied zu älteren Klöstern noch keine Grundausstattung an Privilegien hatte und sich bemühte, am Königshof ihre offensichtlich nicht unumstrittenen Rechte und Besitzungen zu sichern. Das Verhältnis des Kaisers zu dieser Abtei hing vom politischen Verhalten des Abtes ab: Als die Mönche nach dem Tod des Abtes Marcus (1202–1234), unter dem das Kloster von Friedrich gefördert worden war, einen offensichtlich dem Herrscher feindlich gesinnten Nachfolger namens Johannes wählten, ließ der Kaiser diesen vertreiben.

Bei der von Friedrich „in symbolischen Handlungen öffentlich demonstrierten Frömmigkeit" (Schaller), etwa bei der Überführung der Gebeine König Philipps von Bamberg nach Speyer, der Aachener Kreuznahme und der Schließung des Karlsschreins oder der Erhebung der Gebeine der heiligen Elisabeth in Marburg, handelte es sich nicht um spontane, von persönlicher religiöser Ergriffenheit motivierte Handlungen, sondern um symbolhafte kommunikative Akte mit politischer Relevanz. In Speyer ging es um die Unterstreichung der Kontinuität zwischen Saliern und Staufern, in Aachen um die Anknüpfung an die Karlstradition.

Besonders komplex war der Marburger Akt, mit dem der Herrscher dem Papst, der Elisabeth kurz zuvor heilig gesprochen hatte und zu dem Friedrich wegen seiner mittel- und norditalienischen Politik damals ein ausgesprochen gespanntes Verhältnis hatte, seinen Willen zu einem Einvernehmen mit der Kirche demonstrierte. Gleichzeitig zeigte er damit seine hohe persönliche Wertschätzung für den Deutschen Orden, dem Elisabeths neue Grablege anvertraut wurde. In einem Brief an den damaligen Vorsteher des Franziskanerordens, Elias von Cortona, in dem er um den Gebetsbeistand der eng an den Papst gebundenen Franziskaner bat, begründete der Kaiser seinen Akt lediglich mit religiösen Motiven wie seiner „heiligen Frömmigkeit" (*sancta devotio*). Ob dieses Schreiben aber wirklich als „Ausdruck der echten Betroffenheit und religiösen Empfindung" (Stürner) des Herrschers angesehen werden kann, ist fraglich. Wir wissen nämlich nicht, ob es Friedrichs persönliche Meinung wiedergibt oder formuliert wurde, um ihn beim Briefadressaten in ein gutes Licht zu rücken, da Elias ein potentieller Verbündeter des Kaisers war: Innerhalb des Franziskanerordens nicht unumstritten und von Gregor IX. noch 1238 als Vermittler an den Kaiserhof gesandt, wurde er wenige Wochen nach Friedrichs zweiter Exkommunikation vom Papst abgesetzt, woraufhin Elias offen auf die Seite des Kaisers trat.

Aufgrund fehlender Selbstzeugnisse bleibt es letztendlich unmöglich, Aussagen über Friedrichs persönliche Religiosität zu machen. Ein Vergleich mit seinem Zeitgenossen Ludwig IX. von Frankreich kann vielleicht weiterhelfen, obwohl auch hier entsprechende Selbstaussagen fehlen. Zudem ist zu berücksichtigen, dass die Nachrichten über die Frömmigkeit des französischen Königs allesamt von Autoren stammen, die den Herrscher als Heiligen darstellen wollten und meist erst nach seiner Heiligsprechung (1297) schrieben. Dennoch darf man annehmen, dass Ludwig der Heilige ein gläubiger, um sein Seelenheil zutiefst besorgter Mensch war. Er soll fast jeden Tag zur Messe gegangen sein, oft gebetet und mindestens einmal in der Woche gebeichtet haben (das Laterankonzil von 1215 verpflichtete nur einmal im Jahr zur Beichte). Außerdem soll er sich harten Bußübungen unterzogen haben und von Reliquien geradezu „besessen" gewesen sein (Le Goff). Tatsache ist, dass er für die Dornenkrone Christi, die er gegen eine enorme Geldsumme in Konstantinopel erworben hatte, in Paris die prachtvolle Sainte-Chapelle errichtete, wie er auch zahlreiche andere Kirchen und Klöster erbaute. Friedrich wurde hingegen von kirchlicher Seite kritisiert, weil er in dieser Hinsicht untätig blieb. Für Bußübungen und Reliquien hatte der Kaiser nichts übrig und die einzige bezeugte Beichte, die er ablegte, war die auf dem Sterbebett.

Dies bedeutet aber nicht, dass Friedrich ein schlechter Christ gewesen wäre. Er war wahrscheinlich vom Gegenteil überzeugt. Während Ludwig der Heilige für zeitgenössische religiöse Entwicklungen ungewöhnlich aufgeschlossen war, beschränkte sich der Staufer auf die traditionelle Herrscherpflicht des Kirchenschutzes. Mit der Rückgewinnung Jerusalems für die Christenheit glaubte er, sich auch vor Gott Verdienste erworben zu haben. Ferner ließ der Kaiser in der Stadt Altamura (südwestlich von Bari), die er um 1230 gründete, auf eigene Kosten eine prächtige Kirche errichten, die er direkt dem Papst unterstellte und deren Erzpriester er persönlich ernannte. Ansonsten sind allerdings keine Kirchengründungen Friedrichs bekannt, ähnlich wie bei seinen staufischen Vorgängern.

Trotz seiner harten Auseinandersetzungen mit den Päpsten, die politisch motiviert waren, unterstrich der Kaiser stets seine Rechtgläubigkeit und betrachtete seine Exkommunikation und Absetzung als zutiefst ungerecht und als einen Verstoß gegen die göttliche Weltordnung. Seine zunehmende Kritik an der verweltlichten Papstkirche diente sicher Propagandazwecken, auch wenn nicht auszuschließen ist, dass er den Forderungen nach einer Rückkehr der Kirche zu ihren ursprünglichen religiösen Aufgaben zumindest im Kontext des eskalierten Konflikts mit der Institution des Papsttums nicht ablehnend gegenüberstand. Dass Friedrich kein „Freigeist" war, geht auch aus den Gesprächen hervor, die der Herrscher mit Michael Scotus führte. Es war für beide selbstverständlich, dass Gott die Welt geschaffen habe und die Menschen nach ihrem Tode richten werde. Der Kaiser wollte wissen, wo das Paradies, das Fegefeuer und die Hölle zu lokalisieren seien und wie man sich den Thron Gottes und die dortige Präsenz der Engel und Heiligen vorzustellen habe. Seine Fragen sind also nicht Ausdruck von Religionszweifeln, sondern müssen im Zusammenhang mit Friedrichs intellektueller Neugier gesehen werden.

Bemerkenswert ist der Respekt des Herrschers für die religiösen Minderheiten, mit dem er ganz in der Tradition des mehr oder weniger ungestörten Zusammenlebens verschiedener Religionen im Mittelmeerraum steht. Man darf eine solche Koexistenz nicht mit Toleranz im modernen Sinne verwechseln, denn dieser Begriff hat sich erst nach der Auflösung der Einheit des abendländischen Christentums durch die Reformation und vor allem in der Zeit der Aufklärung entwickelt. Der Kaiser garantierte in den Konstitutionen von Melfi ausdrücklich den Schutz der Juden und Muslime gegenüber Christen, was jedoch nicht Gleichberechtigung dieser Glaubensgemeinschaften bedeutete: Wenn eine Gemeinde nicht in der Lage war, einen Mord aufzudecken, wurde sie mit einer Geldstrafe von 100 Augustalen belegt, falls der Ermordete ein Christ war; wenn es sich hingegen um einen Juden oder Muslim handelte, so brauchte sie nur die Hälfte zu bezahlen.

Die von Friedrich von Sizilien nach Lucera deportierten Muslime konnten dort ungestört ihre Religion ausüben und dienten dem Kaiser als Soldaten, Leibgarde und Hofpersonal. Dies konnte bei westeuropäischen Betrachtern Erstaunen hervorrufen, stand aber in der Tradition seiner Vorgänger als Könige von Sizilien. Bereits Friedrichs Urgroßvater Graf Roger I. von Sizilien verfügte über muslimische Soldaten, und Erzbischof Anselm von Canterbury, der ihn 1098 in Capua besuchte, musste entsetzt feststellen, dass der normannische Graf ihm ausdrücklich verbot, diese zum Christentum zu bekehren. Friedrichs „große Liebe und großes Vertrauen" zu den Muslimen, ließ, wie ein christlicher Zeitgenosse, der anonyme Fortsetzer der Chronik des Wilhelm von Tyrus, schrieb, beim Papst und anderen Christen den „Verdacht entstehen, dass er zum Glauben Mohammeds übertreten wolle". Doch, so fügt der Chronist hinzu, es sei ihm versichert worden, dass der Kaiser „nichts glaube und dass er nicht mehr wisse, welchen Glauben er vernichten und welchen er wählen und beibehalten wolle". Solche Äußerungen sind sicherlich von der päpstlichen Propaganda beeinflusst, die Friedrich als Ungläubigen darstellte.

Auch ein arabischer Autor benutzte die Achtung des Kaisers vor den Gebräuchen der Muslime dazu, ihn als materialistischen Gottesverleugner anzuschwärzen: „Aus seinen Reden ging klar hervor, dass er ein Materialist war und sein Christentum einfach Spiel". Es handelt sich um den Prediger Sibṭ Ibn al-Ǧauzī (1186–1256), der am Hof der Ayyubidenherrscher in Damaskus lebte und ein Gegner al-Kāmils war, dem er die Abtretung Jerusalems an die Christen nicht verzeihen konnte. Kritisch zu hinterfragen ist auch eine von al-Ǧauzī erzählte Episode aus der Zeit von Friedrichs Aufenthalt in Jerusalem, die von Ibn Wāṣil in ähnlicher Weise berichtet wird: Al-Kāmil habe mit Rücksicht auf seinen christlichen Gast die Gebetsaufrufe der Muezzine verboten. Friedrich soll ihn jedoch aufgefordert haben, diese Maßnahme wieder rückgängig zu machen, mit der Begründung, dass er, wenn der Sultan ihn in seinem christlichen Königreich besuche, seinetwegen nicht verbieten werde, die Glocken der Kirchen läuten zu lassen. Ob sich dies wirklich so zugetragen hat, ist fraglich. Vermutlich handelt es sich um eine erfundene Geschichte, mit der die arabischen Chronisten den Vertragsschluss des Sultans mit einem christlichen Herrscher rechtfertigen wollten nach dem Motto: Besser eine Vereinbarung mit diesem als mit anderen Christen, die weniger Respekt vor dem Islam haben.

Es bleibt unklar, ob der Kaiser bei allem Interesse für die arabische Kultur auch über den Inhalt der islamischen Glaubenslehre informiert war. Man muss bedenken, dass zur Zeit Friedrichs im christlichen Abendland die Meinung bestand, dass der Islam keine eigenständige Religion, sondern lediglich eine häretische Variante des Christentums sei. Mohammed wurde als falscher Prophet und Ketzer angesehen, den Dante Alighieri in seiner *Divina Commedia* (1311–1321) in die Hölle verbannte. Man begann zwar im 12. Jahrhundert den Koran ins Lateinische zu übersetzen, aber nicht in Sizilien sondern in Spanien. Solche Übersetzungen des Korans entstanden nicht aus wirklichem Interesse für den Inhalt des islamischen Glaubens, sondern als Mittel, um die Muslime besser zum Christentum bekehren zu können. Es ist deshalb unwahrscheinlich, dass der Kaiser viel über den Islam wusste. Zudem zeigte er auch sonst, wie wir gesehen haben, kaum Interesse für tiefer greifende theologische Fragen. Friedrich verstand sich aber zweifellos als christlicher, von Gott eingesetzter Herrscher und war sicher nicht der „Freigeist", für den ihn manche modernen Betrachter hielten.

6 Des Kaisers Bilder

Es ist schwer, sich von Friedrichs Äußerem ein Bild zu machen. Salimbene, der den Kaiser mit eigenen Augen gesehen hatte, schilderte ihn als „schön und wohlproportioniert, wenn auch lediglich von mittelgroßer Gestalt". Sibṭ Ibn al-Ǧauzī berichtet hingegen, die Wärter des Felsendoms in Jerusalem hätten Friedrich als von rötlicher Haut, kahlköpfig und kurzsichtig beschrieben und fügte hinzu: „als Sklave hätte er keine zweihundert Dirham eingebracht". Hier wird der Kaiser absichtlich abwertend dargestellt, denn der Chronist will seinen Lesern den christlichen Herrscher, der den Muslimen Jerusalem entrissen hatte, abstoßend darstellen. Ein vorteilhafteres

Bild Friedrichs stammt von Pandolfo Collenuccio, der, wie erwähnt, ein verlorenes Werk des Bischofs Mainardinus von Imola benutzte. Hier liest man: „Der Kaiser war wohlproportioniert und stattlich von Person, von ebenmäßiger Gestalt und kräftigen Gliedmaßen; sein Haar war ein wenig rötlich, sein Antlitz heiter."

Aus den zitierten, teilweise widersprüchlichen Aussagen kann man nur lückenhaft auf das Aussehen des Herrschers schließen. Aufgrund seiner Abstammung spricht einiges dafür, dass die Angaben über seine „mittelgroße Gestalt" (*statura mediocris*) zutreffen. Mit demselben Ausdruck beschreibt Burchard von Ursberg († nach 1230) Friedrichs Vater und Großvater, Heinrich VI. und Friedrich Barbarossa, und auch seine normannischen Vorfahren scheinen nicht besonders groß gewesen zu sein.

Dass Friedrich verhältnismäßig klein war oder zumindest von seinen Gegnern so dargestellt wurde, zeigen zwei in diesem Zusammenhang wenig beachtete Quellenzeugnisse. Die erste Quelle ist eine Streitschrift von 1214, die zur Unterstützung der Appellation Ottos IV. gegen seine Exkommunikation auf dem Laterankonzil verfasst wurde. Hier tritt die personifizierte Stadt Rom beim Papst für Otto und gegen Friedrich ein und benutzt als Argument dessen Kleinwüchsigkeit: Der Staufer sei sehr klein (*brevissimus*), also entweder ein Knabe (*puer*) oder ein Zwerg (*nanus*), in beiden Fällen daher als Herrscher ungeeignet. Otto sei ein Gigant und Teutone, Friedrich hingegen ein Gnom und Pygmäe. Als zweite Quelle kann ein Spruch Walthers von der Vogelweide herangezogen werden, der um 1214/15 auf Friedrichs Seite überwechselte. Der Dichter kehrt hierbei die beschriebene Argumentation um: Otto sei nur körperlich groß, an *êre*, dem Wert seines Innersten, aber ein Zwerg. Friedrich hingegen gewinne, wenn man ihn an einem solchen Maßstab messe, an Größe und sei schon jetzt in dieser Hinsicht ein Riese.

Es ist nicht unwahrscheinlich, dass Friedrich von rötlicher Haut war, wie al-Ǧauzī schreibt, und von leicht rötlicher Haarfarbe, wie Collenuccio angibt. Heinrich VI. und Friedrich Barbarossa sollen blond oder „fast blond" gewesen sein; so berichtet der norditalienische Chronist Acerbus Morena aus Lodi († 1167), der einer der wenigen mittelalterlichen Autoren ist, der detaillierte und „realistische" Personenbeschreibungen vermittelt. Auch einige von Friedrichs Vorfahren mütterlicherseits – seine Mutter Konstanze war bekanntermaßen die Tochter Rogers II., dessen Vater Roger I. aus der Normandie nach Süditalien eingewandert war, und der Niederlothringerin Beatrix von Rethel – könnten blond oder rothaarig gewesen sein.

Man kann sich Friedrich deshalb als von mittelgroßer Gestalt und rötlich-blonder Haarfarbe, mit einer eher deutschen als italienisch-mediterranen Physiognomie vorstellen. Die modernen Biographen gehen davon aus, dass der Kaiser wie sein Vater und anders als sein staufischer Großvater, den die Italiener Barbarossa (Rotbart) nannten, keinen Bart trug. Es bleibt aber zu bedenken, dass ein 1261 in Sizilien auftretender Hochstapler, der sich für den angeblich noch lebenden und von einer langen Pilgerfahrt zurückgekehrten Kaiser ausgab und der uns noch im Kapitel über die falschen Friedriche beschäftigen wird, sich einen Bart wachsen ließ, um seine Ähnlichkeit mit Friedrich zu verstärken. Allerdings könnte der Bart auch dazu gedient haben, sich das Aussehen eines Pilgers zu geben, zu dem ein Bart gehörte.

Wenig ertragreich für die moderne Neugier nach Friedrichs Physiognomie waren die Graböffnungen von 1781 und 1998/99. Bei der ersteren fertigte man zwar eine Zeichnung des in vollem Herrscherornat bestatteten Leichnams an (Abb. 9), vermaß aber leider nicht das damals noch intakte Skelett. Lediglich von Friedrichs Sohn Heinrich (VII.), der im Dom von Cosenza begraben ist, kennt man seit der Öffnung des Sarkophags im Jahre 1998 die mit 1,66 Meter relativ geringe Körpergröße. Zum Vergleich: Die Vermessung der Gebeine Karls des Großen ergab die stattliche Länge von 1,82 Meter.

Als Friedrichs Sarkophag in der Kathedrale von Palermo im Jahre 1998/99 erneut geöffnet wurde, war die Enttäuschung groß: Man fand nur noch ein Durcheinander von Knochenresten und mumifizierten Körperteilen sowie Textil- und Me-

Abb. 9: Friedrich im Sarkophag,   Abb. 10: Zustand bei
        Graböffnung 1781   Graböffnung 1999

tallfragmenten (Abb. 10). Es ist nicht ausgeschlossen, dass das Grab nach der ersten belegten neuzeitlichen Öffnung von 1781 zu einem unbekannten Zeitpunkt geplündert wurde. Bereits 1781 hatte man erkannt, dass nach Friedrich hier noch zwei andere Personen bestattet waren, und zwar Peter II. von Aragón, König von Sizilien (1337–1342), sowie eine unbekannte Frau, was sich 1999 bestätigte. Unbegreiflicherweise versäumte man damals, obwohl der Sarkophag mit einer Reinluftkammer umgeben worden war, eine gründliche Untersuchung des Inhalts, die möglicherweise die Ermittlung der DNA des Kaisers ermöglicht hätte.

Auf der Suche nach Indizien für Friedrichs Physiognomie helfen auch die auf Siegeln erhaltenen Herrscherbilder wenig weiter. Sie dienten zur Herrschaftsrepräsentation und stilisieren eine abstrakte Herrscherfigur. Das gleiche gilt für die verschiedenen Versionen der berühmten Goldaugustalen, auch wenn man geglaubt hat, auf ihnen eine „Tendenz von einem unpersönlichen Klassizismus zum Abbild einer lebendig erscheinenden Person" (Claussen) feststellen zu können.

Als ein offizielles Herrscherbild ist die verlorene Sitzfigur Friedrichs an der Fassade des Brückenkastells von Capua anzusehen. Die Zeichnung eines „begabten Amateurs" (Claussen) von 1781 vermittelt einen guten Eindruck der Statue (Abb. 11), die leider 1799 von französischen Revolutionstruppen zerstört wurde. Während sich ein verstümmelter Torso des Körpers erhalten hat, ging der Kopf verloren. Der heute im Museo Campano in Capua ausgestellte Gipsabguss des Kopfes stammt nicht direkt von der Statue, wie man immer wieder lesen kann, sondern von einer vom Bildhauer Tommaso Solari († 1779) modellierten Gipsnachbildung (Abb. 12). Wie originalgetreu diese Nachbildung ist, bleibt umstritten, zumal die Nase der Statue bereits 1577 beim Abriss der Torfassade durch spanische Truppen beschädigt und 1584 ergänzt worden war. Wie dem auch sei, es handelte sich jedenfalls auch hier um ein idealisierendes Herrscherbild.

In Apulien, am Kanzelaufgang in der Kathedrale von Bitonto (westlich von Bari), hat sich ein Marmorrelief erhalten, das 1229 von einem Meister Nikolaus angefertigt wurde,

Abb. 11: Sitzfigur Friedrichs II. an der Fassade des Brückenkastells von Capua, Zeichnung von 1781

Abb. 12: Abguss der von T. Solari vor 1799 modellierten Gipsnachbildung des Kopfs der Sitzfigur Friedrichs II. an der Fassade
des Brückenkastells von Capua

einem Priester, der wohl kaum mit dem gleichnamigen Autor
einer wahrscheinlich erst nach 1235 entstandenen Lobrede
auf Friedrich identisch ist. Da die auf dem Relief dargestell-
ten Personen nicht namentlich bezeichnet sind (Abb. 13), ist
über ihre Identifizierung viel gerätselt worden. Am überzeu-
gendsten scheint die Interpretation des Bildprogramms als
Huldigung für den erfolgreich aus Jerusalem zurückgekehrten Kaiser: Der auf dem Thron sitzende König David reicht
Friedrichs Sohn Konrad IV., dem noch ungekrönten Erben
des Königreichs Jerusalem, das Zepter; ihm zur Seite steht der
gekrönte Kaiser und neben diesem sein ältester Sohn Heinrich (VII.). Es wurde aber auch vorgeschlagen, den auf dem
Thron sitzenden Herrscher mit Friedrich Barbarossa zu identifizieren, der seinem Sohn Heinrich VI. das Szepter reicht;
neben diesem befinden sich der gekrönte Friedrich II. und
sein Sohn Konrad IV.

Abb. 13: Relief der Kanzel von Bitonto (1229)
Identifikationsvorschläge: David – Konrad IV. – Friedrich II. – Heinrich
(VII.); oder: Friedrich I. – Heinrich VI. – Friedrich II. – Konrad IV.

Gleich mehrere Bilder Friedrichs enthält die um 1260 von
seinem Sohn Manfred in Auftrag gegebene Handschrift des
Falkenbuchs: als lehrender Falkner in „Arbeitstracht" (Fried)
(Abb. 14), als im Herrscherornat thronender Lehrmeister der
nobiles (Adeligen) (Abb. 15), als kaiserlicher Autor des Werkes
(Abb. 16), jeweils mit einer Geste des Lehrens. Während die
beiden Bilder, die Friedrich im Herrscherornat zeigen, keine
individuellen Gesichtszüge aufweisen, ähnelt das erste, das ihn
sozusagen als Privatmann darstellt, einem Typus von Augustalen, in dem einige Numismatiker eine Art Abbildung Friedrichs sehen wollten. Es muss freilich offen bleiben, ob diese

Abb. 14: Friedrich II. als lehrender Falkner in „Arbeitstracht" (Bibl. Vaticana, Ms. Pal. lat. 1071, fol. 1r)

Abb. 15: Friedrich II. im Herrscherornat als Lehrmeister der Adeligen (ebda, fol. 1v)

Abb. 16: Friedrich II. als kaiserlicher Autor mit Lehrgeste (ebda, fol. 1v)

 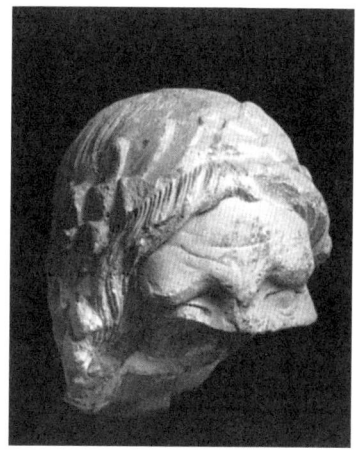

Abb. 17: Büste von Barletta   Abb. 18: Sog. Fragment Molajanni

Federzeichnung wirklich ein Porträt des Kaisers ist bzw. überhaupt sein sollte.

Eine gewisse Ähnlichkeit mit den erwähnten Augustalen zeigt auch eine in der Nähe der apulischen Hafenstadt Barletta aufgefundene Büste, die einen lorbeerbekränzten Herrscher darstellt (Abb. 17). Die Experten streiten sich freilich sowohl über ihre Entstehungszeit und die Zuschreibung zu Friedrich als auch über die Frage, ob sie Porträtcharakter hat, also möglicherweise ein Altersbild des Kaisers darstellt. Mit ihr stilistisch verwandt ist ein steinernes Kopffragment, das im Boden in der Nähe eines Turms von Castel del Monte gefunden wurde, aber leider nur den oberen Teil des Kopfs ohne das Gesicht umfasst (Abb. 18).

Eine Reihe weiterer Kopfskulpturen, auf die wir hier nicht eingehen, sind ebenfalls Friedrich zugeschrieben worden, ohne dass jedoch überzeugende Argumente angeführt werden konnten. Auch im berühmten Bamberger Reiter hat man Friedrich sehen wollen, der hier als „König der Könige", als der vom Himmel wiederkehrende Messias der Johannes-Apokalypse dargestellt sei (Möhring). Dagegen spricht u. a., dass die Bamberger Reiterfigur nach herrschender Meinung spä-

Abb. 19: Herrscherbild im
Exultet-Rotulus von Salerno
(ca. 1226/27 ?)

Abb. 20: Herrscherbild auf
Wandfresko im Abtspalast von
San Zeno in Verona

testens im Jahre 1236 entstanden ist, während die Vergleiche
Friedrichs mit Christus und dem Messias erst im Laufe der
1239 beginnenden propagandistischen Auseinandersetzung
mit Gregor IX. einsetzten.

Möglicherweise als ein Bild Friedrichs konzipiert ist eine
Herrscherdarstellung in einer vermutlich 1226/27 entstandenen, in Salerno bei der Osterliturgie verwendeten liturgischen
Handschrift (sog. Exultet-Rotulus) (Abb. 19). Ein jugendlicher, bartloser mit fast bis auf die Schultern reichenden blon-
den Haaren und einer dreizackigen Krone dargestellter Herrscher sitzt auf dem Thron und hält ein Szepter in der Rechten,
einen Reichsapfel in der Linken. Eine ähnliche Krone trägt
der jugendliche rötlich-blondhaarige Herrscher, der auf einem
Wandfresko im Abtspalast des Klosters San Zeno in Verona
dargestellt ist (Abb. 20) und ebenfalls mit Friedrich identifiziert wurde. Als Argument für eine solche Zuschreibung hat
man darauf hingewiesen, dass der Kaiser diesem Kloster 1239
einen Besuch abstattete und 1245 in Verona einen Hoftag
hielt. Die Datierung beider Bilder in die Zeit Friedrichs be-
ruht jedoch lediglich auf stilistischen Argumenten, und selbst
wenn in beiden Fällen Friedrich dargestellt worden sein sollte,

ist es höchst zweifelhaft, ob die Darstellungen porträtähnlichen Charakter haben.

Umstritten ist auch die Zuschreibung eines Freskos im Palazzo Finco, einem Adelspalast in Bassano del Grappa (nördlich von Padua), auf dem ein gekrönter Herrscher mit seiner Rechten eine Rose (Abb. 21) einer ebenfalls gekrönten Dame reicht, die auf ihrer mit einem Lederhandschuh geschützten Linken einen Falken hält. Man hat vorgeschlagen, das Herrscherpaar mit Friedrich und seiner dritten Gemahlin Isabella von England zu identifizieren, und vermutet, der Schwiegersohn des Kaisers, Ezzelino von Romano, habe die Darstellung in Auftrag gegeben, als der Herrscher und seine Gemahlin sich zwischen 1238 und 1240 in Padua und Umgebung aufhielten. Dagegen kann man aber einwenden, dass es sich um eine allgemeine höfische Szene handelt und die Darstellung als solche absolut unspezifisch ist.

Abb. 21: Herrscherbild im Palazzo Finco in Bassano del Grappa

Abb. 22: Fresko der Begegnung von drei Lebenden mit drei Toten
(Ausschnitt), Höhlenkirche Santa Margherita bei Melfi

Ein Bild Friedrichs zusammen mit Isabella von England
(in der Mitte) und Konrad IV. (links) hat man schließlich in
einem Fresko in der Höhlenkirche Santa Margherita bei Melfi
sehen wollen. Es handelt sich um eine Variante des beliebten
mittelalterlichen Bildmotivs von der Begegnung dreier Lebender mit drei Toten, eine Mahnung an die Vergänglichkeit
des irdischen Lebens (Abb. 22). Doch auch hier fehlen spezifische Elemente, die eine solche Identifizierung rechtfertigen
könnten. Ebenfalls sehr zweifelhaft ist ferner, ob die jüngst in
der Oldenburger Ausstellung als Bilder Friedrichs gezeigten
Kameen mit Herrscherdarstellungen – ein von zwei Sieges-
göttinnen gekrönter jugendlicher Herrscher und eine thronende gekrönte Kaiserfigur – wirklich den staufischen Kaiser
darstellen sollten.

So enttäuschend dieser Befund auch für manchen heutigen
Zeitgenossen sein mag, der allzu gerne das „wahre Gesicht"
des Kaisers kennen würde, so wenig erstaunt er angesichts der
Tatsache, dass im Mittelalter das reale Aussehen eines Herrschers unwichtig war. Was zählte, war, wie er sich in Szene
setzte und wie er gesehen werden wollte.

Fazit: Spuren einer facettenreichen Persönlichkeit

Aufgrund der begrenzten Quantität der Quellen, die etwas über Friedrichs Person berichten, und der Schwierigkeiten ihrer Auswertung, auf die wir bereits eingegangen sind, können wir lediglich einige Aspekte seiner Persönlichkeit und auch diese nur ansatzweise erkennen. Besonders schwierig sind Aussagen über sein Gefühlsleben. Die elternlose Kindheit und Jugend, in der Friedrich ein Spielball der politischen Interessen im Königspalast in Palermo war, blieben vermutlich nicht ohne Auswirkungen auf den Charakter des in mediterraner Umgebung aufwachsenden Staufers. Die wenigen Zeugnisse aus dieser Lebensphase deuten auf ein starkes Selbstbewusstsein des kindlichen Königs hin, vielleicht auch auf eine gewisse Eigensinnigkeit und das Bewusstsein, auf sich alleine gestellt zu sein.

Besser dokumentiert sind die Personen, die Friedrich umgaben. Wie wenig man über die Bedeutung dieser Beziehungen für Friedrich wissen kann, zeigt besonders gut seine Familie: Die Tatsache, dass Friedrich seine erste Ehefrau Konstanze von Aragón als einzige seiner Gemahlinnen in der Kathedrale von Palermo neben seinen Eltern beisetzen und ihr eine Krone ins Grab legen ließ, deutet darauf hin, dass er für Konstanze zumindest Dankbarkeit empfand. Sie hatte ihm einen Thronfolger geboren und erfolgreich die Regentschaft im Südreich ausgeübt, als Friedrich in Deutschland war; sie war ihm dann über die Alpen nachgefolgt und hatte ihn schließlich nach Rom begleitet, wo beide die kaiserliche Krönung erhielten. Eine solche profilierte Rolle hat keine der anderen Gemahlinnen in Friedrichs Leben gespielt. Dies lag wohl auch daran, dass Konstanze über zehn Jahre älter war als der junge Staufer, der sie mit noch nicht ganz fünfzehn Jahren geheiratet hatte, also in einem Alter in dem seine Persönlichkeitsbildung vermutlich noch nicht abgeschlossen war. Über die affektiven Bindungen zwischen den Eheleuten schweigen sich die Quellen aber aus.

Nicht anders steht es mit den beiden folgenden, ebenfalls politisch motivierten Ehen Friedrichs mit Isabella, der Erbin der Königskrone von Jerusalem, und mit Isabella, der Schwester des Königs von England. Wie der Stauferkaiser seine zahlreichen außerehelichen Verhältnisse gestaltete, aus denen eine Reihe von Kindern hervorging, bleibt ebenfalls so gut wie vollständig im Dunkeln. Sicher entstanden dabei verwandtschaftliche Bindungen, aber ob der Kaiser seine langjährige Geliebte Bianca Lancia kurz vor ihrem Tod nicht nur deswegen heiratete, um auf diese Weise den gemeinsamen Sohn Manfred zu legitimieren und die Bindungen an Biancas Verwandte zu stärken, oder ob dabei emotional-affektive Beweggründe mitspielten, wissen wir nicht.

Friedrichs Verhältnis zu seinen Kindern fügte sich in sein herrscherliches Selbstverständnis ein. Auch die unehelichen Kinder waren standesgemäß zu versorgen: Enzo wurde mit einer Frau verheiratet, die ihm den Königstitel von Sardinien einbrachte; Manfred wurde, allerdings erst nach seiner Legitimation, als Vertreter des Königs im Südreich in Betracht gezogen. Auch das Verhältnis Friedrichs zu seinem ältesten Sohn Heinrich (VII.) war von dessen Rolle in der politischen Struktur des kaiserlichen Großreichs geprägt, in dem er als Stellvertreter Friedrichs in Deutschland herrschen sollte: Bereits als kleines Kind zum römisch-deutschen König gewählt und gekrönt, hielt sich Heinrich lediglich während seiner Kindheit einige Jahre in der Nähe des Vaters auf, der ihn mit neun Jahren in Deutschland zurückließ und die folgenden Jahre in Italien verbrachte. Eine wie auch immer geartete emotionale Bindung zwischen beiden konnte sich nicht entwickeln, was später die Entschärfung der politischen Meinungsverschiedenheiten zwischen Vater und Sohn, die zu Heinrichs Absetzung, Einkerkerung und vermutlichem Selbstmord führten, behinderte. Wie nahe dem Vater deswegen der Tod seines Erstgeborenen ging, kann man nur vermuten. Eine enge Bindung Friedrichs bestand zu den Söhnen, die an seinem Hof aufwuchsen, also zu Konrad IV., der nach Heinrichs Absetzung zum römisch-deutschen Herrscher gewählt worden war, und zu den unehelichen Söhnen

Enzo und Manfred, deren besondere Wertschätzung durch den Kaiser belegt ist.

Im persönlichen Umfeld Friedrichs ragen noch drei Vertraute hervor, die man mit gutem Recht als seine engsten Freunde betrachten kann: der Erzbischof Berard von Castagna und der Hochmeister Hermann von Salza, die, beide erheblich älter als der Staufer und geistliche Amtsträger, einen mäßigenden Einfluss auf das Verhältnis des Kaisers zu den Päpsten ausübten, während der jüngere ehrgeizige Kanzleichef Petrus de Vinea den Herrscher zu einer kompromissloseren Haltung ermunterte.

Am Hof Friedrichs war schließlich ein vielfältiger Kreis von Gelehrten anwesend. In diesem Umfeld konnte der Kaiser seine wissenschaftlichen und literarischen Neigungen pflegen, von denen besonders sein Buch über die Falkenjagd, der er mit wahrer Leidenschaft nachging, Zeugnis ablegt. Wenn Friedrich auch mit seinen naturwissenschaftlichen Interessen in der Tradition der normannischen Könige von Sizilien stand, so ist die Sorgfalt hervorzuheben, mit der er sich persönlich um die Vorarbeiten und die Redaktion des Traktats „Über die Kunst mit Vögeln zu jagen" kümmerte, das sich unter seinem Einfluss von einem Jagdhandbuch in manchen Teilen zu einer regelrechten Vogelkunde ausweitete. Den weiten kulturellen Horizont Friedrichs zeigen die direkten und indirekten Kontakte, die er zu arabischen und jüdischen Gelehrten unterhielt. Diese kulturellen Interessen ermöglichten es seinen Gegnern, ihn als einen Kryptomuslim darzustellen. Die Quellen lassen jedoch kein Urteil über Friedrichs innere Religiosität zu, wenngleich nicht zu bezweifeln ist, dass er sich als christlicher Herrscher fühlte.

Am meisten wissen wir über die Art und Weise, wie sich der Kaiser präsentierte. Vom Alltag des Hofs, der dem Herrscher auf seinen Reisen folgte und an dem zahlreiche Bittsteller von Nord und Süd ein- und ausgingen, können wir uns aufgrund einzelner Nachrichten ein gutes Bild machen: Gaukler und Musiker, Tänzerinnen und Tänzer gaben ihm eine bunte Note, das durch die außergewöhnlich vielfältige Menagerie verstärkt wurde. Orientalische Elemente wie die

Präsenz von Afrikanern und Eunuchen steigerten diesen Eindruck und erleichterten es Friedrichs Gegnern, ihm eine für einen christlichen Herrscher ungebührliche Lebensweise und sogar einen Harem anzudichten.

Neben dem mobilen Hof besaß der Kaiser im nordapulischen Foggia eine Residenz, zu der ein Park mit von Wasservögeln bevölkerten Seen sowie benachbarte Jagdschlösser gehörten, wo Friedrich Erholung suchte, sobald sein unruhiges Herrscherleben ihm dies gestattete. Hier, in der damals noch bewaldeten Hügellandschaft der Capitanata und der Basilicata, fühlte sich der Staufer zu Hause.

Weitgehend im Dunkeln bleibt jedoch das Äußere des Kaisers. Die entsprechenden Aussagen der schriftlichen Quellen sind zu spärlich und widersprüchlich, als dass man sich ein genaues Bild von der Physiognomie Friedrichs machen könnte, und die bildlichen Darstellungen verschiedener Art vermitteln nur herrscherliche Idealbilder, die keine individuellen Züge aufweisen. Was bleibt, ist das Bild einer Herrschergestalt, die sich durch einen kulturell auf hohem Niveau stehenden Hof und ein exotisches Gefolge eindrucksvoll in Szene zu setzen wusste. Friedrichs bewusste Distanz zur Bevölkerung, die so weit reichte, dass er bei vielen Auftritten selbst schweigend auf dem Thron saß, während sein Logothet Petrus de Vinea für ihn sprach, schuf die Projektionsfläche für den ihn umspannenden Mythos, der, wie wir sehen werden, im Laufe der Jahrhunderte zwar vielfältige Wandlungen erfuhr, aber nie ganz in Vergessenheit geriet und bis heute weiterlebt.

III Der Mythos

1   Antichrist, Messias, Weltwunder

Päpstliche Verteufelung

„Es steigt aus dem Meer ein Untier (bestia) voller Namen der Lästerung, das mit den Tatzen eines Bären und dem Rachen eines Löwen wütet und an den übrigen Gliedern gestaltet wie ein Panther sein Maul zu Lästerungen des göttlichen Namens öffnet und nicht aufhört, auf Gottes Zelt und die Heiligen, die im Himmel wohnen, die gleichen Speere zu schleudern. Mit seinen Klauen und eisernen Zähnen will es alles zermalmen und mit seinen Füßen die ganze Welt zerstampfen; um die Mauern des katholischen Glaubens niederzureißen, hat es längst heimlich die Sturmböcke gerüstet und stellt jetzt offen seine Belagerungsmaschinen auf, Seelen vernichtende Kampfmittel der Ismaeliten baut es auf und empört sich gegen Christus, den Erlöser des Menschengeschlechts, dessen Bundestafeln mit dem Spachtel der ketzerischen Verstocktheit auszulöschen es bemüht ist, wie das Gerücht bezeugt.
Ihr alle, zu denen die von diesem Untier gegen uns gerichteten Lästerungen gelangen, hört auf euch zu wundern, dass wir, die wir in aller Demut Gott unterworfen sind, das Ziel seiner verleumderischen Pfeile werden, da von diesen Schmähungen nicht einmal der Herr verschont wird! Hört auf zu staunen, dass es den Dolch der Beschimpfungen gegen uns zückt, der sich bereits erhebt, um den Namen des Herrn von der Erde zu tilgen! Damit ihr aber mit offener Wahrheit seinen Lügen besser widerstehen und seine Ränke mit dem Beweis der Lauterkeit zunichte machen könnt, betrachtet aufmerksam den Kopf, die Mitte und das Ende dieses Untiers, des so genannten Kaisers Friedrich!"

So beginnt die einige Wochen nach Friedrichs zweiter Exkommunikation verfasste Enzyklika Gregors IX. vom Juni 1239. Hier wird der Kaiser mit dem Meeresungeheuer aus der Apokalypse (Offenbarung) des Johannes (Kapitel 13) verglichen. Das aus dem Ozean, dem Symbol für das urzeitliche Chaoselement schlechthin und für die Rebellion der Nationen gegen Gott, aufsteigende Untier ist das Spiegelbild des

Drachens, des endzeitlichen Widersachers, der in den Briefen des Evangelisten Johannes als Antichrist bezeichnet wird: „Kinder, es ist die letzte Stunde. Ihr habt gehört, dass der Antichrist kommen wird, und jetzt sind viele Antichristen schon da. Daran erkennen wir, dass die letzte Stunde angebrochen ist" (1 Joh 2,18).

Die mittelalterlichen Christen lebten nach der biblischen Offenbarung in der Erwartung des Weltendes und der Wiederkehr Christi im Jüngsten Gericht. Unmittelbar davor erwarteten sie das Auftreten von Vorläufern des Antichrist, darunter einen Endkaiser, der Juden und Heiden bekehren, die wilden Völker Gog und Magog besiegen und schließlich nach Jerusalem ziehen werde, um Krone und Szepter auf dem Berg Golgatha niederzulegen. Dann breche ein tausendjähriges Reich des Friedens an, so einige Autoren, während andere sogleich den Antichrist, gezeugt unter Mitwirkung des Teufels, erwarteten. Dieser Antichrist werde Jesus Christus nachahmen, als Dreißigjähriger in Jerusalem einziehen, Wunder wirken und sich als der Messias ausgeben. Am Ende werde jedoch Christus selbst erscheinen, den Betrüger auf dem Ölberg mit dem Hauch seines Mundes töten, den Auserwählten noch eine Frist von vierzig oder fünfundvierzig Tagen zur Umkehr und Buße gewähren und dann das Jüngste Gericht abhalten.

Pamphlete mit stark apokalyptischen Tönen versprachen besondere Wirksamkeit in einer Zeit, in der sich Anzeichen für das bevorstehende Ende der Welt zu häufen schienen: Die Mongolen, die 1241 in das römisch-deutsche Reich einfielen, hielt man für die endzeitlichen Völker Gog und Magog, die kurz vor dem Antichrist auftreten sollten. Hinzu kam, dass viele Rabbiner im Jahre 5000 jüdischer Zeitrechnung, also im Jahre 1240 nach Christus, den Messias erwarteten.

Friedrich reagierte auf die päpstliche Propaganda, die sich solcher Vorstellungen bediente, im Juli 1239. Er beschuldigte den Papst, ein Pharisäer zu sein, „der auf dem Stuhl der verkehrten Lehre sitzt und vor allen seinen Genossen mit dem Öl der Nichtswürdigkeit gesalbt ist" (1 Sam 20). Dabei bezeichnete er den Papst auch als das rote Pferd, das in der Johannes-Apokalypse als Symbol für die militärische Macht steht, welche blutige Kriege über die Menschen bringt, und klagte ihn schließlich an, der Antichrist zu sein. Ein päpstliches Manifest vom Juni 1240 drehte den Spieß um und schrieb, dass Gregor aufgrund der Untaten und Ketzerei Friedrichs zu der Überzeugung gelangt sei, dass der Kaiser der Antichrist in Person sei. Der staufische Herrscher sei eine „aus höllischer Materie" empfangene Basiliskenschlange, womit auf eine Legende angespielt wird, nach der Friedrichs Vater nicht Heinrich VI., sondern ein Dämon gewesen sei. Dieses Gerücht war unter den Anhängern des kalabrischen Abts und Theologen Joachim von Fiore entstanden, dessen Ideen die päpstliche Propaganda dieser Jahre stark beeinflussten.

Als Friedrich durch die Gefangennahme der Prälaten, die zum für Ostern 1241 nach Rom einberufenen Konzil anreisten, den Konflikt verschärfte, erreichte die Verteufelung des Kaisers durch die päpstliche Propaganda ihren Höhepunkt. In einem Brief an die gefangenen Kardinäle bezeichnete der Papst Friedrich als Satan, und in einem Rundschreiben mobilisierte er das Gottesvolk mit den Worten der Apokalypse gegen den „Statthalter des alten Drachens", d. h. des Teufels. Unter Gregors Nachfolger Innozenz IV., einem erfahrenen Juristen und Diplomaten, wurde der Stil der Papstbriefe nüchterner. Nichts an Schärfe verloren hingegen die päpstlichen Rundschreiben, bei denen weiter der an der Kurie einflussreiche Kardinal Rainer von Viterbo die Feder führte und die zur Rechtfertigung der Absetzung des Kaisers auf dem Konzil von Lyon im Sommer 1245 beitrugen. Hier wurde Friedrich erneut als Vorläufer des Antichrist dargestellt, der sich u. a. erdreistet habe, bei seinem Zug durch Mittelitalien dem zusammenströmenden Volk den Segen zu erteilen.

In einem solchen Schreiben aus dem Jahre 1245, das von apokalyptischen Bildern und biblischen Gleichnissen nur so strotzt, wird Friedrich „Fürst der Tyrannei, Zerstörer des kirchlichen Dogmas und Kultes, Vernichter des Glaubens, Meister der Grausamkeit, Verderber der Welt, Verwirrer des Erdkreises und Hammer der ganzen Welt" genannt. Wie Luzifer maße es sich der Kaiser an, „zum Himmel der Kirche aufzusteigen, über den Sternen des Himmels seinen Stuhl aufzurichten und seinen Sitz aufzuschlagen gen Mitternacht". Im Tempel des Herrn sitzend habe er sich, als wäre er Gott, von Bischöfen und Geistlichen die Füße küssen lassen und befohlen, ihn heilig zu nennen. Auch Friedrichs Angriffe auf Viterbo wurden mit Bildern aus der Apokalypse dargestellt: „Er kam aber auf einem roten Pferd, um den Frieden von der Erde zu nehmen, da ihm das große Schwert der Macht gegeben war, durch das die Menschen einander töten sollten; doch vorher war er herausgekommen auf einem fahlen Pferd, und sein Name war Tod, und ihm folgte die Hölle". Der hinter diesen Pamphleten stehende Kardinal Rainer von Viterbo rief schließlich in einem im Jahre 1248 in Deutschland und England verbreiteten Rundschreiben zum Kreuzzug gegen den Kaiser auf, der ein „Sohn und Schüler Satans", „Herold des Teufels" und Vorläufer des Antichrist sei.

Solche Propaganda passte in die zunehmend von den Franziskanern rezipierte und durch Predigten im Volk verbreitete Geschichtstheologie Joachims von Fiore. Der kalabrische Abt hatte eine Theorie entwickelt, nach der die Menschheitsgeschichte in drei große Zeitalter aufzuteilen sei, die jeweils einer der drei Personen der Dreifaltigkeit sowie einem der drei Stände der Menschheit (Laien, Kleriker, Mönche) zuzuordnen seien. Das letzte Zeitalter, das den glänzenden Höhepunkt der Menschheitsgeschichte bilden und von einem neuartigen, spirituellen Mönchtum geprägt sein sollte, sollte nach Joachims Berechnungen zwei Generationen nach dem Jahre 1200 beginnen, was seine Anhänger später auf das Jahr 1260 präzisierten. In den Jahren vor dem Ende des zweiten Zeitalters werde der Antichrist – so die Auffassung Joachims – die Herrschaft ausüben, ein weltlicher König, der die verdorbene und verweltlichte Kirche züchtigen und in ihrer gegenwärtigen Form vernichten werde. Nach dem Sturz dieses Antichrist solle endlich das Zeitalter des Heiligen Geistes beginnen. Mit dem neuen Mönchtum meinte Joachim den von ihm gegründeten Florenserorden, der eine rigorosere Verwirklichung des traditionellen benediktinisch-zisterziensischen Mönchslebens anstrebte. Nach Joachims Tod beanspruchten allerdings auch

Angehörige der Bettelorden, insbesondere der Franziskaner und unter diesen die sog. Spiritualen, das vom kalabrischen Abt geweissagte neue Mönchtum zu verkörpern.

Joachim selbst hatte die Herrschaft Friedrichs nicht mehr erlebt. Nach seinem Tod verbreiteten seine Anhänger die Idee, dass der staufische Herrscher ein Vorläufer des Antichrist bzw. dieser selbst sei. Dazu bedienten sie sich bildlicher Darstellungen in Handschriften mit Werken Joachims oder solchen, die man ihm zuschrieb. Der kalabrische Abt hatte seine Ideen mithilfe von Diagrammen verdeutlicht, die im sog. „Figurenbuch" (*Liber figurarum*) zusammengefasst wurden. Joachim ordnete den sieben Köpfen des apokalyptischen Drachens jeweils eine durch einen prominenten Herrscher verkörperte Zeit der Kirchenverfolgung zu, eine Reihe, die von Herodes bis Saladin reichte. All diese Kirchenverfolger wurden als Häupter des Antichrist angesehen, ähnlich wie dies im Neuen Testament geschehen ist. Die älteste bildliche Darstellung dieser Theorie hat sich in einer heute in Oxford aufbewahrten Handschrift des *Liber figurarum* aus dem ersten Drittel des 13. Jahrhunderts erhalten (Abb. 23). Darin kommt Friedrich noch nicht vor, sondern der siebte Kopf des apokalyptischen Drachens bleibt ganz allgemein einem unbenannten Antichrist vorbehalten.

In einem von Anhängern Joachims vielleicht in den sechziger Jahren des 13. Jahrhunderts verfassten Werk, den *Praemissiones* (Voraussetzungen/Vorworte), die einem pseudojoachimischen Jesajakommentar vorgeschaltet sind und deren älteste Handschrift aus der zweiten Hälfte des 13. Jahrhunderts stammt (Vat. lat. 4959), wird die Reihe der Kirchenverfolger modifiziert und aktualisiert (Abb. 24). Auf Constantius II. (337–361), den als Arianer geltenden Sohn Konstantins des Großen, der stellvertretend für die Häretiker stand, folgt jetzt als Vertreter der Muslime nicht mehr Mohammed († 632), sondern der Perserschah Chosroe II. (591–628), der 614 Jerusalem zerstörte. Ferner wird *Mesemotus*, der vermutlich mit dem Almohadenherrscher 'Abd al-Mu'min (1133–1163) zu identifizieren ist und die Verfolgung durch die „Söhne Babylons" darstellte, ersetzt durch einen *Henricus primus* als Reprä-

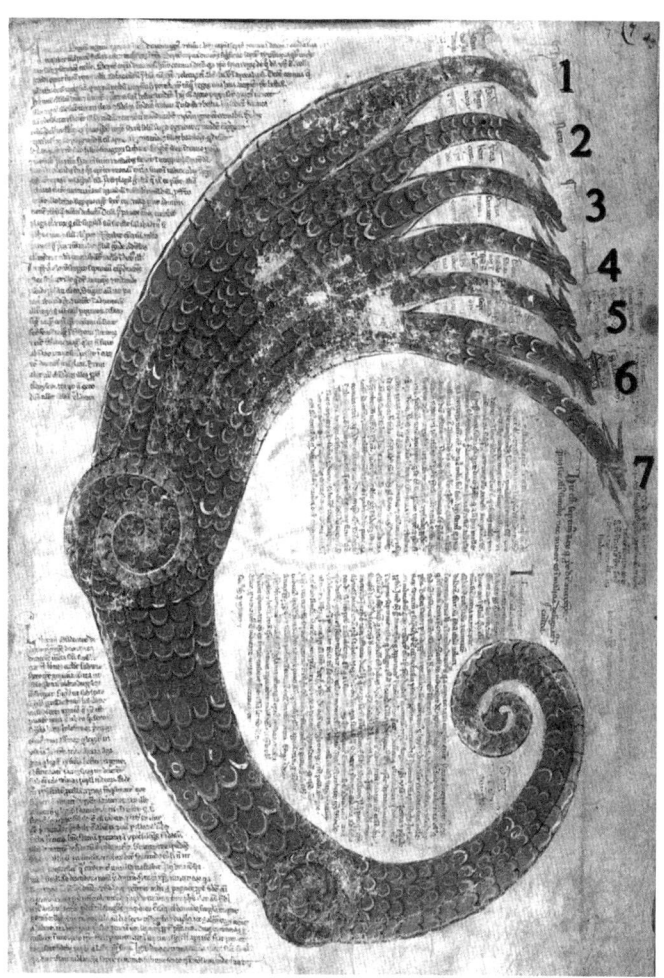

Abb. 23: Der apokalyptische Drachen im Figurenbuch Joachims von Fiore. 1) *Herodes*, 2) *Nero*, 3) *Constantius*, 4) *Mahometh*, 5) *Mesemotus*, 6) *Saladinus*, 7) unbenannter Antichrist

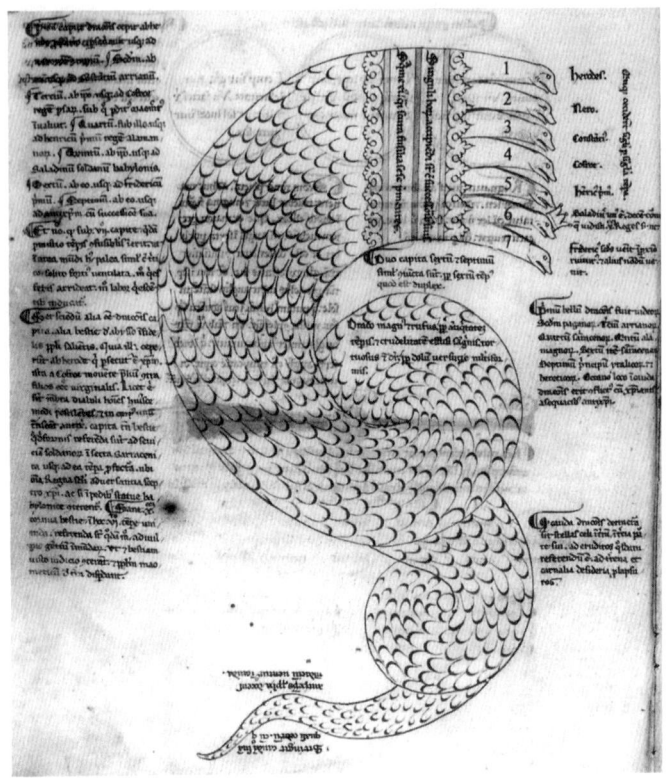

Abb. 24: Der apokalyptische Drachen in den pseudo-joachimischen *Praemissiones*. 1) *Herodes*, 2) *Nero*, 3) *Constantius*, 4) *Cosroe*, 5) *Henricus primus*, 6) *Saladinus*, 7) *Fridericus secundus*

sentant der Kirchenverfolgung durch die Deutschen (*Alamagni*), womit wahrscheinlich nicht der von Gregor VII. exkommunizierte und abgesetzte Heinrich IV. gemeint ist, sondern erstaunlicherweise der 1146/47 heilig gesprochene Heinrich II. (1002–1024), der erste römisch-deutsche Kaiser dieses Namens (Heinrich I., 919–936, war nur König). Der sechste Kopf des Drachens blieb Saladin als Vertreter der Christenverfolgung durch die Muslime vorbehalten. Der siebte Kopf des apokalyptischen Untiers, der im Figurenbuch den bald zu erwartenden Antichrist darstellte, wird nun als Friedrich II. bezeichnet. Die Beischrift lautet: *Fridericus secundus venit in proximo ruiturus, et alius nondum venit* („Friedrich II. kam und wird bald zugrunde gehen, und ein anderer ist noch nicht gekommen"). Wer mit „dem anderen" gemeint ist, wird nicht erklärt. Dass Friedrich hier zwar mit dem siebten Kopf des apokalyptischen Drachens verbunden ist, andererseits aber in der Beischrift nur Vorläufer des Antichrist genannt wird, hängt wohl damit zusammen, dass der Kaiser zehn Jahre vor dem für 1260 erwarteten Untergang des Antichrist gestorben war. Die siebte Epoche der Kirchenverfolgung, die Joachim offen gelassen hatte, wird in den *Praemissiones* als die Zeit einer „siebten Verfolgung (Krieg) durch italienische und ketzerische Fürsten" *(septimum [bellum] principum ytalicorum et hereticorum)* gedeutet, was leicht auf Friedrich und seine Nachfolger bezogen werden konnte.

Während in den Abbildungen des apokalyptischen Drachens im *Liber figurarum* und in den *Praemissiones* die sieben Köpfe gleich groß sind, ist in einer anderen Darstellung der siebte, Friedrich zugeschriebene Kopf des Untiers so stark vergrößert, dass er die Szene dominiert. Dieses Bild findet sich auf einem Doppelblatt, das in eine gegen Ende des 13. Jahrhunderts entstandene Sammelhandschrift (Vat. lat. 3822) eingebunden wurde (Abb. 25). Sie enthält von Joachim verfasste oder ihm zugeschriebene Texte, darunter den wohl um 1255/ 56 verfassten pseudojoachimischen *Liber de oneribus prophetarum* (Buch über die Lasten der Propheten). Hier werden ältere Darstellungsmodelle von Drachen aufgenommen, bei denen sechs kleine Häupter aus einem Loch im Hals hervorragen. Es handelt sich nicht mehr um sieben „gleichberechtigte" Köpfe, sondern um einen Hauptkopf, der die zehn Hörner des Untiers der Johannesapokalypse trägt, und sechs kleine „Nebenköpfe". Vermutlich besteht ein Zusammenhang mit einem in derselben Handschrift überlieferten, wohl um 1241/ 43 verfassten Himmelsbrief (im Mittelalter glaubte man an solche vom Himmel gefallenen Briefe), in dem von der Geburt eines „enorm großen Sohns" *(filius enormis)* die Rede ist,

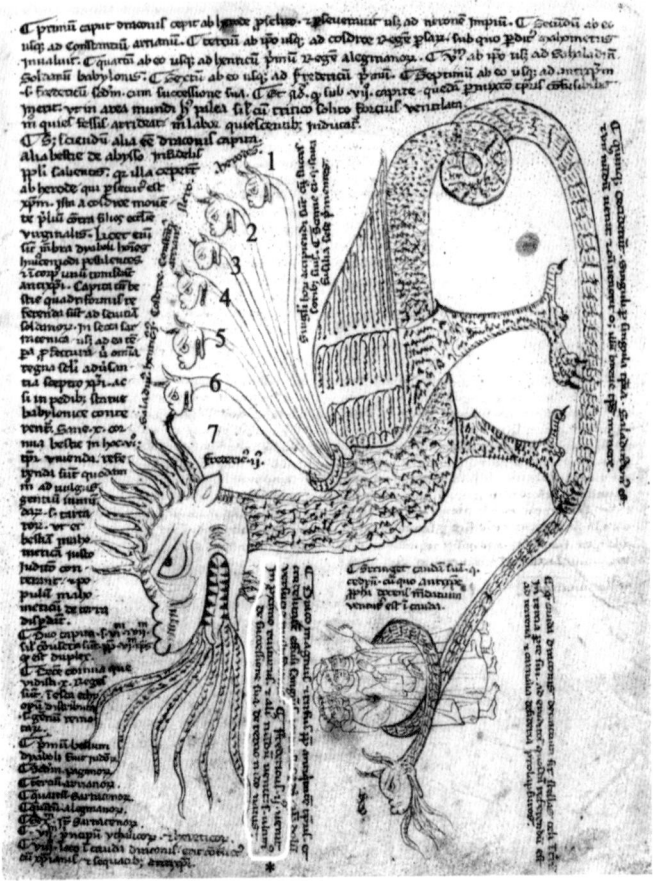

Abb. 25: Der apokalyptische Drachen im pseudo-joachimischen *Liber der oneribus prophetarum*. 1) *Herodes*, 2) *Nero*, 3) *Constantius arrianus*, 4) *Cosdroe*, 5) *Henricus primus*, 6) *Saladinus*, 7) *Fredericus II.*
★ *Fredericus secundus venit in proximo ruiturus et alius nondum venit, scilicet ultimus de successione sua de tercio nido natus.*

welcher als kleiner Löwe (*leunculus*) mit dem Fell eines Panthers (*pelle pardina*) gekennzeichnet wird. Damit ist Friedrich gemeint, der ja in der erwähnten Enzyklika von 1239 als das apokalyptische Meeresungeheuer mit dem Rachen eines Löwen und dem Körper eines Panthers bezeichnet worden war.

Neu sind auf diesem Bild die barfüßigen Mönche, offenbar Franziskaner, die in dem mit einem Kopf versehenen Schwanz des Untiers stehen, der den letzten Antichrist (Gog) darstellt, und die mit dem Finger auf die Drachenbestie zeigen. Die Beischrift unter dem großen siebten Kopf enthält einen bemerkenswerten Zusatz: Nach der bereits bekannten Devise „Friedrich II. kam und wird bald zugrunde gehen, und ein anderer ist noch nicht gekommen" wird erklärt: „nämlich ein letzter von seiner Nachfolge geboren aus dem dritten Nest" (Abb. 25). Dies ist vielleicht so zu verstehen, dass man mit einem Nachkommen Friedrichs aus einer dritten (Ehe-)Verbindung, möglicherweise seiner dritten Ehe mit Isabella von England, rechnete, der als dritter Friedrich bzw. Antichrist verstanden wurde. Der Verfasser der Beischrift kannte vermutlich einen Text, der einer legendären antiken Seherin, der erythräischen Sibylle, zugeschrieben wurde, in Wirklichkeit aber wohl im Jahre 1241 an der päpstlichen Kurie im Umkreis des Kardinals Rainer von Viterbo entstand. Hier wird u. a. über Friedrich geweissagt, dass ihn nur „einer von seinen Jungen und von den Jungen der Jungen" überleben werde, eine Prophezeiung, die sich als falsch herausstellen sollte, da den Kaiser mehrere Söhne überlebten.

Zur bildlichen Darstellung des apokalyptischen Drachens im *Liber de oneribus prophetarum* bleibt festzuhalten, dass, obwohl in der Beischrift unterhalb des Kopfes erklärt wird, Friedrich sei nur der Vorläufer des Antichrist, die rechts neben dem Kopf stehende Bezeichnung desselben als Friedrich II. dennoch den Eindruck erweckt, der staufische Herrscher sei als siebtes Haupt des apokalyptischen Drachens selbst der Antichrist.

Unter den Franziskanern fand die Vorstellung vom Kaiser als Antichrist weite Verbreitung. Nach Thomas von Pavia, seit ca. 1258 Vorsteher der Franziskanerprovinz Tuszien, soll einer seiner Mitbrüder in einer Vision erlebt haben, wie der päpstliche Lateranpalast in Rom einstürzte, wobei eine Stimme erklungen sei, die ausrief: „Nero (womit sehr wahrscheinlich Friedrich gemeint war) ist wiedergekommen und ist der Antichrist!" Thomas kannte nachweislich das Bild des apokalyptischen Drachens im Figurenbuch Joachims, wahrscheinlich in einer Version, in welcher der sechste Kopf, der den Vorgänger des Antichrist darstellte, nicht mehr mit Saladin, sondern mit Friedrich identifiziert wurde.

Ein englischer Franzikaner, Thomas von Eccleston, der sich auf den Bericht eines sizilischen Mitbruders berief, stellte in einem spätestens 1260 abgeschlossenen Geschichtswerk den Kaiser zwar nicht als Antichrist dar, aber als einen Verdammten, der in die Hölle einzieht: Kurz nach dem Tod Friedrichs habe man 5000 Ritter in das Meer hineinreiten sehen, dessen Wasser dabei aufgezischt sei, als wären sie aus glühendem Erz. Einer der Ritter habe dem staunenden Mönch auf seine Frage hin erklärt, es handele sich um den Kaiser, der sich mit seinem Gefolge in das Innere des Feuer speienden Ätna begebe, das man für die Hölle hielt.

Kaiserliche Sakralisierung

Auf die päpstliche Verteufelung Friedrichs reagierten einige Anhänger des Kaisers, indem sie die Verweltlichung des Papsttums angriffen oder den Papst selbst als den Antichrist darstellten. Als Beispiel kann der bereits erwähnte Dominikaner Arnold angeführt werden, der in den vierziger Jahren, offensichtlich auch unter dem Einfluss der Ideen Joachims von Fiore, erklärte, der Kaiser sei berufen, den Antichrist Innozenz IV. zu beseitigen und das letzte Zeitalter des Friedens und der Gerechtigkeit herbeizuführen.

Die kaiserliche Propaganda selbst beschränkte sich hingegen mehrheitlich darauf, die vom Papst in Frage gestellte Sakralität des Kaisers zu betonen. In teilweise ebenfalls eschatologisch-apokalyptischer Perspektive unterstrich sie den „heilsbringenden" Aspekt des von Gott eingesetzten Herrschers. Wichtig dabei war, dass in der Mitte des 13. Jahrhunderts durch die Vorstöße der Mongolen die Hoffnung zunahm, die islamische Macht im vorderen Orient könne zusammenbrechen, und dass man das Ende der Welt als besonders nahe empfand, die Ankunft des Endkaisers also bevorstand. So erwarteten die ägyptischen Christen im Zusammenhang des Fünften Kreuzzugs Friedrich „wie seinerzeit die Heiligen Christus". Dies schrieb jedenfalls im Jahre 1223 der melkitische Patriarch von Alexandria an Honorius III. Als der Kaiser einige Jahre später, am 7. September 1228 in Akkon eintraf, soll nach einer Mitteilung Rogers von Wendover die dortige christliche Bevölkerung von ihm das „Heil für Israel" erhofft haben.

Von besonderer Bedeutung musste in diesem Zusammenhang die Tatsache erscheinen, dass Friedrich als erster und einziger Kaiser Jerusalem betrat und in der Grabeskirche die Krone des Königreichs Jerusalem trug. Einige Versionen der Endkaisersage gingen nämlich im Unterschied zu den anderen Fassungen nicht davon aus, dass der Endkaiser in Jerusalem seine Krone niederlegen werde, sondern behaupteten im Gegenteil, er werde sie dort empfangen. Es ist jedoch unwahrscheinlich, dass Friedrich selbst sich in Jerusalem als Endkaiser sah, als er dort die Krone trug. Vielleicht verstand er sich aber als der „neue Führer" (*novus dux*), der nach Joachim von Fiore vor dem Kommen des Antichrist die Christenheit erneuern werde. Im bereits erwähnten Brief an seine Geburtsstadt Jesi von 1239 bezeichnet er sich mit genau diesem Ausdruck, und seine späteren Forderungen nach einer Rückkehr der Kirche zur Armut der apostolischen Zeit würden ebenfalls in dieses Schema passen.

Friedrich umgab sich jedenfalls, nachdem er in Jerusalem eingezogen war, mit dem Nimbus des Davidkönigtums und ließ sich in die Nähe von Jesus Christus rücken. So heißt es in einer für den englischen König bestimmten Version des berühmten Jerusalemmanifests vom 18. März 1229 über seine Krönung in der Grabeskirche:

„Wir trugen die Krone, die uns der allmächtige Herr vom Thron seiner Majestät zusprach. In der besonderen Huld seiner Gnade hat er uns unter den Fürsten des Erdkreises wunderbar erhöht, damit es so, während wir über eine solche Würde beglückt sind, die uns nach dem Recht des Königtums gebührt, der Welt mehr und mehr offenbar werde, dass die Hand des Herrn dies alles bewirkte. Und weil seine Werke im Erbarmen über allem bestehen, so sollen die Söhne des wahren Glaubens von nun an erkennen und weit und breit über den Erdkreis verkünden, dass er, der gebenedeit ist in Ewigkeit, sein Volk heimgesucht und uns als Horn des Heiles im Hause seines Vaters David errichtet hat.“

In der an den Papst und die deutschen Fürsten gerichteten Version des Manifests fehlt dieser Passus, vermutlich weil sich der damals noch exkommunizierte Kaiser der Brisanz solcher Formulierungen bewusst war. Erst nach seiner zweiten Exkommunikation (1239) und der Radikalisierung des Konflikts mit dem Papst hatte Friedrich keine Bedenken mehr, sich mit Christus vergleichen zu lassen. In seiner Umgebung und unter seinen Anhängern gab es solche Ideen allerdings schon vorher. Auf dem vermutlich als Huldigung für den erfolgreich aus Jerusalem zurückkehrenden Herrscher im Jahre 1229 angefertigten Relief an der Kanzel von Bitonto, das wir im Abschnitt über die bildlichen Darstellungen Friedrichs erwähnten, steht der Herrscher vor dem Thron König Davids, von dem sein Sohn Konrad IV., der Erbe des Königreichs Jerusalem, das Szepter empfängt.

Ausführlich thematisiert wird Friedrichs Davidskönigtum in einem in Predigtform abgefassten Text eines Geistlichen namens Nikolaus von Bari. Es handelt sich nicht um eine 1229 in der Kathedrale von Bitonto gehaltene Predigt, die das Kanzelrelief direkt inspiriert hätte, wie die Forschung zeitweise annahm, denn die Nennung Konrads als Nachfolger Friedrichs weist auf eine Entstehung nach 1235. Außerdem hält der Text aller Wahrscheinlichkeit nach keine wirklich gehaltene Predigt fest, sondern stellt eine literarische Arbeitsprobe dar, mit der sich der Autor, der auch einen Lobpreis auf Petrus de Vinea verfasste, vermutlich für den Hofdienst empfehlen wollte. In Nikolaus' fiktiver Predigt wird Friedrich als direkter Nachfolger König Davids dargestellt: er sei der „Spross aus der Wurzel Jesse", des Vaters Davids, eine in der Bibel auf Christus angewandte Bezeichnung. Sein Geschlecht werde bis an das Ende der Zeiten herrschen:

> *„Nicht wird genommen werden, heißt es, das Szepter aus der Hand des Herrn Friedrich, noch der Stab der Herrschaft von seinen Füßen, das heißt die Herrschaft von seinen Erben, bis er kommt, der gesandt wird, also Christus zum Gericht; das heißt, es ist bis zum Ende der Welt, dass dieses Geschlecht herrschen wird, da mit ihm ist die Herrschaft am Tag der Kraft, das heißt Christus in allen seinen Stellvertretern. (…) Und er wird herrschen von Meer zu Meer und von dem Strom bis an der Welt Enden, da allenthalben auf dem Erdkreis seine Macht gefürchtet wird. Vor ihm werden sich die Äthiopier neigen, das heißt die Heiden, die alle den Schemel seiner Füße anbeten. Und seine Feinde werden Staub lecken, das heißt sie werden gedemütigt und vernichtet und gehen zugrunde vor ihm. (…) Dies ist der David, tapfer im Kampf und ersehnt zu schauen, der den Jebusiter hinabstürzte, wahrhaft ersehnt an Antlitz, da sanft von Natur, gewinnend von Aussehen, heilig von Geist, kurz – in allem der Gesalbte. Wer wird mir gewähren, sein engelsgleiches Antlitz zu schauen, voller Gnade, wer wird mir gewähren, seine Weisheit zu hören, die alle Vernunft übersteigt? (…) Lasset uns ihn grüßen mit dem Engel Gabriel: Gegrüßet seist Du, Herr Kaiser, voller Gnade Gottes, der Herr sei mit Dir (…) und gebenedeit sei die Frucht Deines Leibes, das heißt die schönste Frucht, König Konrad, Euer heißgeliebter Sohn, an dem Ihr Wohlgefallen habt und ewig haben werdet (…)."*

Zu Beginn dieses Werkes, aus dem wir hier nur einige besonders bezeichnende Stellen zitiert haben, wird Friedrich als Nachfolger Davids dargestellt und sein Geschlecht als neues Haus Davids, das die Kaiserherrschaft bis an das Ende der Zeiten bewahren werde. Im Anschluss daran wagt der Autor es, den biblischen Gruß des Erzengels Gabriel an die Gottesmutter auf den Kaiser selbst und die auf den kommenden Jesus bezogenen Worte auf Friedrichs Sohn Konrad zu übertragen.

Hier besteht wohl ein Zusammenhang mit der kaiserlichen Propaganda, die auf Friedrichs Verteufelung durch den Papst, wie sie mit der erwähnten Enzyklika vom Juni 1239 einsetzte, mit einer immer stärkeren Betonung der Christusähnlichkeit des Herrschers antwortete. Man denke etwa an den erwähnten Brief an Friedrichs Geburtsstadt Jesi vom August 1239, in dem diese mit Bethlehem verglichen wurde, sowie an das Schreiben an die Stadt Viterbo vom Januar 1240, in dem die Worte, mit denen der Evangelist Matthäus die Ankunft Jesu ankündigte, auf den Kaiser angewendet wurden.

In einem undatierten Loblied (*preconium*) ruft Petrus de Vinea, Friedrichs Freund und Vertrauter, aus: „Es lebe der Name des heiligen Friedrich!" Er preist den Kaiser als von Gott zur Leitung der Welt bestimmt. Der Richter Johannes von Viterbo sprach von Friedrich als „heiligstem Kaiser" (*sanctissimus imperator*) und „heiligstem Gesetzgeber" (*sanctissimus legislator*). Für einen anderen Richter, Orfinus von Lodi (südöstlich von Mailand), der Friedrich mit dem Erzengel Michael verglich, war sein Geschlecht heilig (*sancta propago*). Der Notar Petrus de Prece, der vielleicht aus dem kleinen Prezza in den Abruzzen (westlich von Sulmona) stammte, erklärte den Kaiserthron zum heiligsten Stuhl (*sanctissima sedes*). Da bereits die römischen Kaiser der Antike als heilig oder göttlich (*divus*) bezeichnet wurden, wundert es nicht, dass zur Steigerung der Kaiserwürde antike Elemente eingesetzt wurden. Der Dichter Terrisius von Atina (bei Montecassino) stellte Friedrich im Jahre 1246 als Sonnengott (*deitas solis*) dar – ähnlich wie sich seinerzeit Konstantin der Große (275–337), der erste christliche Kaiser, nennen ließ – und als Herrn über die vier Elemente Erde, Feuer, Luft und Wasser. Da Christus ebenfalls als Sonne bezeichnet wurde, verglich Terrisius Friedrich so mit Gott und unterstrich die Sakralität des Kaisertums. Damit wurde indirekt die Unterordnung unter das Papsttum bestritten, wie sie Innozenz III. im Sonne-Mond-Gleichnis, in dem der Papst mit der Sonne und der Kaiser mit dem Mond gleichgesetzt wurde, beansprucht hatte. Antikisierende Elemente fanden auch auf den Goldaugustalen Verwendung sowie in der bildlichen Darstellung der kaiserlichen Majestät an der Fassade des Brückenkastells von Capua, mit der Friedrich sich als Garant des Rechts in Szene setzte.

Zur sakralen Selbstdarstellung des Kaisertums diente schließlich das faszinierendste Bauwerk Friedrichs, Castel del Monte, das immer wieder die Phantasie moderner Betrachter beflügelt hat und an dem so gut wie alles umstritten ist: Baubeginn, Funktion und Bedeutung. Nur ein einziges, kurzes Dokument berichtet über seinen Bau: Am 28. Januar 1240 befahl Friedrich die Beschaffung von Baumaterial für die Burg (*castrum*), die er bei *Sancta Maria de Monte*, einem seit 1120 bezeugten Benediktinerkloster, errichten wolle (*fieri volumus*). In einem vor 1246 entstandenen Verzeichnis der königlichen Burgen und Paläste, dem sog. „Statut über die Reparatur der Kastelle", das allerdings lediglich in einer überarbeiteten Kurzfassung aus dem Beginn des 14. Jahrhunderts überliefert ist, wird das *castrum S. Mariae de Monte* (der Name Castel del Monte ist neuzeitlich) erwähnt, was dafür spricht, dass sein Bau zügig voranging.

Von dem auf einem Hügel (540 m) ca. 12 km südwestlich von Andria errichteten achteckigen Kastellbau mit seinen acht achteckigen Türmen (Abb. 26) ist heute bloß noch das „Skelett" erhalten: Von den farbigen Mosaikfußböden, der Wandverkleidung aus Marmor und den Skulpturen sind nur noch spärliche Reste zu sehen; die im achteckigen Innenhof stehende Brunnenschale und die Galerie auf der Hofseite des Obergeschosses, die sich bis ins 18. Jahrhundert erhalten hatten, sind ganz verschwunden ebenso wie die Spitzen der Türme, die ursprünglich vermutlich mehrere Meter höher waren, als sie es heute sind. Umstritten ist, ob noch ein drittes Geschoss und/oder eine Kuppel geplant waren. Unklar bleibt schließlich die Funktion des Kastells, das Elemente eines Wehrbaus mit solchen sakraler Bauten, insbesondere dem dominierenden Achteck, verbindet. Für ein Jagdschloss erscheint der Bau zu aufwendig, für die Funktion einer Sternwarte gibt es keine konkreten Hinweise. Die Achteckform könnte eine bewusste Anknüpfung an die Marienkirche Karls des Großen in Aachen sein, in der Friedrich 1215 mit der achteckigen Reichskrone gekrönt worden war. Hier befand sich auch der

Abb. 26: Castel del Monte (Luftaufnahme)

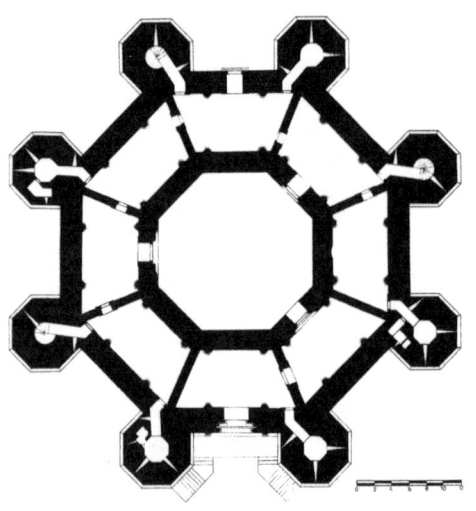

Abb. 27: Castel del Monte (Grundriss)

ebenfalls achteckige Barbarossaleuchter, den Friedrichs Großvater im Umfeld der Heiligsprechung Karls des Großen gestif-
tet hatte. Das Achteck versinnbildlichte das himmlische Jerusalem, das in vielen mittelalterlichen Handschriften als
achteckige Stadt dargestellt wird. Damit wäre Castel del
Monte, dessen Bau in den Jahren erfolgte, in denen der Kaiser
seine Sakralität immer stärker betonte, ein Symbol für Friedrichs Anspruch, als allein Gott unterstehender Herrscher das
weltliche Oberhaupt der Christenheit zu sein.

Literarische Stilisierung

Die extrem radikalen Töne, mit denen die päpstlich-kaiser-
liche Auseinandersetzung nach 1239 geführt wurde, mythi-
sierten die Gestalt Friedrichs schon zu Lebzeiten in der europäischen „Öffentlichkeit" zwischen den beiden Extremen
Antichrist und Messias, was weit über seinen Tod hinaus nach-
wirken sollte. Die predigenden Franziskaner trugen die päpstliche Propaganda in die Bevölkerung und beeinflussten das
literarische Publikum, während die kaiserlichen Rundschreiben hauptsächlich für die europäischen Monarchen und Fürsten sowie die hohe Geistlichkeit, also für ein relativ exklusives
Publikum bestimmt waren.

Zwischen päpstlicher und kaiserlicher Propaganda hin- und
hergerissen war der bereits mehrmals erwähnte englische Benediktiner Matthäus Paris, der den Tod des staufischen Herrschers in seiner Chronik mit einem ambivalenten Urteil kommentierte: „Es starb aber um diese Zeit Friedrich, der größte
unter den Fürsten des Erdkreises, das Staunen der Welt (*stupor
mundi*) und ihr wunderbarer Verwandler (*immutator mirabilis*)".
Einerseits konnte der Chronist seine Bewunderung nicht verhehlen, andererseits schwang beim Ausdruck *stupor mundi et
immutator mirabilis*, mit dem er auch Innozenz III. bezeichnete,
ein ablehnender Unterton mit: Für die konservative Mentalität
des christlichen Mittelalters war jeder Weltveränderer mit
Misstrauen zu betrachten, denn die Weltordnung galt als von
Gott geschaffen, so dass Neuerungen oft als eine Rückkehr

zur guten alten Ordnung ausgegeben werden mussten. Außerdem war der Ausdruck *stupor mundi*, der später von modernen Historikern so verstanden wurde, als ob der Chronist mit „Wunder der Welt" Friedrich als eine für seine Zeit ungewöhnliche Gestalt charakterisiert habe, keineswegs neu; er war bereits zu Beginn des 13. Jahrhunderts in einer anonymen englischen Handschrift für König Richard I. Löwenherz († 1199) verwendet worden.

Ein ähnlich ambivalentes Bild Friedrichs zeichnet der ebenfalls bereits erwähnte Salimbene:

> „Er war ein verschlagener Mann, durchtrieben, geizig, ausschweifend, boshaft und jähzornig. Dieser gewaltige Mann war aber gelegentlich, wenn er gewillt war, seine Güte und Großmut zu beweisen, freundlich, fröhlich, aufgeschlossen und voll edlen Strebens. Er konnte lesen, schreiben, singen und Kantilenen und Gesänge erfinden. (...) In vielen und verschiedenen Sprachen wusste er zu sprechen. Und – um es kurz zu machen: wäre er ein guter Katholik gewesen und hätte Gott, die Kirche und seine eigene Seele geliebt, so hätte er wenige seinesgleichen unter den Herrschern der Welt gehabt."

Auf der einen Seite stehen die positiven individuellen Eigenschaften Friedrichs, den Salimbene persönlich getroffen und zeitweise geschätzt hatte: „Ich habe ihn selbst gesehen und eine Zeitlang auch geliebt. Denn meinetwegen schrieb er an Bruder Elias, den Generalminister des Minoritenordens, er möge ihm zuliebe mich meinem Vater zurückgeben." Auf der anderen Seite konnte sich der Franziskaner jedoch nicht dem Einfluss der päpstlichen Propaganda entziehen, die Friedrich als Ketzer und Kirchenverfolger verteufelte.

Ebenfalls stark vom negativen päpstlichen Friedrichbild beeinflusst war Dante Alighieri, der einen großen Einfluss auf das Bewusstsein der neuzeitlichen Italiener ausgeübt hat und den Kaiser in seinem großen Epos, der „Göttlichen Komödie", unter die zu Höllenstrafen verdammten Ketzer einreihte. Dennoch konnte auch Dante seine Bewunderung für den staufischen Herrscher nicht verbergen. Im selben Werk bezeichnete er ihn als den „dritten Wind aus Schwaben" (*terzo vento di Soave*) – nach Friedrich I. Barbarossa und Heinrich VI. war Friedrich II. der dritte staufische Kaiser, der in die Geschicke Italiens eingriff – und als „die letzte (kaiserliche) Macht" (*l'ultima possanza*). In früheren Schriften hatte Dante Friedrich „den letzten Kaiser der Römer" genannt (*Convivio*, 1304–1307) und seine Bedeutung für die Entstehung der italienischen Dichtung und Volkssprache hervorgehoben (*De vulgari eloquentia*, 1305–1308). Dabei lobte er den staufischen Kaiser und seinen Sohn Manfred als „erlauchte Helden", die durch ihre kulturellen Interessen den Geist des Menschen, der ihn vom Tier unterscheidet, verkörpert hätten (*humana secuti sunt, brutalia dedignantes*).

Im Allgemeinen überwog aber im spätmittelalterlichen Italien nach dem Sieg Karls I. von Anjou über Manfred und Konradin ein ablehnendes Bild Friedrichs II. Für papstfreundliche Chronisten und Guelfen wie Giovanni Villani aus Florenz († 1348) war der staufische Kaiser die Verkörperung eines Tyrannen und Kirchenverfolgers. Dabei konnte der Florentiner Geschichtsschreiber allerdings, ähnlich wie Salimbene, seine Bewunderung für die kulturellen Interessen der Person Friedrich nicht gänzlich verhehlen. Dieses zwiespältige Friedrichbild blieb in Italien vorherrschend. Nur die sizilische Geschichtsschreibung zeichnete ein attraktives Porträt ihres einstigen Herrschers, nachdem sich die Insel gegen die Herrschaft Karls I. von Anjou aufgelehnt und sich den Königen aus dem Haus Aragón unterstellt hatte, die sich auf ihre Abstammung von Manfred beriefen und die Kontinuität mit der staufischen Dynastie betonten.

2 Friedrichs Wiederkehr

Der Ausspruch „Er lebt, und lebt doch nicht" (*Vivit, non vivit*), der nach der Weissagung der erythräischen Sibylle nach Friedrichs Tod im Volk umgehen werde, war vieldeutig. Da nach derselben Prophezeiung sein Tod verborgen bleiben werde, konnte der Glaube aufkommen, Friedrich sei gar nicht gestorben, sondern halte sich irgendwo versteckt.

In Italien wollten viele zunächst nicht an Friedrichs Tod glauben, wie Salimbene in seiner Chronik berichtet. Das lag einerseits daran, dass die päpstliche Propaganda bereits mehrfach entsprechende Falschmeldungen verbreitet hatte, und der Kaiser andererseits aus Sicht der Anhänger der Ideen Joachims von Fiore zehn Jahre zu früh gestorben war. Der Antichrist hätte nämlich, wie erwähnt, nach ihren Berechnungen im Jahre 1260 sterben sollen. Selbst wenn man in Friedrich nur den Vorläufer des Antichrist sehen wollte, ging diese Rechnung nicht auf, denn er hätte vor seinem Tod noch weitere Untaten begehen müssen. Salimbene, der eine Zeitlang selbst zu den Anhängern Joachims von Fiore gehört hatte, erklärte offen, daraufhin seinen Glauben an die Vorhersagen Joachims verloren zu haben.

Ein handfester Beleg für die Überzeugung, dass Friedrich noch am Leben sei, sind vier Wetten, die ein Goldschmied in San Gimignano in der Toskana im Jahre 1257 mit sechs Personen abschloss und notariell beglaubigen ließ: Wenn sich herausstellen sollte, dass der Kaiser noch lebe, sollten diese ihm erhebliche Mengen von Getreide liefern. Da die sechs Personen darauf eingingen, ohne vom Goldschmied irgendeine Gegenverpflichtung zu verlangen, stand dieser mit seiner Meinung freilich wohl ziemlich allein. Wie dem auch sei; auch in Deutschland sollen nach der „Sächsischen Weltchronik" (nach 1260) viele am Tod Friedrichs gezweifelt haben. Und der Wiener Jans Enikel († um 1302) schrieb, der Kaiser sei so plötzlich verschwunden, dass niemand wisse, wo er sei; in Italien streite man sich darüber, ob er noch lebe oder nicht.

Falsche Friedriche

Wie stark der Glaube daran war, dass Friedrich nicht gestorben sei, zeigen die Erfolge, die eine Reihe von Hochstaplern hatten, die sich für den wiedergekehrten Kaiser ausgaben. Der erste, dessen Geschichte Saba Malaspina in seiner 1283–85 verfassten Chronik erzählt, trat im Jahre 1261 in Sizilien auf: Ein Bettler namens Johannes de Coclearia, dem man gesagt hatte, er sehe dem staufischen Herrscher stark ähnlich, zog sich auf den Ätna zurück, um sich einen Bart wachsen zu lassen und zu üben, Friedrich in Verhalten und Sprache (*mores et verba*) zu imitieren. Bald sprach sich herum, der Kaiser sei wieder aufgetaucht, und einige Anhänger des Staufers besuchten ihn und versicherten, es handele sich um den wiedergekehrten Friedrich. Auf die Frage, warum er zehn Jahre lang nichts von sich habe hören lassen, antwortete der falsche Friedrich, er sei neun Jahre lang inkognito auf Pilgerfahrt gewesen, um für seine Sünden zu büßen. Es gelang ihm nicht nur, von der Bevölkerung anerkannt zu werden, sondern auch von Papst Urban IV. – von letzterem aber lediglich zum Schein, um ihn zum Kampf gegen Manfred zu ermuntern. Dieser ließ den Hochstapler jedoch gefangen nehmen und kurzerhand aufhängen. Vielleicht erfolgte das Auftreten des ersten falschen Friedrich in der Gegend um den Ätna, weil man im Volk glaubte, im Innern des Vulkans hielten sich König Artus und der staufische Kaiser verborgen.

Nach dem unrühmlichen Ende des sizilischen Hochstaplers kam es in Italien, wo viele den echten Friedrich gekannt hatten, nicht mehr zu vergleichbaren Auftritten. In Deutschland häuften sich hingegen in den folgenden Jahrzehnten solche Fälle. Hier hatte man den Kaiser zuletzt im Jahre 1235 gesehen, und nach dem Tod von Friedrichs Tochter Margarete (1270) gab es kaum noch jemanden, der einen Hochstapler, der sich für den wiedergekehrten Kaiser ausgab, hätte entlarven können. Dass man es in Italien noch in den achtziger Jahren des 13. Jahrhunderts für möglich hielt, dass Friedrich noch lebte, belegt eine Gesandtschaft des in Ferrara (nordöstlich von Bologna) residierenden Markgrafen von Este und einiger lombardischer Städte um 1284, die nach Neuss geschickt wurde, um sich zu erkundigen, was es mit dem dort residierenden angeblichen staufischen Kaiser auf sich habe.

Bei diesem falschen Friedrich handelte es sich um einen Hochstapler namens Dietrich Holzschuh (oder niederdeutsch Tile Kolup), der zwar vermutlich bäuerlicher Herkunft war, aber möglicherweise in Italien mit Soldaten Friedrichs oder Manfreds in Kontakt gestanden hatte. Er versuchte sein Glück zunächst in Köln, wo man ihn jedoch für verrückt erklärte und auswies. Einen erstaunlichen Erfolg erzielte er dagegen im niederrheinischen Neuss, wo man ihn ehrenvoll aufnahm, so dass er hier bald regelrecht Hof halten konnte. Der angebliche Kaiser stellte Privilegien aus und sandte Briefe an die deutschen Fürsten, die er aufforderte, nach Neuss zu kommen, um ihm zu huldigen, wofür er sie dann mit Gunsterweisen belohnen werde. Wie der sizilische Hochstapler, so erklärte auch Dietrich Holzschuh sein langes Verschwinden mit einer Bußpilgerfahrt, die er inkognito unternommen habe. Die Besucher, die nach Neuss kamen, um seine Identität zu prüfen, verblüffte er mit detaillierten Kenntnissen aus dem Leben Friedrichs. Zweifel weckte allerdings sein etwas zu jugendliches Aussehen, das nicht recht zu einem Neunzigjährigen passte, welcher der Kaiser damals hätte sein müssen.

Als der Kölner Erzbischof, nachdem er den Betrüger aus taktischen Gründen über Monate hin toleriert hatte, im März oder Mai 1285 die Stadt Neuss aufforderte, den angeblichen Friedrich auszuliefern, zog dieser mit seinem „Hofstaat" in die Reichsstadt Wetzlar, die damals wegen Steuerforderungen mit König Rudolf von Habsburg im Streit lag und sich mit Frankfurt, Friedberg, Gelnhausen sowie einigen elsässischen Städten verbündet hatte. Der Hochstapler soll allen Ernstes vorgehabt haben, in Frankfurt am Main, wo Friedrich II. 1212 gewählt worden war, „seine" Wahl von den Fürsten bestätigen zu lassen. Der falsche Kaiser forderte Rudolf von Habsburg auf, sich ihm als Vasall zu unterstellen; dafür werde er sein deutsches Königtum anerkennen. Dies ging dem Habsburger, der den Betrüger zunächst ignoriert hatte, nun doch zu weit und er zog mit einem Heer nach Wetzlar. Bevor er dort eintraf, einigten sich die Bürger jedoch mit dem König und lieferten den Hochstapler aus, der wegen Ketzerei und Zauberei zum Tode verurteilt und in Anwesenheit Rudolfs vor den Toren der Stadt verbrannt wurde.

Da in der Asche des falschen Friedrich angeblich keine Knochen gefunden wurden, bekam der im Volk verbreitete Glauben, der Kaiser werde erneut wiederkehren und den verweltlichten Klerus züchtigen, wiederum Auftrieb. So tauchte bald nach Dietrichs Tod ein Mann auf, der vorgab, er sei Friedrich, der wie Christus am dritten Tage wieder auferstanden sei. Nachdem dieser falsche Friedrich in einigen Dörfern und Städten Gehör gefunden hatte, endete er schließlich in Utrecht am Galgen. Andernorts traten indessen weitere falsche Friedriche auf. Zum Jahre 1284 wird in den Annalen von Colmar ein zwischen Basel und Worms lebender Eremit namens Heinrich erwähnt, der sich „Kaiser Friedrich" nannte. Er verschwand aber spurlos, als Rudolf von Habsburg anrückte, um die Stadt Colmar zu belagern, die sich wie Wetzlar weigerte, seinen Steuerforderungen nachzukommen. Ein anderer falscher Friedrich erschien wenige Jahre später (um 1287) in Lübeck. Es gelang ihm zwar, die unteren Bevölkerungsschichten für sich zu gewinnen, doch der Bürgermeister Hinrich Steneke, der den echten Friedrich noch gekannt haben soll, entlarvte ihn als Betrüger. Über sein Ende liegen widersprüchliche Nachrichten vor: Vielleicht wurde er zum Tode verurteilt und ertränkt; oder er konnte rechtzeitig fliehen und so sein Leben retten. Der vorläufig letzte Hochstapler, der sich für den wiedergekehrten Kaiser ausgab, trat im Jahre 1295 in Esslingen auf, wo er schließlich als Ketzer verbrannt wurde.

Das Auftreten der falschen Friedriche zeigt, dass in den letzten Jahrzehnten des 13. Jahrhunderts in Deutschland die Erinnerung an den mythischen Stauferkaiser nach wie vor lebendig war und man vor allem in den unteren Bevölkerungsschichten auf seine Wiederkehr hoffte.

Der dritte Friedrich

Die Prophezeiung der erythräischen Sibylle „Er lebt, und lebt doch nicht", konnte auch so verstanden werden, dass Friedrich in seinen Nachkommen weiterleben werde, wie Manfred es bereits unmittelbar nach dem Tod des Kaisers in seinem erwähnten Brief an Konrad IV. andeutete. Wenig später bezeichnete der kaiserliche Notar Petrus de Prece, der die Weissagungen der erythräischen Sibylle kannte, den verstorbenen Herrscher als den „Adler aus dem Osten", der in seinen Jungen weiterleben, ja von ihnen noch übertroffen werde. Der erwähnte, im pseudojoachimischen *Liber de oneribus prophetarum* (ca. 1255/56) erhaltene Hinweis, es werde nach Friedrich ein weiterer Kirchenverfolger kommen, „ein letzter von seiner Nachfolge geboren aus dem dritten Nest", gab ebenfalls Anlass, auf einen dritten Friedrich zu hoffen, der das Werk der Züchtigung und Reinigung der Kirche vollenden sollte. Erst danach werde, so der Text, das „Reich der Deutschen" (*imperium Germanorum*) untergehen.

Nach dem Tod Konradins (1268) sahen die italienischen Ghibellinen diesen dritten Friedrich zunächst im gleichnamigen, 1257 geborenen Enkel des Kaisers, Friedrich genannt der Freidige aus dem Geschlecht der Wettiner, dessen Mutter Margarete eine Tochter Friedrichs II. aus seiner dritten Ehe mit Isabella von England war. Um 1269 schrieb Konradins Protonotar Petrus de Prece an Heinrich den Erlauchten († 1288), den Großvater Friedrichs des Freidigen, und schlug vor, diesen als Kandidat für den sizilischen Thron aufzustellen. Dabei verwies er auf Weissagungen, nach denen ein dritter Friedrich (*Fredericus tercius*) das Geschlecht des vom Papst mit dem Königreich Sizilien belehnten Karl I. von Anjou vernichten und die Weltherrschaft erringen werde. Ähnlich klang eine Joachim von Fiore zugeschriebene Prophezeiung, die zum Jahre 1269 in einer Franziskanerchronik aus Erfurt überliefert ist und vermutlich ebenfalls durch italienische Ghibellinen vermittelt wurde, die damals Kontakt mit dem wettinischen Hof aufnahmen. Hier heißt es, nachdem Karl I. von Anjou Manfred und Konradin besiegt habe, werde ein „aus der Wurzel des (staufischen) Königtums" (*de radice regni*) hervorgegangener „östlicher Friedrich" (*Fredericus orientalis*) diesen vernichten, den Papst gefangen nehmen, im Bündnis mit den Spaniern auch das Königreich Frankreich erobern und so seine Herrschaft bis an die Grenzen der Welt ausdehnen.

Am Hof der Wettiner in Meißen ging man auf den Vorschlag lombardischer Ghibellinen ein und erklärte sich bereit, mit böhmischer Unterstützung in Italien einzugreifen. Man hoffte offensichtlich, Friedrich der Freidige sei in der Lage, dort das Erbe seines gleichnamigen staufischen Großvaters anzutreten. In Briefen aus den Jahren 1269 und 1270, die dieses Projekt betrafen, titulierte man ihn bereits als Friedrich III., König von Jerusalem und Sizilien. Die italienischen Pläne des jungen Wettiner erwiesen sich jedoch als ebenso wenig realisierbar wie kurz danach seine Kandidatur für die römisch-deutsche Königswürde. Selbst nachdem im Jahre 1273 mit Rudolf von Habsburg ein König gewählt worden war, der enge Beziehungen zu den Staufern unterhalten hatte, blieben mit Friedrich dem Freidigen große Hoffnungen verbunden. So berichtet Peter von Zittau (ca. 1270–1339) von einer Prophezeiung aus seiner Jugendzeit, nach der dieser, der dem Volksglauben nach ein goldenes Kreuz zwischen den Schultern getragen habe, als mächtiger Kaiser der Zukunft am Klerus Wunderbares vollbringen werde.

In Italien hoffte man ebenfalls auf einen dritten Friedrich, und dies nicht nur um 1270, als die Ghibellinen ihre Hoffnungen auf den Wettiner setzten. Einige Jahrzehnte später glaubte man ihn im gleichnamigen Sohn Peters III. von Aragón und Konstanzes, einer Tochter König Manfreds, gefunden zu haben. Nachdem sich die Insel Sizilien 1282 gegen Karl I. von Anjou aufgelehnt und sich Peter III. von Aragón unterstellt hatte, bildete sie ein eigenes Königreich, dessen Krone im Jahre 1296 der Thronfolger Friedrich erhielt. Am

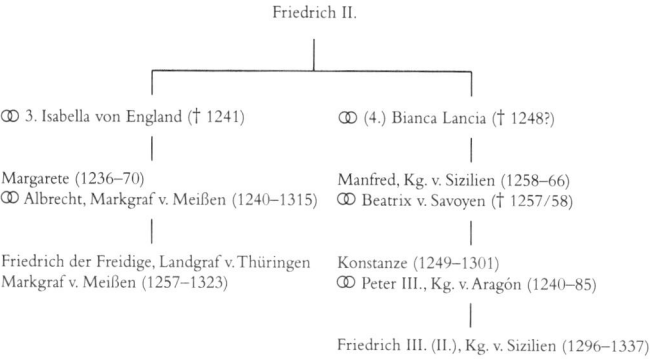

Tafel 5: Der dritte Friedrich

Krönungstag soll der Admiral Roger de Lauria den sizilischen Ständen erklärt haben, der neue König sei jener dritte Friedrich, von dem die Weissagungen behaupteten, er werde das Reich (*imperium*) und den größten Teil der Welt beherrschen; er sei der dritte Sohn König Peters III., der dritte Friedrich, der über Sizilien herrsche (was nicht stimmte, da er in Wirklichkeit erst der zweite war), sowie der dritte Friedrich, der Kaiser von Deutschland sein werde.

Der aragonesisch-sizilische Friedrich nannte sich in der Tat „Friedrich III., König von Sizilien, des Herzogtums Apulien und des Fürstentums Capua", nahm also denselben Titel an, den einst die normannischen Könige von Sizilien und Friedrich II. geführt hatten. Dadurch dass er sich als dritter Friedrich bezeichnete, obwohl er erst der zweite König von Sizilien dieses Namens war, drückte er seinen Anspruch auf das verwaiste Kaisertum aus. Erst nachdem der Luxemburger Heinrich VII. im Jahre 1312 zum Kaiser gekrönt worden war, gab der sizilische Friedrich diesen Anspruch auf und korrigierte seine Ordnungszahl entsprechend. Seither beschränkte sich dieser Urenkel des staufischen Kaisers unter dem Namen Friedrich II. auf die Herrschaft über Sizilien, wo er unter dem Einfluss des Arnau (Arnald) de Vilanova († 1311), der den Ideen der franziskanischen Spiritualen nahe stand, versuchte, die Forderungen nach einer Rückkehr zu einem wahrhaft evangelischen Leben in die Wirklichkeit umzusetzen. So verbannte er von seinem Hof allen Luxus und gründete Schulen, in denen die Bevölkerung zu einer christlichen Lebensführung erzogen werden sollte. Es ist gut möglich, dass er persönlich davon überzeugt war, der geweissagte Endkaiser zu sein.

Auch außerhalb von Deutschland und Süditalien hoffte man auf einen dritten Friedrich: So erwartete der 1307 im norditalienischen Novara als Ketzer verbrannte Fra Dolcino, der Führer der antipäpstlichen Sekte der Apostelbrüder, einen neuen Friedrich, der die verweltlichten Geistlichen töten und bis zum Erscheinen des Antichrist gemeinsam mit einem Engelspapst die Kirche erneuern werde. In Südfrankreich setzten zu Beginn des 14. Jahrhunderts die als Ketzer verfolgten

Katharer ebenfalls ihre letzte Hoffnung auf einen dritten Friedrich.

Furcht vor einem solchen Störer der kirchlichen Ordnung hatte hingegen ein gewisser Telesphorus aus dem kalabrischen Cosenza, der in einer 1386, also einige Jahre nach Beginn des großen Papstschismas (1378–1417), verfassten Schrift die These vertrat, dass ein 1365 geborener dritter Friedrich der letzte Kaiser deutscher Herkunft sein werde. Als Vorkämpfer des von seinen Fesseln befreiten Satan werde dieser Friedrich von einem falschen, deutschen Papst gekrönt werden und die Kirche für ihre Sünden bestrafen. Doch dann werde ein aus dem Geschlecht Pippins stammender französischer König namens Karl als Verbündeter des Engelspapstes dem dritten Friedrich ein Ende bereiten. Von einer ähnlichen in Deutschland verbreiteten Weissagung berichtet 1281 der Kölner Domherr Alexander von Roes.

Es verwundert deshalb nicht, dass, nachdem mit dem Habsburger Friedrich III. wirklich ein dritter Friedrich zunächst im Jahre 1440 römisch-deutscher König und im Jahre 1452 auch Kaiser wurde, dieser mit solchen Prophezeiungen in Zusammenhang gebracht wurde. Der Propst Tilman von St. Florian in Koblenz, der dem Habsburger offiziell seine Wahl zum König mitteilte, sprach die Hoffnung aus, dass sich nun jene alte Weissagung erfüllen möge, nach der unter einem dritten Friedrich eine Zeit des höchsten Friedens anbrechen werde. Als Friedrich III. einige Jahre später zur Kaiserkrönung nach Rom zog, gab es dort Stimmen, die befürchteten, er könnte der geweissagte dritte Friedrich sein, der die Kirche züchtigen sollte. Obwohl der Habsburger, der in guten Beziehungen zum Papst stand, selbst solche Prophezeiungen ablehnte, wurde er oft mit dem geweissagten dritten Friedrich identifiziert, von einigen mit dem Endkaiser, der Jerusalem erobern werde, von anderen mit dem Antichrist, der am Ende der Zeiten regieren sollte.

Friedrich als Reformer

Kurz vor oder nach der Kaiserkrönung Friedrichs III. von Habsburg wurde zwischen 1451 und 1453 zum ersten Mal das im 14. Jahrhundert entstandene sog. deutsche Sibyllen-Buch gedruckt, das von einem Endkaiser namens Friedrich handelte, der nach Jerusalem ziehen und seinen Schild dort an einem „dürren Baum" aufhängen werde. Dieser werde dann wieder anfangen zu grünen, um anzuzeigen, dass eine neue Zeit des Friedens und des Wohlstands begonnen habe. Dieselbe Geschichte findet sich im mittelhochdeutschen Sibyllen-Lied, das vermutlich gegen Ende der Regierungszeit des vom Papst exkommunizierten Kaisers Ludwigs des Bayern (1314–1347) entstand. Dort heißt es, wenn die Not im Kampf zwischen Papsttum und Kaisertum am größten sei, werde Kaiser Friedrich – es bleibt offen, ob der wiedergekehrte oder der dritte – erscheinen, das Heilige Grab befreien und seinen Schild am dürren Baum aufhängen, der wieder anfangen werde zu grünen. Dann werde für alle Untertanen das gleiche Recht gelten. Dieser Friedrich werde die Zahl der Geistlichen drastisch verringern, die Klöster zerstören und die Nonnen verheiraten. Hier erscheint der Endkaiser zum ersten Mal ausdrücklich als Reformer der Kirche und der Gesellschaft.

Wie verbreitet die Sehnsucht nach einer Wiederkehr Friedrichs als Reformer im 14. Jahrhundert nördlich der Alpen war, berichtet anschaulich der Franziskaner Johannes von Winterthur (ca. 1300–1349). Seine Mitteilungen über die Reformerwartungen, die im Volk an ein Erscheinen des Staufers geknüpft wurden, verdienen Vertrauen, denn er lehnte den Glauben an die Wiederkehr des Kaisers als eine „große Dummheit" entschieden ab. Außerdem verteidigte Johannes in guter franziskanischer Tradition die päpstliche Exkommunikation und Absetzung Friedrichs, wobei er als originellen Beleg für die Missachtung der kirchlichen Feste und Sakramente anführte, dass der Kaiser öfters sonntags gebadet habe. Angesichts der im Jahre 1348 ausgebrochenen Pest und anderer Katastrophen wie Überschwemmungen, Kälteeinbrüchen und Hungersnöten seien Menschen verschiedenster Herkunft davon überzeugt gewesen, dass „der Kaiser Friedrich, der zweite dieses Namens" mit sehr großer Stärke wiederkehren werde, um die völlig verdorbene Kirche zu reformieren. Sie hätten geglaubt, dass er, um allen Menschen volle Gerechtigkeit widerfahren zu lassen, die Mönche und Nonnen zur Ehe zwingen sowie arme Frauen mit reichen Männern und umgekehrt verheiraten werde. Der wiedergekehrte Friedrich sollte also nicht mehr lediglich ein Reformer der Kirche sein, sondern auch ein Veränderer der Gesellschaft, der die sozialen Unterschiede beseitige.

Ähnliche Gedanken finden sich in der *Reformatio Sigismundi*, einer Reformschrift, die Kaiser Sigmund (1410–1437) zugeschrieben wurde, in Wirklichkeit jedoch erst nach seinem Tod entstand. Die Schrift forderte die Herrschenden zu grundlegenden Reformen von Kirche und Gesellschaft und insbesondere zur Trennung der geistlichen von der weltlichen Sphäre auf. Dabei standen die Mönchsorden im Mittelpunkt der Kritik, da sie als für Kirche und Gesellschaft nutzlos bezeichnet wurden. Die Lage des „gemeinen Mannes" sollte durch Maßnahmen gegen ungerechtfertigte Preiserhöhungen, Zinsen und Zölle sowie die Verminderung der Frondienste und die Aufhebung der Leibeigenschaft der Bauern verbessert werden. Eine Realisierung all dieser Reformen sei in Kürze von einem Priesterkönig namens Friedrich von Lantnewen zu erwarten, der als „kleiner Geweihter" gekennzeichnet wird, also von niederer Herkunft sein sollte. Hier wird zwar die Hoffnung auf einen Friedrich gesetzt, aber ohne jeden Bezug auf den staufischen Herrscher. Das gleiche gilt für das „Buch der hundert Kapitel" des sog. Oberrheinischen Revolutionärs von 1490–1509, eine moralisierende Reformschrift, deren Autor einen aus dem Schwarzwald stammenden „gemeinen Mann" erwartete, der als Friedenskaiser namens Friedrich auftreten, Jerusalem erobern und die Welt beherrschen werde. Im Unterschied zur traditionellen Endkaiser-Weissagung sollte die Initiative vom Volk ausgehen: Eine vom Erzengel Michael angeführte und mit einem gelben Kreuz gekennzeichnete Bruderschaft frommer Eheleute werde „den König aus dem Schwarzwald" wählen.

Bei diesen Reformkaisern namens Friedrich, auf deren Kommen man im 15. und 16. Jahrhundert hoffte, sind die Bezüge auf den historischen Friedrich II. sehr vage oder fehlen, ganz im Unterschied zu dem in Thüringen verbreiteten, erstmals 1421 dokumentierten Volksglauben, nach dem der staufische Kaiser nicht gestorben sei, sondern sich in der Nähe des Berges Kyffhäuser verborgen halte. Daraus entstand die berühmte Kyffhäusersage, nach der sich Friedrich II. im Berginnern aufhielt. In einer Flugschrift von 1537 heißt es, als Freund des „kleines Mannes" sei der Herrscher einem Schafhirten erschienen. Er habe ihn in den Kyffhäuser hineingeführt, ihm viele Waffen gezeigt und ihn reich beschenkt. Bei der Verabschiedung habe der Kaiser dem Schäfer aufgetragen, den Leuten draußen zu sagen, dass er mit diesen Waffen das Heilige Grab erobern werde. Nach anderen Gerüchten, die erstmals 1499 belegt sind, sollte Friedrich hingegen mit einem großen Gefolge in einer Felsenhöhle in der Nähe von Kaiserslautern leben, während andere ihn im Untersberg bei Salzburg vermuteten (1557/58). Spätestens seit 1519 wurde der in einem Berg verborgene Kaiser Friedrich nicht mehr nur auf Friedrich II., sondern auch auf seinen Großvater Friedrich Barbarossa bezogen, der dann im 19. Jahrhundert als mythische deutsche Identifikationsfigur endgültig an dessen Stelle treten sollte. Bis zum 16. Jahrhundert war es hingegen der Mythos vom zweiten Friedrich, der die Szene beherrschte.

Die Ursache für die Friedrich-Sehnsucht der Deutschen im späten Mittelalter liegt in den Krisen, die damals ganz Europa erschütterten. Zur allgemeinen Wirtschaftskrise und den Epidemien des 14. Jahrhunderts wie der großen Pest, die europaweit bis zu einem Drittel der Bevölkerung hinwegraffte, und sozialen Spannungen, die zu Bauern- und Arbeiteraufständen führten, trat die Krise der beiden obersten Ordnungsmächte, des Papsttums und des Kaisertums. Im deutschen Reich war die Bevölkerung sowohl durch die Verweltlichung des Klerus und die bis auf die unterste Ebene hinabreichenden Folgen des großen Papstschismas verunsichert, da man nicht mehr wusste, ob der richtige Papst in Avignon oder in Rom saß, als auch durch den nach dem Ende der Staufer einsetzenden Nie-

dergang der königlich-kaiserlichen Zentralgewalt. Die Eroberung Konstantinopels durch die Türken im Jahre 1453 und ihr
Vordringen bis vor die Tore Wiens zeigte die Ohnmacht des
zerstrittenen Europa, in dem alle Rufe nach einer Reform von
Kirche und Reich ungehört verhallten. In der Misere der Gegenwart projizierte man die Hoffnungen und Erwartungen auf
einen aus der „guten alten Zeit" stammenden mythischen
Heilsbringer. Dafür eignete sich besonders Friedrich II., der
von seinen Gegnern als Kirchenverfolger verteufelt, von seinen Anhängern indes zum neuen Messias und Friedenskaiser
der Endzeit stilisiert worden war.

3   Das neuzeitliche Friedrichbild
in Italien und Deutschland

In seiner Italienischen Reise berichtet Goethe, wie er am
Sonnabend, dem 28. April 1787, „bei heißem Sonnenschein"
mit seinen Begleitern zu Pferd das „wohlgelegene und wohl-
gebaute" Caltanisetta im Inneren Siziliens von Agrigent aus
kommend erreichte. Nachdem ein Nachtlager gefunden und
die Vorbereitungen für das Abendessen getroffen waren, ließen sich die deutschen Besucher von einem „ältlichen Bürger
(…) in der Stadt herumführen". So kamen sie „endlich auf
den Markt, wo die angesehnsten Einwohner nach antiker
Weise umher saßen, sich unterhielten und von uns unterhalten
sein wollten. Wir mußten von Friedrich dem Zweiten erzählen, und ihre Theilnahme an diesem großen Könige war so
lebhaft, daß wir seinen Tod verhehlten, um nicht durch eine
so unselige Nachricht unsern Wirthen verhaßt zu werden."
   Hier ist Goethe, den in Italien vor allem die Natur, die
Antike und die Renaissance faszinierten und dem jedes Verständnis für das „finstere Mittelalter" fehlte, ein peinliches
Missverständnis unterlaufen: Er verwechselte den staufischen
Kaiser, für den sich die Sizilianer „so lebhaft" interessierten,
mit dem kürzlich verstorbenen preußischen König Friedrich II. dem Großen († 17. August 1786). In bezeichnender

Weise verdeutlicht diese Episode die unterschiedlichen Plätze, die der staufische Herrscher im historischen Gedächtnis in Deutschland und Italien in der Neuzeit einnahm.

Kaiser, Tyrann, Staatsmann

Im spätmittelalterlichen Italien herrschte unter dem Einfluss der päpstlichen Propaganda ein ablehnendes Friedrichbild vor, das insbesondere in der guelfischen Toskana verbreitet war. Erst im letzten Jahrzehnt des 15. Jahrhunderts stellte es ein am Hof des Herzogs von Ferrara tätiger Humanist in Frage: Der bereits erwähnte Pandolfo Collenuccio, der eine Geschichte des Königreichs Neapel verfasste, sah im staufischen Herrscher nicht mehr nur einen Tyrannen und Kirchenverfolger, sondern wegen seiner Fähigkeit, die Macht der Barone zu brechen und Kunst und Wissenschaft zu fördern, einen Vorläufer der Renaissancefürsten. Während sich im Italien des 16. und 17. Jahrhunderts infolge der katholischen Gegenreformation das Bild Friedrichs als Kirchenfeind weiter behauptete, hob man daneben vereinzelt auch seine guten Seiten hervor. So lobte der Historiker Giovanni Summonte aus Neapel in seinem 1601 veröffentlichten Geschichtswerk den friedlichen Kreuzzug und die Gesetzgebung des Kaisers. Ebenso positionierte sich Francesco Capecelatro in seiner 1640 erschienenen Geschichte des Königreichs Neapel.

Radikal neubewertet wurde Friedrich jedoch erst im 18. Jahrhundert durch Pietro Giannone, der für die Unabhängigkeit des Staates von der Kirche kämpfte. In seiner *Istoria civile del Regno di Napoli* (1723) stellte Giannone Friedrich und Manfred als Schöpfer eines modernen, von jeder kirchlichen Bevormundung freien Modellstaats dar. Die bis dahin kritisierte Grausamkeit des Kaisers rechtfertigte er mit der für notwendig gehaltenen Staatsraison. Nicht ganz so weit ging in seinen *Annali della Storia d'Italia* (1744–1749) der Geistliche Ludovico Antonio Muratori, der als Begründer der modernen italienischen Geschichtswissenschaft gilt. Für ihn blieb Friedrich ein Feind der Kirche, wobei er allerdings einräumte, dass in der Vergangenheit zu sehr auf die negativ zu bewertenden Aktionen des Kaisers abgehoben worden sei. Obwohl Muratori, selbst ein Norditaliener, den Staufer wegen seiner Unterdrückung der „Freiheit der Lombarden" kritisierte, gestand er ihm Verdienste in der Förderung von Kultur und Justiz zu.

Die Bemühungen des Kaisers um eine geordnete Rechtsprechung fanden in der zweiten Hälfte des 18. Jahrhunderts die Bewunderung der für eine grundlegende Reform des Königreichs Neapel eintretenden Kräfte. Dieser Tendenz schloss sich der sizilianische Historiker Rosario Gregorio an, der im Jahre 1805 die gesetzgeberischen Reformen des staufischen Kaisers als vorbildlich hervorhob. Friedrich erschien als ein aufgeklärter Gesetzgeber, ein tüchtiger Politiker und ein Verteidiger der Eigenständigkeit des Staats.

Süditalienische Legenden

Die Wandlungen des Friedrichbilds in der gelehrten Welt der frühen Neuzeit waren den Sizilianern, die von Goethe etwas über Friedrich II. erzählt bekommen wollten, sicher unbekannt. Die Erinnerung an den staufischen Herrscher, der in Palermo Kindheit und Jugend verlebte und den größten Teil seines Lebens in Italien verbracht hatte, muss auf anderen Wegen, etwa durch volkstümliche Lieder oder Erzählungen, über die Jahrhunderte hinweg lebendig geblieben sein.

Solche im Volk verbreiteten mundartlichen Anekdoten kennt man aus Apulien, ohne dass ihr genaues Alter festzustellen wäre. Manchmal beflügelten dabei friderizianische Bauten die Phantasie. So im apulischen Gioia del Colle (südwestlich von Bari), wo man in den Gemäuern des staufischen Kastells nachts die klagende Stimme von Bianca Lancia zu hören glaubte. Einer lokalen Erzählung nach soll der Kaiser seine langjährige Geliebte hier eingeschlossen haben, als er entdeckte, dass sie erneut schwanger war, und er den Verdacht hegte, dass nicht er, sondern ein Hofpage der Vater sei. Als das Kind geboren wurde, habe es aber auf der Schulter dasselbe Muttermal getragen wie der Kaiser, was zeigte, dass Bianca

Abb. 28: Angebliche Darstellung der Brüste von Bianca Lancia im Kastell von Gioia del Colle, sog. Turm der Kaiserin *(torre dell'imperatrice)*

ohne Grund verdächtigt worden war. Die verbitterte Geliebte soll sich daraufhin die Brüste abgeschnitten, sie Friedrich geschickt und so einen qualvollen Tod erlitten haben. In zwei aus einem Stein im sogenannten Turm der Kaiserin herausragenden Rundungen glaubte man die Darstellung von Biancas abgeschnittenen Brüsten zu erkennen.

Wann diese Legende, in der Friedrich als grausamer Tyrann erscheint, entstanden ist, bleibt unklar. In den mittelalterlichen Quellen wird nichts über einen Aufenthalt Biancas in Gioia del Colle berichtet und ebenso wenig über die erwähnte Anekdote. Es ist möglich, dass sie erst aus dem Anfang des 18. Jahrhunderts stammt, als man in der dortigen Pfarrkirche ein Adelsgrab fand, auf dem eine Dame mit einem Wickelkind sowie ein Wappen mit einem Adler zu sehen waren. Vermutlich handelte es sich um die Darstellung von Maria mit dem Jesuskind und um ein Wappen einer lokalen Adelsfamilie. Die dieses Grab uminterpretierende Legende ist in der 1724 gedruckten Chronik des Franziskaners Bonaventura von Lama zum ersten Mal belegt.

Bei den im apulischen Dialekt verfassten Anekdoten über Friedrich II., die in den fünfziger Jahren des 20. Jahrhunderts gesammelt und veröffentlicht wurden, bleibt ebenfalls unklar, wann sie entstanden sind. Es ist nicht ausgeschlossen, dass sie aus dem 19. Jahrhundert stammen, als der staufische Herrscher in der Zeit des entstehenden italienischen Nationalstaats neue Aktualität erfuhr. Dies könnte man auch für die scherzhaften Verse zwischen rivalisierenden apulischen Städten vermuten, deren volkssprachliche Versionen erst im 20. Jahrhundert schriftlich festgehalten wurden. Andererseits bleibt aber zu berücksichtigen, dass in einer vermutlich noch aus dem 13. Jahrhundert stammenden apulischen Quelle eine lateinische Fassung dieser Spottgedichte überliefert ist, die den Lokalhistorikern des 16. Jahrhunderts bekannt war. Es handelt sich um einen kurzen lateinischen Text (sog. *Itinerario*), der Friedrichs Taten in Apulien und Kampanien nach seiner Rückkehr vom Kreuzzug im Sommer 1229 beschreibt und der zahlreiche Elemente enthält, die vermutlich auf in der Bevölkerung verbreitete volkstümliche Erzählungen zurückgehen.

Ein Indiz dafür, dass in Süditalien die Erinnerung an Friedrich II. in der Neuzeit zumindest zeitweise verblasst war, ist die Tatsache, dass gegen Ende des 17. Jahrhunderts der gelehrte Abt Giovanni Battista Pacichelli (1641–1695) davon überzeugt war, der Erbauer des Castel del Monte sei nicht Friedrich II., sondern Friedrich I. Barbarossa gewesen. In die gleiche Richtung weist eine erstmals 1530 festgehaltene lokale Tradition, nach der das friderizianische Castel Lagopesole von Barbarossa erbaut worden sei. Während es also unsicher ist, ob der Mythos Friedrichs in Süditalien im Mittelalter lebendig blieb, hat im guelfischen Bologna die historische Erinnerung an den dort gefangen gehaltenen und begrabenen Kaisersohn Enzo die Jahrhunderte überdauert, wie die von 1249 bis 1796 alljährlich anlässlich des Jahrestags seiner Gefangennahme gefeierten Volksfeste bezeugen.

Vater des ghibellinischen Vaterlands

Die französische Revolution und die Herrschaft Napoleons hinterließen auch im politischen Bewusstsein der Italiener ihre Spuren. Im 19. Jahrhundert stellte man sich zunehmend die Frage nach der nationalen Identität des in viele Kleinstaaten zersplitterten Italiens. Auf der Grundlage der gemeinsamen Sprache und Literatur, die das Land bereits kulturell vereinte, sollte sich ein Nationalstaat bilden, der nicht ohne eine Auseinandersetzung mit dem Rom und den Kirchenstaat beherrschenden Papsttum entstehen konnte. In einer solchen Perspektive gewann die Figur Friedrichs II. als Förderer der italienischen Literatur und Antagonist der Päpste eine neue Aktualität.

Von seinem Londoner Exil aus stellte der italienische Dichter Ugo Foscolo (1778–1827) im Jahre 1824 den staufischen Kaiser seinen Landsleuten als Vorbild dar: Friedrich habe versucht, „Italien unter einem einzigen Fürsten, einer einzigen Regierungsform und mit einer einzigen Sprache zu vereinigen und es seinen Nachfolgern als die mächtigste unter den europäischen Monarchien übergeben". Foscolo sah in der sizilischen Dichterschule am Hof des staufischen Kaisers antiklerikale Tendenzen und schätzte besonders Petrus de Vinea, der in seinen Briefen „einige der stärksten Argumente" vorweggenommen habe, „welche die Protestanten dreihundert Jahre später gegen die weltliche Macht des Heiligen Stuhls ins Feld führten".

Auch der Politiker und Historiker Cesare Balbo (1789–1853), ein Neuguelfe, der seine Hoffnung auf eine führende Rolle des Papsttum bei der „Auferstehung" (*Risorgimento*) der italienischen Nation setzte und daher Friedrichs Kampf gegen das Papsttum missbilligte, lobte die „persönlichen Qualitäten" des „phantasiereichen" Kaisers und insbesondere sein Interesse für die volkssprachliche Dichtung. Für ihn war Friedrich „sozusagen mehr Italiener als Deutscher". Die Neughibellinen, die davon überzeugt waren, dass ein italienischer Nationalstaat sich nur unabhängig vom Heiligen Stuhl verwirklichen lasse, schätzten hingegen gerade Friedrichs Kampf gegen die Päpste, denen sie die Schuld an der ausgebliebenen politischen Einigung Italiens zuschrieben. Sie stilisierten den staufischen Kaiser zum Vater des italienischen Vaterlands, so vor allem der antiklerikale Patriot und Literat Luigi Settembrini (1813–1878) in Publikationen aus den Jahren zwischen 1866 und 1872, die größtenteils bereits vor 1848 konzipiert worden waren. Für Settembrini „konnte allein Friedrich II. die Einheit Italiens verwirklichen, weil er die Kraft, das Recht und die Seelenstärke hatte" und „weil er als Italiener geboren und erzogen worden war und hier sein Reich haben wollte". Friedrich habe ganz Italien erobern wollen, um Deutschland zu einer angrenzenden Provinz zu machen und den Papst auf eine mit dem Patriarchen von Konstantinopel vergleichbare Stellung herabzustufen. In Sizilien habe der Italiener Friedrich mit der von ihm geförderten volkssprachlichen Literatur den antiklerikalen italienischen Nationalgedanken vorweggenommen.

Dieses neughibellinische Friedrichbild hat die italienische Geschichtsschreibung bis in die erste Hälfte des 20. Jahrhunderts stark beeinflusst. Ein Beispiel dafür ist die 1938 erschienene Monographie von Gabriele Pepe, die den programmatischen Titel „Der ghibellinische Staat Friedrichs II." trägt. Hier wird, zwischen den Zeilen, der Tyrann Friedrich mit dem Diktator Mussolini verglichen, ähnlich wie man in Deutschland zur selben Zeit in gewissen Kreisen Gemeinsamkeiten zwischen dem staufischen Kaiser und Hitler erkennen wollte.

Märtyrer seiner Zeit und gottloser Despot

Das neuzeitliche Friedrichbild in Deutschland ist stark von den Reformatoren beeinflusst worden, die im staufischen Kaiser einen frühen Kirchenreformer und Märtyrer im Kampf gegen das korrupte Papsttum sahen. Im katholischen Lager reagierte man, indem man die päpstliche Politik gegenüber Friedrich damit rechtfertigte, dass der Staufer ein Ketzer und Kirchenfeind war. Erst durch die Aufklärung änderte sich das konfessionell geprägte Friedrichbild. Die positive Darstellung des staufischen Kaisers durch Voltaire in seinem berühmten *Essai sur les moeurs et l'esprit des nations* (1756) verfehlte auch in Deutschland nicht ihre Wirkung: Johann Gottfried Herder (1744–1803) bezeichnete Friedrich als „Mann, den der Schutzgeist Deutschlands brauchen wollte, um der Wiederhersteller der griechischen und morgenländischen Literatur, der echten römischen Sprache, der Weltweisheit und Naturkunde zu sein, der selbst ein Kenner voll Gelehrsamkeit und Geschmack war, der aber, ohngeachtet aller seiner Mühe, nichts als der Märtyrer seiner Zeit wurde". Der staufische Kaiser sei „der Morgenstern eines bessern Tages" gewesen, dessen Licht von der Wolke des düsteren Mittelalters überschattet worden sei (1767). Für Herder war Friedrich ein seiner Zeit vorauseilender Aufklärer, eine Auffassung, die noch bis heute auf das deutsche Bild des staufischen Kaisers nachwirkt.

Mit der „Wiederentdeckung" des Mittelalters im nachnapoleonischen Deutschland des 19. Jahrhunderts trat der nach dem Geschmack vieler Deutscher zu italienische Friedrich II. in den Schatten seines gleichnamigen Großvaters. Es ist bezeichnend, dass nach 1800 der „deutschere" Barbarossa seinen Enkel endgültig aus dem Kyffhäuser verdrängte. Für die romantischen Patrioten der Befreiungskriege verkörperte der im thüringischen Berg seiner Wiederkehr entgegenschlummernde Rotbart „des Reiches Herrlichkeit", die durch die erwartete Einheit der Nation wiederaufleben sollte.

Friedrich II. wurde hingegen in der Zeit der Romantik wegen seiner von den Aufklärern bewunderten Rationalität kritisiert. Für Friedrich Schlegel (1772–1829) war der Enkel Barbarossas ein gottloser Despot, eine Art früher Napoleon: „An Bildung und kühner Geisteskraft den frühern Kaisern, ja allen Herrschern des Mittelalters vielleicht überlegen", habe er „durch den wilden Gebrauch, den er von seinen großen Gaben machte, das deutsche Reich und das Kaisertum, so wie es im Mittelalter (…) bestand, zerstört" (1810/11). Ähnlich schlecht fiel das Urteil des katholischen Münchener Geschichtsprofessors Constantin Höfler (1811–1897) aus: „Selten oder nie besaß ein Fürst so ausgezeichnete Fähigkeiten mit einer so glänzenden äußeren Macht, als Friedrich II.; selten oder nie ward ein solcher Verein so gänzlich zu selbstsüchtigen Zwecken missbraucht, als von ihm". Höfler hielt Friedrich für den schlimmsten „Revolutionär" der Geschichte, der die Schuld für die Auflösung der mittelalterlichen Weltordnung und die Zerrüttung Italiens und Deutschlands trage.

Nicht besser fiel die Beurteilung des von der katholischen Romantik beeinflussten Frankfurter Gelehrten Johann Friedrich Böhmer (1795–1863) aus, der sich als Initiator der „Regesta Imperii" große Verdienste um die Erschließung der mittelalterlichen Quellen erwarb. Auch für ihn war Friedrich ein mit Napoleon vergleichbarer gott-, sitten- und herzloser Despot, der sich in seinem Harem schlimmsten Ausschweifungen hingegeben, „die Monarchie zum Bundesstaat herabgedrückt" und Deutschland zu einem „dienenden Nebenland" seines Reiches gemacht hatte, dessen Zentrum in Italien lag.

Der erste moderne Mensch

Einem solchen Friedrichbild, das die Bemühungen des staufischen Kaisers um den Aufbau eines zentralisierten, den Einfluss der Kirche und des Adels zurückdrängenden Staats negativ beurteilte, war noch der Schweizer Historiker Jacob Burckhardt (1818–1897) verpflichtet, der in seinem berühmten Buch „Die Kultur der Renaissance in Italien" (1860) das viel zitierte Wort von Friedrich als dem „ersten modernen Menschen auf dem Thron" schuf. Diese Formulierung wird bis heute noch vielfach als zustimmendes Urteil über den seiner Zeit vorauseilenden staufischen Herrscher verstanden, war aber eher kritisch gemeint. Für Burckhardt, der eine Abneigung gegen die „unhumane" Moderne hegte, war Friedrich mit seinem Versuch der Monopolisierung aller Gewalt und der Beseitigung der feudalständischen mittelalterlichen Gesellschaftsordnung ein Vorläufer der italienischen Renaissance-Despoten.

Friedrichs Rationalität und Despotismus störte auch den um die Erforschung der Quellen zur Geschichte der Stauferzeit verdienten und um ein ausgewogenes Urteil bemühten Heidelberger Geschichtsprofessor Eduard Winkelmann (1838–1896). Daher mischte sich bei ihm ein „Gefühl des Unbehagens in die Bewunderung" für den staufischen Kaiser ein. Andererseits bemühte sich Winkelmann um Verständnis für die Konzentration der Politik Friedrichs auf Italien, die man zwar „vom deutschen Standpunkte" aus bedauern müsse, die allerdings nicht „unvernünftig" gewesen sei. Trotz seiner Skepsis gegenüber der „Modernität" Friedrichs verbarg der Heidelberger Historiker nicht eine gewisse Sympathie für den Kaiser.

Entschieden weiter war in dieser Hinsicht einige Jahre zuvor der Italienkenner Ferdinand Gregorovius (1821–1891) gegangen, der 1853 in Palermo bewegt „am Grabe des größten deutschen Kaisers, Friedrich II." gestanden hatte. Wenig später bezeichnete er ihn als „Vorläufer der Reformation", der „weit über seine Zeit hinweg (...) Ideen der Humanität, der Bildung und der Vernunft" ausgesprochen habe, „welche die pfäffisch-feudale Barbarei des Mittelalters bekämpften und die Welt erleuchteten". Gregorovius schloss seine Lobeshymne auf den weisen Gesetzgeber und uneigennützigen Förderer der Wissenschaften und der Dichtung mit den Worten: „Friedrich II. war ein Mensch von idealster Bedeutung, eins von den großen Kulturgenies, die, wenn sie erscheinen, ein Feuer in der Menschheit entzünden, welches Jahrhunderte lang fortlodert."

Friedrichs Bewertung als „größter deutscher Kaiser" und „Kulturgenie" durch Gregorovius und Burckhardts kritische Stilisierung des staufischen Herrschers zum „ersten modernen Menschen" wurden vom Philosophen Friedrich Nietzsche (1844–1900) weitergeführt. Nietzsches Ausführungen, die das Friedrichbild des 20. Jahrhunderts stark beeinflussten, stellen einen wichtigen Einschnitt in der Rezeption des letzten Stauferkaisers dar. Der antiklerikale Philosoph reihte Friedrich unter die seltenen „Übermenschen" der Geschichte ein, „jene zauberhaften Unfaßbaren und Unausdenklichen, jene zu Sieg und Verführung vorherbestimmten Rätselmenschen, deren schönster Ausdruck Alcibiades und Caesar (– denen ich gerne jenen ersten Europäer nach meinem Geschmack, den Hohenstaufen Friedrich den Zweiten zugesellen möchte), unter den Künstlern vielleicht Lionardo da Vinci ist" (1885/86). Für den Italienliebhaber Nietzsche war Friedrich ein „großer Freigeist, das Genie unter den deutschen Kaisern" (1888/95).

Als neuzeitlicher Nachfolger des staufischen Herrschers sah sich der preußische Kaiser Wilhelm II., der die „Modernität" des Wissenschaft und Kunst fördernden Friedrich bewunderte und ihn um seine Handlungsfreiheit beneidete. Bei einem Besuch des Castel del Monte äußerte er 1904: „Ja, wenn man denkt, was dieser große Kaiser alles geleistet! Aber wenn auch ich ebenso peitschen und köpfen lassen könnte wie er, dann würde ich auch mehr schaffen!"

Selbst ein stets um ein ausgewogenes Urteil bemühter Mittelalterforscher wie der Heidelberger Historiker Karl Hampe, den die Gestalt des staufischen Herrschers ein Leben lang beschäftigen sollte, konnte sich der Faszination Friedrichs nicht entziehen. Er sah in ihm einen Wegbereiter der Renaissance, einen Vorkämpfer staatlicher Unabhängigkeit und eines „straff organisierten (…) nationalen Einheitsstaates" in Italien, eine Gestalt, die mit ihrem „ganzen kühlen Rationalismus" im Grunde „wenig mittelalterlich" gewesen sei und „weit voraus in das siebzehnte und achtzehnte Jahrhundert" gedeutet habe (1899/1909).

Kaiser des geheimen Deutschland

Nietzsches Bild vom letzten staufischen Kaiser als genialem Übermenschen fand in Deutschland bereits ab 1900 raschen Anklang. Weitere Verbreitung fand es dann nach der Niederlage des Deutschen Reichs im Ersten Weltkrieg, dem Ende der Monarchie, dem als Schmach empfundenen Versailler Vertrag und der Errichtung der glanzlosen Weimarer Republik. Damals sehnten sich viele Deutsche nach einer „überdeutschen" Führerpersönlichkeit, die der Nation zu neuer Größe verhelfen könne. Vorbilder dafür suchte und fand man in der glorreichen Vergangenheit, die der Misere der Gegenwart ge-

genübergestellt wurde. Hierbei spielte ein elitärer Kreis, der sich in Heidelberg um den Dichter Stefan George scharte, eine wichtige Rolle.

Als Kaiser Wilhelm II. im Jahre 1900 die mittelalterlichen Kaisergräber im Dom von Speyer öffnen ließ, trieb dies dem Dichter, der darin eine pietätlose Grabschändung sah, Tränen des Zorns in die Augen. Im Gedicht „Die Gräber in Speier" (1902) pries George den letzten staufischen Kaiser als einen Orient und Okzident, griechische und römische Kultur vereinigenden Weltenherrscher. Der seit 1917 in Heidelberg lehrende Germanist Friedrich Gundolf (1880–1931), der dem George-Kreis angehörte, veröffentlichte 1924 ein Buch über den Nachruhm Caesars, in dem Friedrich II. als „das reichste, geschmeidigste und kühnste Herrschergenie, das die Welt seit Caesar gesehen" habe, als „der letzte Träger der vollen mittelalterlichen Caesarenweihe, zugleich das erste selbstige Staatsgenie (…) an der Wende zur Renaissance" dargestellt wurde.

Im Mai 1924 legten mehrere Mitglieder des George-Kreises, in dem ein regelrechter Friedrichkult betrieben wurde, am Sarkophag des Kaisers in Palermo einen Kranz nieder mit der Aufschrift: „Seinen Kaisern und Helden – Das geheime Deutschland". Unter ihnen waren Berthold von Stauffenberg (1905–1944), dessen Bruder Claus am 20. Juli 1944 das Attentat auf Hitler verüben sollte, und Ernst Kantorowicz, der seit 1922 auf Anregung Georges an einer Biographie Friedrichs arbeitete. Der „Meister" hatte ihn aufgefordert, die Geschichte des staufischen Kaisers als „Mythos vom Sehnen des ganzen Volkes nach Einung von Nord und Süd" neu zu schreiben. So entstand Kantorowicz' 1927 erschienene Friedrichbiographie, deren Gegenstand, wie angedeutet, ein mythisch überhöhter Weltenherrscher ist, Verkörperung und Vorbild einer übermenschlichen Führergestalt, wie sie sich der George-Kreis an die Spitze des „geheimen Deutschland" herbeisehnte. Für Kantorowicz war der staufische Herrscher das „erste Renaissance-Genie", welches „das wirkliche Diadem der Kosmokratoren auf dem Haupte" trug:

„Die unerhörte Spannweite Friedrichs II. und die Weltgeltung eines Kaisers hat den Renaissance-Tyrannen freilich gefehlt. Nur der Staufer, mit dem das Reich schloß und die Frucht aufsprang, reichte als Priester noch in die Himmel Gottes hinauf, dröhnte als Kaiser über das Erdenrund hin und stieß als Tyrann bis in die tiefsten Höllen hinunter, um mit den himmlischen und irdischen Mächten auch die von der Kirche für ein Tausendjahr gebannten Dämonen und Kräfte der unteren Welten aufzurühren und in sein Gesamt einzubeziehen: Gottessohn Weltenrichter Widerchrist zugleich. (...) Friedrich II. hat als Erster diese Spannung von Himmel und Hölle gezeigt und damit als Erster die Kluft geschlossen. Er, Heiland und Antichrist zugleich, der erste Gottlose und der erste von sich aus göttliche, nicht durch die Kirche heilige Mensch, hatte diese zwiegesichtige Einheit herbeigezwungen durch die Gottheit Justitia, durch das kaiserliche Weltrichter- und Welt-rächertum."

Das Ziel der mit solch literarischem Pathos geschriebenen Biographie war, wie es im Vorwort heißt, „gerade in un-kaiserlicher Zeit" dafür zu sorgen, dass „auch in andern als gelehrten Kreisen eine Teilnahme für die großen deutschen Herrschergestalten sich zu regen beginne". Am Ende des Buches erklärte Kantorowicz, der in der Neuzeit eingetretene „Mythenwandel", nach dem im Kyffhäuser nicht Friedrich II., sondern sein Großvater Barbarossa schlummerte, spiegele das „Leben und Sehnen des alternden oder sich verjüngenden Volkes" wider. Doch nun sei die Zeit reif für eine neue Wende:

„Den Heutigen hat der eisgraue Schläfer, dessen Bart den Tisch durchwachsen, nichts mehr zu sagen: er ist in der Tat schon erlöst, der Greis von dem Greise und von des Reiches größtem Vasallen. Doch der müde Herr des Endes hatte bei seiner Erlösung nichts mehr gemein mit jenem feurigen Herrn des Anfangs, dem Verführer, Berücker, dem Strahlenden, Heiteren, dem Ewig-jungen, dem strengen kraftvollen Richter, dem Gelehrten und Weisen, dem im Helm den Musenreigen führenden Krieger, der nicht schläft sondern sinnt, wie er „das Reich" erneue. Wäre nicht Barbarossas Enkel,

so stünde der Berg heute leer .. doch der größte Friedrich ist bis heut nicht erlöst, den sein Volk weder faßte noch füllte. ‚Er lebt und lebt nicht' .. nicht mehr den Kaiser: des Kaisers Volk meint der Spruch der Sibylle. "

Hier wird die Auffassung vertreten, mit der 1871 erfolgten Gründung des zweiten deutschen Kaiserreichs habe der greise Hohenzoller Wilhelm I. (1861–1888), als preußischer König „des Reiches größter Vasall", den im Kyffhäuser schlummernden Barbarossa, den „müden Herrn des Endes", erlöst. Nun warte Friedrich II., der „feurige Herr des Anfangs", auf seine Erlösung, die, so wird zwischen den Zeilen suggeriert, nur von einer aus dem Volk stammenden, dem großen Staufer wesensähnlichen übermenschlichen Führergestalt kommen könne. In Jahren, in denen viele auf ein die Weimarer Republik ablösendes „drittes Reich" hofften, wie es 1923 in einem populären Buch von Arthur Moeller van den Bruck (1876–1925) propagiert worden war, konnten solche Ideen leicht politisch missbraucht werden.

Während Kantorowicz als Jude nach der nationalsozialistischen Machtübernahme Deutschland verlassen musste, stellten dem Regime nahe stehende Historiker wie Karl Ipser den Führer Adolf Hitler als den von Kantorowicz ersehnten Erlöser Friedrichs II. dar: „Der größte Friedrich ist nunmehr erlöst und in die deutsche Ewigkeit eingegangen. Lange Zeit war er ein Fremder gewesen, heute aber hat ihn sein Volk verstanden, und er ist ganz einer der Unseren geworden. Sein Werk ist gesichert und hat in allem strahlende Erfüllung gefunden durch Adolf Hitler" (1942). Die Achse Berlin-Rom (Hitler-Mussolini) schien eine Wiederaufnahme des Deutschland und Italien vereinenden staufischen Kaiserreichs, so dass allen Ernstes vorgeschlagen wurde, die Gebeine Friedrichs von Palermo nach Berlin zu überführen.

Paradigmenwechsel der Nachkriegszeit

Nach dem katastrophalen Ende des Dritten Reichs und der Aufteilung Deutschlands unter die Siegermächte des Zweiten Weltkriegs bestand zunächst kein Bedarf mehr an übermenschlichen Führergestalten und Träumen von historischer Größe. Kantorowicz, der am Institute for Advanced Studies in Princeton in den USA ein neues Wirkungsfeld gefunden hatte, zögerte lange, bis er 1963 seine Zustimmung zu einer Neuauflage seines Friedrichbuchs gab, weil er die Wiederbelebung „antiquierter Nationalismen" und „politischer Missverständnisse" befürchtete: „Man sollte halt", schrieb er in einem Brief, „ein Buch, das bei Himmler auf dem Nachttisch lag, und das Göring an Mussolini mit Widmung verschenkte, in völlige Vergessenheit geraten lassen".

Dazu kam es aber dann doch nicht, denn die Sprachgewalt der Biographie und der 1931 nachgelieferte „Ergänzungsband" mit Quellen- und Literaturnachweisen sowie gelehrten Exkursen hatten auf die Fachwelt einen starken Eindruck hinterlassen. Eine 1964 von Hans Martin Schaller für ein breiteres Publikum verfasste Kurzbiographie Friedrichs II. stand noch ganz im Bann von Kantorowicz. Dies gilt in einem gewissen Maß auch für die Friedrichbiographie des amerikanischen Historikers Thomas van Cleve (1888–1976): Für ihn hatte der staufische Kaiser „no counterpart nor near counterpart in history".

Einen Paradigmenwechsel brachte, wie erwähnt, 1988 eine weitere englische Friedrichbiographie, die der Cambridger Historiker David Abulafia vorlegte. In seinen Augen war der staufische Herrscher „kein politisches Genie und auch kein Visionär", sondern ein ganz normaler, eher durchschnittlicher Kaiser des 13. Jahrhunderts. In Friedrichs kulturellem Mäzenatentum sah der englische Historiker „nur einen schwachen Abglanz dessen, was seine normannischen Vorgänger in dieser Beziehung geleistet hatten". Unter dem Staufer sei „die fruchtbare Koexistenz von Christen, Muslimen und Juden (…) in Sizilien nicht etwa wiedergeboren, sondern beerdigt" worden. Im Bestreben, den von Kantorowicz mythisch überhöhten Kaiser zu entmythisieren, ging Abulafia schließlich so weit, Friedrich als einen eher rückwärts als vorwärts gewandten „soliden Konservativen" zu bezeichnen.

Abulafias Buch, das bereits 1990 ins Italienische, aber erst 1994 ins Deutsche übersetzt wurde, ist in Italien von der Fachwelt meist positiv aufgenommen worden; in Deutschland war die Reaktion hingegen eher zurückhaltend. Für den unterschiedlichen Stellenwert Friedrichs II. im kulturellen und politischen Bewusstsein der beiden Länder ist bezeichnend, dass der 800. Geburtstag des Kaisers im Jahre 1994 in Italien unter großem Aufwand mit zahlreichen Ausstellungen und Tagungen gefeiert wurde, während man in Deutschland lediglich in der Stauferstadt Göppingen seiner gedachte. In Italien wurde 1988 sogar ein eigens dem staufischen Kaiser gewidmetes Forschungszentrum des Nationalen Forschungsrats (Consiglio Nazionale delle Ricerche), das „Istituto Internazionale di Studi Federiciani" in Potenza gegründet, das für einige Jahre seinen Sitz im Castel Lagopesole hatte (1994–2006) und sich vor allem der interdisziplinären Erforschung der süditalienischen Kastellbauten widmet.

Die Vermarktung des Mythos

In Süditalien, besonders in Apulien und Sizilien, lebt ungeachtet der Bemühungen der Fachhistoriker, Friedrich zu historisieren, der Mythos des staufischen Kaisers so gut wie ungebrochen weiter. In den letzten Jahren wird er zunehmend wirtschaftlich genutzt: Die moderne politische Region Apulien hat im Jahre 2005 auf einer Tourismusmesse als ihr neues Markenzeichen den Namen *Puglia Imperiale* (kaiserliches Apulien) vorgestellt. Man berief sich hierbei ausdrücklich auf die Bezeichnung des jungen Friedrich als *puer Apuliae*, die in verschiedenen mittelalterlichen Quellen auftaucht und die man als regionale Herkunftsangabe auffasste. Dabei vergaß man jedoch, dass der lateinische Begriff *Apulia*, wie bereits erwähnt, im Mittelalter keineswegs allein auf Apulien beschränkt war, sondern dass zahlreiche, meist nicht aus dem Süden stammende Autoren damit pauschal ganz Süditalien meinten. Das gleiche gilt auch für die entsprechende mittelhochdeutsche Bezeichnung Friedrichs als *kint von Pulle*, die zum ersten Mal 1215/16 im Werk des Thomasin von Zerklaere, der am Hof des Patriarchen von Aquileia dichtete, bezeugt ist und später (um 1260) in die bayerische Fortsetzung der Kaiserchronik Eingang fand (*daz chint von Pülle man in hiez*).

Der Grund dafür, dass der staufische Kaiser in der Gegenwart zu einer apulischen Identifikationsfigur geworden ist, liegt wohl vor allem darin, dass man die Jahrzehnte seines Aufenthalts in Apulien, an die beeindruckende Bauten wie vor allem Castel del Monte erinnern, als das „goldene Zeitalter" der Region betrachtet. Durch die Person Friedrichs spielte Apulien zum einzigen Mal in seiner Geschichte eine zentrale politische Rolle, während die Bedeutung der Region nach dem Ende der Staufer wieder deutlich zurückging. Daher erstaunt es nicht, dass, wie ein Blick ins Internet zeigt, heute *puer Apuliae* als Name für kommerzielle Produkte der Region wie einen in der Nähe des Castel del Monte angebauten Rotwein oder für apulische Reiseagenturen benutzt wird. Ein großes Stromkraftwerk in der Nähe von Brindisi (Cerano) wurde ebenso *Federico II* getauft, wie eine nur kurzlebige Fluggesellschaft (*Federico II Airways*), die den Flughafen Foggia zu neuem Leben erwecken sollte. Hinzu kommen unzählige Eisdielen, Cafés, Hotels, Restaurants, Schulen, kulturelle Vereine usw., die den Namen Friedrichs oder die Adjektive staufisch (*svevo/a*) oder friderizianisch führen. In Oria (westlich von Brindisi) erinnern seit 1967 ein jährlich im August stattfindender historischer Aufzug und ein Ritterturnier der vier Stadtteile an die Anwesenheit Friedrichs II. im Jahre 1225.

Auch in Sizilien ist ein friderizianisches Revival zu beobachten. So hat die Figur des Stauferkaisers seit kurzem Eingang in das traditionelle sizilianische Marionettentheater gefunden, das seine Blüte im 19. Jahrhundert erlebte. An Stelle des Kampfs Karls des Großen und besonders Rolands gegen die Mauren, der durch das zu Beginn des 15. Jahrhunderts entstandene Ritterepos *Orlando furioso* (der rasende Roland) des Ludovico Ariosto († 1533) in die dialektale Volksdichtung gelangt war, wird nun Friedrichs Sieg über die aufständischen sizilischen Muslime aufgeführt. Um die Figur Friedrichs stärker hervorzuheben, fügte man in die Handlung eine Episode ein, die auf eine Anekdote Salimbenes zurückgeht und die durch Schillers Gedicht „Der Taucher" in Deutschland bekannt ist: Der Kaiser habe einen goldenen Becher ins Meer geworfen, der ihm von einem Taucher zurückgebracht worden sei; trotz seines Flehens nicht ein zweites Mal einer solch lebensgefährlichen Aufgabe ausgesetzt zu werden, habe der Herrscher den Taucher noch einmal in die Tiefen des Meers hinabgeschickt, wo dieser dann den Tod gefunden habe.

Beim heutigen Mythos Friedrichs in Süditalien spielt die Erinnerung an den multikulturellen Hof und die vermeintliche religiöse Toleranz des Stauferkaisers eine wichtige Rolle. Bezeichnend ist eine Äußerung des Stardirigenten Riccardo Muti, dessen Familie mütterlicherseits aus Apulien stammt und der anlässlich eines Gastspiels des von ihm geleiteten „Ravenna Festival" in Istanbul im Juli 2001 erklärte: „Als guter Apulier bin ich ein Anhänger Friedrichs II., der in Apulien das friedliche Zusammenleben (*convivenza*) von Christen, Juden und Muslimen ermöglicht hatte. Unsere ‚Pilgerfahrten' durch die Welt haben gerade diesen Zweck."

Wie ungebrochen ein solch idealisiertes Friedrichbild sowohl in der italienischen als auch in der deutschen Öffentlichkeit weiterlebt und wie wenig dort die Ergebnisse der jüngeren historischen Forschung zur Kenntnis genommen werden, zeigen schließlich die beiden im Dezember 2007 verfassten Grußworte, die dem Begleitband der erwähnten Oldenburger Ausstellung vorangestellt sind. Der Ministerpräsident des Landes Niedersachsen, Christian Wulff, bezeichnete den staufischen Kaiser als „eine moderne Persönlichkeit, die ihrer Zeit voraus war und vieles vorwegnahm, was erst erheblich spätere Epochen kennzeichnete"; der Botschafter Italiens in Deutschland, Antonio Puri Purini, unterstrich den „kosmopolitischen Geist" Friedrichs, den er als „gebürtigen Italiener (…) deutscher Abstammung" betrachtete, der „die Einigung Europas, und zwar nicht nur in politischer Hinsicht, sondern auch kulturell" angestrebt habe.

Fazit: Schreckgespenst, Hoffnungsträger, Identifikationsfigur

Während Friedrich II. in der heutigen Öffentlichkeit als vermeintlicher Vorläufer eines multikulturellen Europas und eines Dialogs zwischen Orient und Okzident für einen aus dem „finsteren Mittelalter" stammenden Herrscher über ein vergleichsweise gutes Image verfügt, war sein Bild bei seinen Zeitgenossen und in den folgenden Jahrhunderten eher in dunklen Tönen gehalten. Dies lag vor allem an der päpstlichen Propaganda, die im Kampf gegen den Kaiser nicht davor zurückgeschreckt war, Friedrich als Gotteslästerer, Kirchenverfolger, Ketzer, Tyrannen und Wüstling darzustellen. In einer Zeit, in der viele fürchteten, das Ende der Welt sei nahe, musste die Bezeichnung Friedrichs als Antichrist oder dessen Vorläufer, ja gelegentlich sogar als der Teufel in Person, einen starken Eindruck im Bewusstsein der Menschen hinterlassen. Hinzu kam, dass der Kaiser Aufrührer hart, nach modernen Maßstäben sogar grausam bestrafte und darauf achtete, dass die Strafen öffentlich vollstreckt wurden. Deportationen, Verstümmelungen und qualvolle Hinrichtungen mussten also die Bevölkerung in Schrecken versetzen. Die öffentlichen Auftritte des Herrschers mit seinem exotischen Gefolge und seinem sehr distanzierten Habitus riefen neben Bewunderung und Staunen vor allem Furcht hervor.

Die predigend durch das Land ziehenden Franziskaner sicherten der päpstlichen Propaganda eine weite Verbreitung; die kaiserlichen Manifeste und Rundschreiben erreichten dagegen nur einen sehr begrenzten Adressatenkreis in höheren und höchsten Kreisen. Die literarisch anspruchsvollen Schreiben, die Petrus de Vinea im Auftrag Friedrichs verfasste, beeindruckten lediglich die Experten in anderen herrscherlichen oder fürstlichen Kanzleien, die sie sammelten und sich zum Vorbild nahmen, sowie später Humanisten und Philologen.

Der Friedrichmythos, der den Staufer als eine faszinierende, außergewöhnliche Herrscherpersönlichkeit darstellt, geht vor allem auf zwei zeitgenössische Autoren zurück: Matthäus

Paris, der den Kaiser als den „größten unter den Fürsten des Erdkreises" und „Erstaunen und Verwandler der Welt" bezeichnete, und Salimbene, der aus seiner Bewunderung für die höfisch-kulturellen Neigungen und Fähigkeiten des Herrschers keinen Hehl machte, obwohl er ihn unter dem Einfluss der päpstlichen Propaganda als Ketzer und Kirchenverfolger darstellte. Diese Ambivalenz von Kritik an Friedrichs Kirchenfeindlichkeit und Bewunderung seiner kulturellen Leistung findet sich auch bei Dante, der dem Kaiser zwar als Häretiker einen Platz in der Hölle seiner „Göttlichen Komödie" zuwies, daneben aber seine Verdienste um die volkssprachliche italienische Dichtung würdigte.

Obwohl die päpstliche Verteufelung des Kaisers im allgemeinen Bewusstsein sowohl in Italien als auch in Deutschland noch lange nachwirkte, hat Friedrich dort insgesamt kein vollkommen schlechtes Andenken hinterlassen. Nur so erklärt sich der Erfolg von Hochstaplern, die sich noch Jahrzehnte nach seinem Tod für den wiedergekehrten Stauferkaiser ausgaben. Dabei spielte sicher die verbreitete Prophezeiung „Er lebt, und lebt doch nicht" eine Rolle, die einerseits so verstanden werden konnte, dass Friedrich gar nicht gestorben war, und andererseits so ausgelegt wurde, dass der Kaiser in seinen Nachkommen weiterlebte. Die Versuche verschiedener Herrscher, als Friedrich III. an das Vorbild des zweiten Friedrich anzuknüpfen, zeigen ebenfalls, dass mit dem Namen des letzten Stauferkaisers auch angenehme Erinnerungen verknüpft waren.

In späteren Zeiten wurde der Mythos Friedrichs oft mit aktuellen politischen und gesellschaftliche Konflikten in Verbindung gebracht: Der Kampf des Kaisers mit den Päpsten hatte das Bild des Herrschers in der katholischen Welt lange negativ beeinflusst, bis die protestantischen Reformatoren diese Sichtweise umwerteten und Friedrich nun als ein Opfer des machtbesessenen Papsttums in einem günstigeren Licht erschien. Eine ähnliche Tendenz ist bei einigen süditalienischen Autoren des 18. Jahrhunderts festzustellen, die den Einfluss der Kirche auf den Staat, in diesem Fall das Königreich Neapel, zurückdrängen wollten. Das abschreckende Bild von

Friedrich als Tyrann und Kirchenverfolger, das in den guelfischen Kreisen Nord- und Mittelitaliens Jahrhunderte lang dominierend gewesen war, wurde im 19. Jahrhundert überholt, als die sog. Neughibellinen, italienische Patrioten, die für die Errichtung eines Nationalstaats gegen den Papst kämpften und den Kirchenstaat als ein Hindernis für die nationale Einheit Italiens ansahen, Friedrich zum „Vater des ghibellinischen Vaterlands" stilisierten.

Auch noch in der modernen, sich um Objektivität bemühenden Geschichtsforschung blieb das Bild des staufischen Kaisers kontrastreich. Vorwiegend abwertenden Urteilen meist katholischer Historiker, die vor allem durch Friedrichs erbitterten Kampf gegen die Päpste bedingt waren, standen differenziertere Sichtweisen protestantischer Kollegen gegenüber; so etwa das viel zitierte Wort Burckhardts von Friedrich als dem „ersten modernen Menschen auf dem Thron", das nicht als Kompliment gemeint war, sondern ihn als Vorläufer der italienischen Renaissance-Despoten charakterisieren sollte. Ungeachtet dieser ursprünglichen Konnotation wurde Burckhardts Ausspruch aber bald zum Schlagwort für die angebliche Modernität des seiner Zeit vorauseilenden Staufers, ähnlich wie die Worte Nietzsches von Friedrich als großem Freigeist, Genie und erstem Europäer isoliert von ihrem ideologischen Kontext eine neue Wertigkeit annahmen.

Im 19. und 20. Jahrhundert strebte die Fachhistorie zwar weiterhin eine objektive Sicht Friedrichs an; ihre Urteile blieben jedoch stark von der Gegenwartspolitik beeinflusst. 1927 schuf das Buch eines Außenseiters in der Historikerzunft, der im Bann der Ideen Nietzsches und Georges stand, einen neuen Friedrichmythos. Trotz ihrer Zeitgebundenheit und ungeachtet ihres Missbrauchs in der Zeit der Nationalsozialismus wirkt Kantorowicz' Stilisierung Friedrichs zu einem übermenschlichen Herrschergenie bis heute in der italienischen und deutschen Öffentlichkeit nach, während die Bemühungen der Fachhistoriker um ein nüchternes Friedrichbild nur auf geringen Widerhall stoßen.

In Deutschland wurde die Erinnerung an Friedrich II. in der Neuzeit vom Mythos des „deutscheren" Barbarossa überlagert. In Italien ist der Stauferkaiser, wenn auch mit zeitlichen und regionalen Unterschieden, hingegen nie ganz aus dem kollektiven Gedächtnis verschwunden, wie bereits Goethe auf seiner Italienreise erfahren konnte. Besonders in Apulien, der bevorzugten Landschaft Friedrichs, in deren Norden er seine Residenz errichtete, begegnet einem heute sein Mythos auf Schritt und Tritt. Hier ist der staufische Herrscher in den letzten Jahren geradezu zu einer Identifikationsfigur der Region geworden. Seine vermeintliche Toleranz und Offenheit gegenüber anderen Kulturen hat im multikulturellen Boom der Gegenwart Friedrichs Mythos zu einem Objekt der Vermarktung werden lassen, das ansatzweise auch Deutschland zu erreichen beginnt. Das gespaltene Bild des Stauferkaisers bei seinen Zeitgenossen scheint durch eine marketing-taugliche Heroisierung verdrängt zu werden.

Schlussbetrachtung:
Friedrich II. im europäischen Kontext

Keine historische Gestalt kann von ihrer Umgebung und ihrer Zeit isoliert werden. Vor einigen Jahren hat Norbert Kamp Friedrichs Südreich, das der italienische Rechtshistoriker Antonio Marongiu als mittelalterlichen „Modellstaat" bezeichnet hatte, in dem der Staufer viele Elemente der neuzeitlichen Monarchien vorweg genommen habe, mit den zeitgenössischen Königreichen von England und Frankreich verglichen. Der Göttinger Historiker stellte dort ähnliche zentralisierende Tendenzen, die von einem Übergang vom Personalitäts- zum Territorialitätsprinzip charakterisiert waren, fest; lediglich Friedrichs Gesetzgebung, die nur mit dem hoch entwickelten Kirchenrecht vergleichbar sei, beurteilte er als für die damalige Zeit „einmalig" und zukunftsweisend.

Trotz dieser Relativierung musste der Stauferkaiser aus westeuropäischer Perspektive nach wie vor als „eine außergewöhnliche Gestalt" erscheinen, vor allem im direkten Vergleich mit seinem französischen Zeitgenossen Ludwig IX., der „fast in allem das genaue Gegenteil" Friedrichs war, wie Le Goff es formulierte: Der französische Herrscher war von den neuen religiösen Idealen und Orden fasziniert, unterzog sich Bußübungen, war von Reliquien geradezu besessen, gründete Kirchen und Klöster, ließ den jüdischen Talmud als häretisch verbrennen und hatte nichts für die Jagd und für die Naturwissenschaften übrig, während der leidenschaftliche Jäger Friedrich traditionellen religiösen Vorstellungen verpflichtet war, kein Interesse für Askese, Reliquien und Klostergründungen zeigte, stattdessen Burgen baute und mit arabischen und jüdischen Gelehrten diskutierte. Wenn man jedoch zwei südeuropäische Herrscherpersönlichkeiten des 13. Jahrhunderts zum Vergleich heranzieht, kommen Zweifel auf, ob Friedrich wirklich so ein „Außenseiter" (Le Goff) war, wie man ihn immer noch gerne darstellt: Es handelt sich um Alfons X. von Kastilien und León (1252–1284), genannt „der Weise" (*el Sabio*), und Jakob I. von Aragón (1213–1276), dem der Beiname „der Eroberer" (*el Conqueridor*) gegeben wurde.

Bereits sechs Jahre bevor Friedrich die Universität Neapel gründete, hatte Alfons IX. von León, der Großvater Alfons X., im Jahre 1218 in Salamanca eine Hochschule errichtet, auch wenn es sich um keine vollständige Neugründung handelte, da dort vorher bereits eine Kathedralschule existiert hatte. Sein Enkel Alfons X. pflegte, ähnlich wie der staufische Herrscher, mit dem er weitläufig verwandt war (seine Mutter Beatrix war eine Kusine Friedrichs II.), ungewöhnlich vielfältige kulturelle Interessen: Er dichtete in der Volkssprache, regte spanischsprachige Chroniken an, befasste sich mit Astronomie, Astrologie und Alchemie, verfasste ein Handbuch des Schach-, Würfel- und Backgammonspiels und ließ den Koran und den Talmud ins Kastilische übersetzen. Alfons, der wie Friedrich Bücher über die Jagd und Jagdtiere in Auftrag gab und sich um die praktische Umsetzung theoretischer naturwissenschaftlicher Erkenntnisse bemühte, machte sich auch als Gesetzgeber einen Namen: In den Jahren zwischen 1256 und 1263 ließ er ein umfangreiches, vom römischen Recht geprägtes Gesetzbuch vorbereiten, das wegen seiner Gliederung in sieben Teile später *Siete partidas* genannt wurde. Es beinhaltete zwar einzelne Normen, die von Friedrichs Konstitutionen beeinflusst waren, sollte aber im Unterschied zu diesen weit über sein Ursprungsland hinaus wirken und schließlich sogar Eingang in die moderne amerikanische Gesetzgebung finden. Der kastilische König formulierte hier „vergleichsweise früh in Europa eine ungebundene königliche Gewaltenfülle" (Herbers) und philosophierte u. a. darüber, wie ein für eine Universität idealer Ort auszusehen habe. Daher ist es verständlich, dass der amerikanische Mittelalterhistoriker Robert I. Burns die Meinung vertreten hat, eigentlich hätte Alfons X., und nicht Friedrich II., als „Wunder der Welt" (*stupor mundi*) bezeichnet werden müssen.

Während Alfons X. (geb. 1221) eine Generation jünger als Friedrich II. war, gehörte der 1208 geborene Jakob I. von

Aragón, ein Neffe von Friedrichs erster Gemahlin Konstanze und Schwiegersohn von Alfons X., der gleichen Generation wie der Stauferkaiser an. Sein Lebenslauf weist einige bemerkenswerte Parallelen mit dem von Friedrich auf, allerdings mit dem Unterschied, dass Jakob erheblich länger lebte als der Staufer. Bereits mit zehn Jahren an der Regierung beteiligt, brauchte der heranwachsende aragonesische König gut neun Jahre, bis er sich 1227 gegen den Adel durchsetzen konnte. Ein Jahr später begann Jakob mit der Ausweitung seines Herrschaftsbereichs, die ihm den Beinamen „der Eroberer" einbrachte: Nach den Balearen eroberte er das vorwiegend von Muslimen bewohnte Valencia und hatte nun, wie Friedrich II., das Problem, kulturell heterogene Räume herrschaftlich zu durchdringen. Dabei trug er den verschiedenen Gegebenheiten auch in der Gesetzgebung Rechnung: Neben Aragón, für das er 1247 die *Fueros de Aragón* genannten Gesetze verkündete, und Katalonien wurde Valencia zum dritten gleichberechtigten Gebiet der Krone Aragón, das ein eigenes Königsrecht erhielt. Angesichts der großen Zahl seiner muslimischen und jüdischen Untertanen, die in den neu eroberten Gebieten lebten, musste Jakob aus praktischen Gründen auf diese Rücksicht nehmen; gleichzeitig förderte er aber im Unterschied zu Friedrich II. die Bekehrungsversuche der Dominikaner und Franziskaner, die zu diesem Zweck intensiv das Arabische zu lernen begannen. Wie der staufische Kaiser scheute Jakob nicht die Konfrontation mit den Päpsten, die ihn wegen innerkirchlicher Angelegenheiten zweimal exkommunizierten (1237, 1246), und schuf durch die Verschriftlichung der Verwaltung und die Systematisierung der Rechtsgrundlagen einen „Verwaltungsstaat prämoderner Prägung" (Vones).

Obwohl Jakob I. politisch erfolgreicher war als Alfons X., haben die kulturellen Leistungen des letzteren, der als Vater der spanischen (kastilischen) Sprache gilt, in der Nachwelt mehr Resonanz gefunden. Wegen seiner Kontakte mit Juden und Muslimen und der von ihm geförderten Übersetzung hebräischer und arabischer Schriften konnte Alfons X., der das Grab seines Vaters in Sevilla mit Inschriften in Latein, Arabisch, Kastilisch und Hebräisch versehen ließ, noch stärker als Friedrich II. als ein „Herrscher zwischen den Kulturen" angesehen werden. In Spanien bestand zudem durch die zahlenmäßig stärkere Präsenz von arabischsprachigen Muslimen und Juden eine größere Möglichkeit zu kulturellem Austausch als in Sizilien, wo wie angedeutet bereits seit dem 12. Jahrhundert die meisten arabischsprachigen Intellektuellen nach Nordafrika und auf die iberische Halbinsel emigriert waren.

Wenn Friedrich auch, wie wir sahen, mit dem Ausbau seiner Stellung als Herrscher durch eine effiziente Verwaltung und eine umfassende Gesetzgebung sowie mit seinen vielfältigen kulturellen Interessen und Initiativen im Europa des 13. Jahrhunderts nicht allein dastand und im letzteren Bereich von Alfons X. von Kastilien übertroffen wurde, so bereitete er doch durch die Forderung nach einer von der Kirche unabhängigen Staatsgewalt den neuzeitlichen Monarchien Europas den Weg. Der Preis, den er dafür zahlen musste, war allerdings hoch: Den Päpsten gelang es, das staufische Herrscherhaus zu vernichten und das Südreich einer französischen Dynastie zu übergeben, welche ihre universalen päpstlichen Ansprüche anerkannte. Der Triumph der Nachfolger Petri war jedoch nur von relativ kurzer Dauer, denn mit den erstarkenden nationalen Monarchien, allen voran Frankreich, sollten bald neue Mächte auftreten, die schließlich das erreichten, was Friedrich nicht hatte durchsetzen können.

Von deutscher Seite hat man Friedrich lange Zeit vorgeworfen, er habe Deutschland zugunsten seines Südreichs und des Kampfs mit den Päpsten vernachlässigt und so der politischen Zersplitterung des Reichs den Weg geöffnet. Es bleibt indes zu berücksichtigen, dass der Prozess der Ausbildung der landesfürstlichen Herrschaften in Deutschland zur Zeit Friedrichs bereits so weit fortgeschritten war, dass er schwerlich hätte rückgängig gemacht werden können. Zudem waren mit dem Kaisertum universale Ansprüche und Aufgaben verbunden, die der staufische Herrscher nicht vernachlässigen konnte. Wenn er sich fast ausschließlich auf den deutschen Reichsteil konzentriert hätte, hätte er seine europäische Führungsrolle, die mit dem Kaisertitel theoretisch verbunden war, aufgeben müssen.

Durch Friedrichs Rolle als römisch-deutscher Kaiser entwickelte sich Sizilien vom Zentrum zur Peripherie. Die Einbindung des süditalienischen Königreichs in das staufische Imperium hatte zur Folge, dass der Süden stärker an den Rest Italiens und somit an Europa angeschlossen wurde, als dies bisher der Fall gewesen war. Palermo blieb zwar offiziell noch die Hauptstadt des Königreichs, wurde nun aber vom Mittelpunkt eines mediterranen, bis an den Maghreb reichenden Reichs zu einer an der Grenze zur islamischen Welt gelegenen Metropole, so dass es nicht überrascht, dass sich die Könige aus dem Hause Anjou mit Neapel eine neue Hauptstadt wählten. Die historische Bedeutung Friedrichs für die Geschichte Süditaliens liegt demnach darin, dass er das sizilische Königreich nicht nur in seinen staatlichen Strukturen weiter stärkte, sondern es endgültig in den westlich-abendländischen Kulturraum einband. Obwohl Friedrichs Großreich nach seinem Tod bald auseinander fiel, beeindruckt sein mit großer Entschiedenheit unternommener Versuch, dem römisch-deutschen Kaisertum in Verbindung mit dem sizilischen Königtum in einer sich grundlegend wandelnden Welt neuen Glanz zu verschaffen.

Abschließend sei noch einmal kurz die Frage der vermeintlichen Modernität Friedrichs angesprochen. Er war, wie wir sahen, sicher kein moderner Mensch im Sinne Burckhardts, sondern ein durchaus mittelalterlicher Herrscher, wie Abulafia zu Recht hervorgehoben hat. Seine kaiserliche Herrschaftsauffassung und der dadurch hervorgerufene Konflikt mit Papst und Kommunen stehen in der Tradition des staufischen Kaisertums. In seinem Südreich folgte er mit der Stärkung der königlichen Zentralgewalt durch eine territoriale Verwaltung und Gesetzgebung den Spuren seiner normannischen Vorgänger, deren multikulturelle geistige Offenheit, wissenschaftliche Interessen und Formen der Herrschaftsrepräsentation er aufnahm und weiterentwickelte. Friedrich war zwar kein seiner Zeit vorauseilendes „Weltwunder", wie besonders der Vergleich mit den zeitgenössischen spanischen Herrschern gezeigt hat, aber aus deutscher Sicht bleibt er, wie Karl Hampe es formulierte, „die reizvollste und fesselndste Persönlichkeit unter unseren Kaisern".

Nachwort

Jedes Buch hat seine Geschichte ... Die Anregung, für die Reihe der „Urban-Taschenbücher" eine Geschichte Friedrichs II. zu schreiben, die sowohl Studenten als auch ein breiteres historisch interessiertes Publikum ansprechen sollte, kam von Dr. Alexander Schweickert vom Verlag Kohlhammer. Angesichts der Unmasse von Literatur, die zu diesem Thema sowohl in deutscher als auch in italienischer Sprache existiert, und der Tatsache, dass der Stuttgarter Kollege Wolfgang Stürner vor einigen Jahren eine exzellente Biographie des Staufers vorgelegt hatte, zögerte ich zunächst, nahm dann aber doch rasch den Vorschlag an. Im Juni 2004 besprach ich mit Herrn Schweickert in einem Berliner Café das Konzept des Buchs und versprach ihm, unvorsichtigerweise, Ende 2005 das Manuskript abzugeben. Verschiedene Verpflichtungen zogen die Fertigstellung hinaus, bis ich dann im Juli 2007 im St. John's College in Oxford mit der Niederschrift begann, in derselben unvergleichlichen Atmosphäre und im selben Middleton Hall Flat, in dem ich 1992 meine Biographie Rogers II. von Sizilien angefangen hatte, die 1997 erschienen ist.

Am Ende der Arbeit ist es mir eine angenehme Pflicht, all denen zu danken, die mir mit Rat und Tat behilflich waren. Besonders dankbar bin ich Lioba Geis M. A. (Aachen) und Dr. Georg Vogeler (München/Lecce), die mehrmals den ganzen Text kritisch durchsahen, ferner Alexander Franke M. A. (Bonn) und Dr. Jan Keupp (München), die große, und Dr. Martin Bertram (Rom), der kleinere Teile las, meinem Kollegen Rosario Coluccia (Lecce), der mich über die neuesten Forschungen zur Sizilischen Dichterschule auf dem Laufenden hielt, den Heidelberger Kollegen Bernd Schneidmüller und Stefan Weinfurter, die mir großzügig bei der Erfüllung meiner Fotokopierwünsche halfen, sowie anderen Kollegen, die ich hier nicht im Einzelnen nennen kann, die mir Einsicht in ihre

noch im Druck oder in Vorbereitung befindlichen Veröffent-
lichungen gewährten.

Meine Beschäftigung mit Friedrich II. geht vor allem auf
das Jubiläumsjahr 1994 zurück, in dem ich geschäftsführender
Direktor des „Istituto Internazionale di Studi Federiciani" des
CNR in Potenza – Castel Lagopesole war. Der Gründer und
langjährige Leiter des Instituts, Prof. DDr. Cosimo Damiano
Fonseca, der im Jahre 2006 in Göppingen mit dem Stauferpreis
ausgezeichnet wurde, hatte mich 1980 als Feodor-Lynen-For-
schungsstipendiat der Alexander von Humboldt-Stiftung in
Lecce aufgenommen, wo ich seitdem heimisch geworden bin.
Ihm gilt mein Dank dafür, dass er mich in den Kreis seiner
Schüler eingeführt und mir den Weg zur akademischen Kar-
riere in Italien bereitet hat.

Last not least danke ich meiner Frau Marcella für die Ge-
duld, mit der sie es ertragen hat, dass ich vor allem in der letzten
Arbeitsphase viele Abende, Feiertage und Wochenenden am
Schreibtisch verbrachte. Ihr und unserer Tochter Maria Sofia,
die mich nach Oxford begleitete, sei auch dieses Buch gewidmet.

Lecce, im Mai 2008   Hubert Houben

Literaturhinweise

(Abkürzungen: DA = Deutsches Archiv für Erforschung des Mittelalters; DBI = Dizionario Biografico degli Italiani; Enc. frid. = Enciclopedia fridericiana; FmSt = Frühmittelalterliche Studien; MGH = Monumenta Germaniae Historica; QFIAB = Quellen und Forschungen aus italienischen Archiven und Bibliotheken; SS = Scriptores; Zs. = Zeitschrift)

I. Allgemein

Grundlegend: W. Stürner, Friedrich II., Teil 1: Die Königsherrschaft in Sizilien und Deutschland 1194–1220, Teil 2: Der Kaiser 1220–1250, Darmstadt 1992–2000.
Federico II. Enciclopedia fridericiana, 2 Bde., Rom 2005.

Kommentierte Sammlung ausgewählter übersetzter Quellen: Kaiser Friedrich II. Leben und Persönlichkeit in Quellen des Mittelalters, hg. v. K. van Eickels/T. Brüsch, Düsseldorf-Zürich 2000.

Ältere Quellen und Literatur: Bibliographie zur Geschichte Kaiser Friedrichs II. und der letzten Staufer, zusammengestellt v. C. A. Willemsen, München 1986 (MGH, Hilfsmittel 8).

Neue Quelleneditionen:

Narratio qualiter imperator Federicus reaquisivit regnum sibi rebellatum …, in: Delle Donne, Città e Monarchia (s. unten S. 248), S. 93–111.
Breve chronicon de rebus Siculis, hg. u. übers. v. W. Stürner, Hannover 2004 (MGH, SS rerum germanicarum in usum scholarum 57).
Dokumente zur Geschichte der Kastellbauten Kaiser Friedrichs II. und Karls I. von Anjou, III: Abruzzen, Kampanien, Kalabrien und Sizilien, auf der Grundlage des von Eduard Sthamer gesammelten Materials bearb. v. H. Houben, Tübingen 2006.
Nicola da Rocca, Epistolae, hg. v. F. Delle Donne, Florenz 2003 (Edizione Nazionale dei Testi Mediolatini 9).
Il Registro della Cancelleria di Federico II del 1239–1240, hg. v. C. Carbonetti Vendittelli, Rom 2002 (Fonti per la Storia dell'Italia medievale. Antiquitates 19, 1–2).

Die Urkunden Friedrichs II., Bd. 1: 1198–1212, bearb. v. W. Koch unter Mitwirkung v. K. Höflinger u. J. Spiegel u. unter Verwendung der Vorarbeiten v. C. Schroth-Köhler, Hannover 2002, Bd. 2: 1212–1217, bearb. v. W. Koch unter Mitwirkung v. K. Höflinger, J. Spiegel u. C. Friedl, Hannover 2007 (MGH, Diplomata regum et imperatorum Germaniae XIV, 1–2).

J. Riedmann, Unbekannte Schreiben Kaiser Friedrichs II. und Konrads IV. in einer Handschrift der Universitätsbibliothek Innsbruck. Forschungsbericht und vorläufige Analyse, in: DA 62 (2006) S. 135–200.

Ausgewählte neuere Literatur:

G. Amatuccio, Mirabiliter pugnaverunt. L'esercito del Regno di Sicilia al tempo di Federico II, Neapel 2003.

E. Cuozzo, Federico II rex Siciliae, Atripalda 2003 (mit wenig überzeugenden Thesen, wie ebda S. 62, Friedrich II. hätte das Regnum Siciliae als einen vom Imperium getrennten Staat betrachtet, hätte sich die „nationale normannische" Sichtweise seiner Mutter Konstanze zu eigen gemacht und hätte nicht die Auffassung Heinrichs VI. von der Vereinigung des Königreichs Sizilien mit dem Kaiserreich (*unio regni ad imperium*) geteilt; oder ebda S. 75: Friedrich II. hätte „zusammen mit den anderen Herrschern Europas die vollständige Unabhängigkeit der Königreiche vom Imperium beansprucht").

A. Esch, Friedrich II. – Wandler der Welt?, Göppingen 2001.

M. Fumagalli Beonio Brocchieri, Federico II. Ragione e fortuna, Rom-Bari 2004 (Friedrich II. im geistesgeschichtlichen Kontext seiner Zeit).

M. Gennaro, Federico II di Hohenstaufen. Profilo di un ‚grande Imperatore', Manduria 2005 (hauptsächlich Zusammenstellung älterer Literatur).

S. Gleixner, Sprachrohr kaiserlichen Willens. Die Kanzlei Kaiser Friedrichs II. (1226–1236), Köln-Weimar-Wien 2006.

K. Görich, Die Staufer. Herrscher und Reich, München 2006; Ders., Ehre als Ordnungsfaktor. Anerkennung und Stabilisierung von Herrschaft unter Friedrich Barbarossa und Friedrich II., in: Ordnungskonfigurationen im hohen Mittelalter, hg. v. B. Schneidmüller/S. Weinfurter, Ostfildern 2006, S. 59–92.

B. Grévin, »Vivit et non vivit«: blocages structurels et avancées ponctuelles de la recherche sur Fréderic II Hohenstaufen. À propos de quelques ouvrages récents, in: Francia 31 (2004) S. 207–216.

H. Houben, Repräsentation und Sicherung der Herrschaft. Die Burgen im staufischen Königreich Sizilien, in: Burg und Kirche zur Stauferzeit. Akten der 1. Landauer Staufertagung 1997, hg. v. V. Herzner/

J. Krüger, Regensburg 2001, S. 184–192; Ders., Hundert Jahre deutsche Kastellforschung in Süditalien, in: QFIAB 84 (2004) S. 103–136.

B. U. Hucker, Otto IV. Der wiederentdeckte Kaiser. Eine Biographie, Frankfurt a. M. 2004.

A. Knaak, Prolegomena zu einem Corpuswerk der Architektur Friedrichs II. von Hohenstaufen im Königreich Sizilien (1220–1250), Marburg 2001.

Mezzogiorno – Federico II – Mezzogiorno. Atti del Convegno internazionale … Potenza-Avigliano-Castel Lagopesole-Melfi 18–23 ottobre 1994, hg. v. C. D. Fonseca, 2 Bde., Rom 2000.

J. M. Powell, The Crusades, the Kingdom of Sicily and the Mediterranean, Aldershot 2007.

P. Racine, Federico II di Svevia. Un monarca medievale alle prese con la sorte, Mailand 1998.

E. Rotter, Friedrich II. von Hohenstaufen, München 2000 (für ein breiteres Publikum geschriebene Kurzbiographie).

C. Sperle, König Enzo von Sardinien und Friedrich von Antiochia. Zwei illegitime Söhne Kaiser Friedrichs II. und ihre Rolle in der Verwaltung des Regnum Italiae, Frankfurt a. M. u. a. 2001.

W. Stürner, Das Wesen der herrscherlichen Gewalt im Denken und Handeln Friedrichs II., in: Gewalt und ihre Legitimation im Mittelalter, hg. v. G. Mensching, Würzburg 2003, S. 15–25; Ders., Kaiser Friedrich II. – Mythos und Persönlichkeit, in: Verabschiedung von Prof. Dr. Wolfgang Stürner am 13. Februar 2006, hg. v. O. Pertschi, Stuttgart 2006, S. 7–37; Ders., Dreizehntes Jahrhundert. 1198–1273, Stuttgart 2007 (Gebhardt, Handbuch der deutschen Geschichte, 10. Aufl., Bd. 6).

B. Wagner, Die Bauten des Stauferkaisers Friedrichs II. – Monumente des Heiligen Römischen Reiches, Berlin 2005.

Internetseite mit Beiträgen unterschiedlicher Qualität:
http://www.stupormundi.it.
Quellentexte: http://www.mgh.de.
Regesten: http://www.regesta-imperii.de.

II. *Speziell*

Einleitung (S. 9–16):

C. D. Fonseca, Friedrich II. Eine Bilanz zweier Jubiläumsjahre (1994/2000), in: Friedrich Barbarossa und sein Hof, Göppingen 2008 (im Druck). Kaiser Friedrich II. (1194–1250). Welt und Kultur des Mittelmeerraums. Begleitband zur Sonderausstellung im Landesmuseum für Natur und Mensch, Oldenburg, hg. v. M. Fansa/K. Ermete, Mainz 2008.

M. Borgolte, Historie und Mythos, in: Krönungen: Könige in Aachen – Geschichte und Mythos. Katalog der Ausstellung, hg. v. M. Kramp, Mainz 2000, Bd. 2, S. 839–846.

J. Fried, Der Schleier der Erinnerung. Grundzüge einer historischen Memorik, München 2004. J. Le Goff, Ludwig der Heilige, Stuttgart 2000 (Orig.: Saint Louis, Paris 1996), S. 4–10, 277–279.

A. Sommerlechner, Stupor mundi? Kaiser Friedrich II. und die mittelalterliche Geschichtsschreibung, Wien 1999. W. Koch, Kanzlei- und Urkundenwesen Friedrichs II. Eine Standortbestimmung, in: Mezzogiorno – Federico II – Mezzogiorno, Bd. 2, S. 595–619.

I 1 (S. 18–39):

Zum *furor theutonicus* s. H. Houben, Markward von Annweiler: ein staufischer Ministeriale aus süditalienischer Sicht, in: Kaiser, Könige und Ministerialen, hg. v. F. Schmidt, Annweiler am Trifels 2006, S. 55–76.

Zur Taufe Friedrichs II.: H. M. Schaller, Wann und wo wurde Friedrich II. getauft?, in: Regensburg, Bayern und Europa. Festschrift für Kurt Reindel zum 70. Geburtstag, hg. v. L. Kolmer/P. Segl, Regensburg 1995, S. 301–306, dessen These die Taufe sei am 1. November 1196 in Assisi vollzogen worden, keine Zustimmung gefunden hat: s. H. Jericke, Wurde Friedrich II. am 1. November in Assisi getauft?, in: Zs. der Savigny-Stiftung für Rechtsgeschichte, Germanistische Abteilung 118 (2001) S. 357–366. Vgl. auch B. U. Hucker, *daz kint von Pulle*. Friedrich Roger von Sizilien als Knabe, in: MenschensKinder im „Internationalen Jahr der Familie 1994", hg. v. W. Lippitz/E. Papp, Cloppenburg 1995, S. 187–208, mit Hinweis auf einen Silberdenar, der als „Propagandamünze auf Taufe und Wahl Friedrichs II." (ebd. S. 194) zu betrachten sei.

Zum Todestag Konstanzes: H. Houben, Rezension zu T. Kölzer, Urkunden und Kanzlei der Kaiserin Konstanze, Königin von Sizilien, Köln-Wien 1983, in: QFIAB 64 (1984) S. 456f.

Zu Innozenz III.: W. Maleczek, Innocenzo III, in: Enciclopedia dei Papi, 2, Rom 2000, S. 326–350; Innocenzo III: Urbs et Orbis. Atti del Congresso internazionale Roma, 9–15 settembre 1998, hg. v. A. Sommerlechner, 2 Bde., Rom 2003.

Zum Zeitpunkt der Volljährigkeit: Konstitutionen von Melfi, III 30 (Entlassung aus der Lehnsvormundschaft), ebda II 42 (Volljährigkeit mit Vollendung des 18. Lebensjahrs). Vgl. Stürner, Friedrich II., 1, S. 114 Anm. 1. Mittelalterliche Konstitutionenkommentare: Constitutiones regni utriusque Siciliae glossis ordinariis commentariisque … Andreae de Isernia ac D. Bartholomaei de Capua … illustrate …

a D. Gabriele Sarayna I. C. Veronensi … elaborata aucta et emendata, Lugduni 1660, p. 254a (zu Const. III 30), sowie Vat. lat. 6770 fol. 44rb (freundlicher Hinweis von M. Bertram).

T. Kölzer, Ein mühevoller Beginn: Friedrich II. 1198–1212, in: De litteris, manuscriptis, inscriptionibus …, Festschrift zum 65. Geburtstag von Walter Koch, hg. v. Dems./F.-A.Bornschlegel/C. Friedl/G.Vogeler, Wien-Köln-Weimar 2007, S. 605–615.

Zu den Staufern und dem Deutschen Orden: U. Arnold, Der Deutsche Orden – ein staufischer Hausorden?, in: Der Deutsche Orden in Europa, Göppingen 2004, S. 10–28, Nachdr. in: U. Arnold, Deutscher Orden und Preußenland. Ausgewählte Aufsätze anläßlich des 65. Geburtstags, hg. v. B. Jähnig/G. Michels, Marburg 2005, S. 149–162.

I 2 (S. 39–70):

J. M. Powell, Frederick II and the rebellion of the Muslims of Sicily, 1220–1224, in: Ders., The Crusades, XIV; J. Taylor, Muslims in Medieval Italy. The Colony at Lucera, Lanham 2003.

A. Fischer, Herrscherliches Selbstverständnis und die Verwendung des Häresievorwurfs als politisches Instrument. Friedrich II. und sein Ketzeredikt von 1224, in: QFIAB 87 (2007) S. 71–108.

B. Hechelhammer, Kreuzzug und Herrschaft unter Friedrich II. Handlungsspielräume von Kreuzzugspolitik (1215–1230), Ostfildern 2004. Zur Möglichkeit eines von Friedrich II. geplanten Zugs nach Kleinarmenien s. P. Halfter, Corona regni Armeniae. Aus der Spätzeit der staufisch-armenischen Beziehungen, in: Le Muséon. Revue d'études orientales 120 (2007) S. 131–161, ebda S. 153. – Vgl. künftig auch V. Caumanns, Die Kreuzzugsmotivation Friedrichs II., in: Crusades 8 (2009) (im Druck).

C. Friedl, Studien zur Beamtenschaft Kaiser Friedrichs II. im Königreich Sizilien (1220–1250), Wien 2005.

M. Bertram, Gregorio IX, Innocenzo IV e Federico II: tre legislatori a confronto, in: «… colendo iustitiam et iura condendo …» Federico II legislatore del Regno di Sicilia nell'Europa del Duecento… Atti del Convegno … Messina-Reggio Calabria 20–24 gennaio 1995, hg. v. A. Romano, Rom 1997, S. 11–28.

F. Maurici, Federico II e la Sicilia. I castelli dell'Imperatore, Catania 1997.

V. Huth, Reichsinsignien und Herrschaftsentzug. Eine vergleichende Skizze zu Heinrich IV. und Heinrich (VII.) im Spiegel der Vorgänge von 1105/6 und 1235, in: FmSt 26 (1992) S. 287–330, hier S. 318–231; Der Staufer Heinrich (VII.). Ein König im Schatten seines kaiserlichen Vaters, Göppingen 2001; G. Fornaciari, Paleopatologia dei resti scheletrici di Enrico VII, in: L'impronta indelebile. Enrico VII di Svevia e Gioacchino da Fiore alla luce delle indagini paleopatologiche, hg. v. P. De Leo/G. Fornaciari, Soveria Mannelli 2001, S. 11–16; F. Burgarella, «Aque Ange», Cassiodoro ed Enrico VII di Svevia, in: Magna Graecia. Rassegna di Archeologia, Storia, Arte, Attualità (Cosenza) 36 (2001) Nr. 1–2, S. 14–16; T. Broekmann, ‚Rigor iustitiae'. Herrschaft, Recht und Terror im normannisch-staufischen Süden (1050–1250), Darmstadt 2005, S. 260–368, dessen Meinung, Heinrichs Bündnis mit den lombardischen Kommunen sei kein Hochverrat gewesen (ebda S. 309f.), ich nicht teile.

S. Gouguenheim, L'empereur, le grand maître et la Prusse. La bulle de Rimini en question (1226/1235), in: Bibliothèque de l'École des chartes 162 (2004) S. 381–420.

E. Voltmer, Die Kommunen und der Kaiser. Propaganda und die Bedingtheiten der Politik Friedrichs II. in Oberitalien, in: Deutschland und Italien zur Stauferzeit, Göppingen 2002, S. 136–158; K. Görich, Mißtrauen aus Erfahrung: Mailand und Friedrich II., in: FmSt 39 (2005) S. 411–429.

I 3 (S. 71–104):

Kaiser und Papst im Konflikt. Zum Verhältnis von Staat und Kirche im späten Mittelalter, hg. v. J. Miethke/A. Bühler, Düsseldorf 1988.

G. Andenna, Tra Nord e Sud: Federico II e le città, in: Federico II „Puer Apuliae". Storia, arte, cultura. Atti del Convegno internazionale … Lucera, 29 marzo – 2 aprile 1995, hg. v. H. Houben/O. Limone, Galatina 2001, S. 7–26; M. P. Alberzoni, Gregorio da Montelongo, in: DBI 59, Rom 2002, S. 268–275; G. Andenna, Autonomie cittadine del Mezzogiorno dai Normanni alla morte di Federico II, in: Federico II nel Regno di Sicilia. Realtà locali e aspirazioni universali. Atti del Convegno internazionale di studi, Barletta 19–20 ottobre 2007, hg. v. H. Houben/G. Vogeler, Bari 2008 (im Druck); K. Toomaspoeg, La politica fiscale, ebda.

Zu den Schriften des Dominikaners Arnold (Fratris Arnoldi ord. praed. de correctione ecclesiae epistola et anonymi de Innocentio IV. P. M. Antichristo libellus, ed. E. Winkelmann, Berlin 1865) s. vorläufig G. L. Potestà, Il *Super Hieremiam* e il gioachimismo della dirigenza minoritica della metà del Duecento, in: Mediterraneo, Mezzogiorno, Europa. Studi in onore di Cosimo Damiano Fonseca, hg. v. G. Andenna/H. Houben, Bari 2004, Bd. 2, S. 879–894, ebda S. 888f. und künftig Ders., Retorica profetica e propaganda imperiale: il domenicano Arnoldo e la „sentenza di deposizione" di Innocenzo IV, in Vorbereitung.

A. Kiesewetter, Il governo e l'amministrazione centrale del Regno, in: L'eredità normanno-sveve nell'età angioina. Persistenze e mutamenti nel Mezzogiorno. Atti delle quindicesime giornate normanno-sveve, Bari, 22–25 ottobre 2002, hg. v. G. Musca, Bari 2004, S. 25–68, bes. S. 37–51.

W. Koller, Manfredi, re di Sicilia, in: DBI 68, Rom 2007, S. 633–641.

II 1 (S. 106–112):

Brief Rainalds von Celano (1201): K. Hampe, Aus der Kindheit Kaiser Friedrichs II., in: Mitteilungen des Instituts für österreichische Geschichtsforschung 22 (1901) S. 575–599, hier S. 593ff.; Schreiben von 1207: ebda S. 596f. Zitat: Stürner, Friedrich II., 1, S. 105. Vgl. auch Ders., Die Kindheit und Jugend Friedrichs II., in: Mezzogiorno – Federico II – Mezzogiorno, Bd. 2, S. 467–479.

J. Keupp, Im Bann der ritterlich-höfischen Kultur. Adelsrang und Ritterwürde in der Konzeption des Hofes Friedrichs II., in: Herrschaftsräume, Herrschaftspraxis und Kommunikation zur Zeit Friedrichs II., hg. v. K. Görich/J. Keupp/T. Broekmann, München 2008, im Druck.

Zum Schachspiel als Teil der ritterlich-höfischen Erziehung: L. Speciale, Gli scacchi nell'Occidente latino: materiali e appunti per un dossier iconografico, in: Gli scacchi e il chiostro. Atti del convegno internazionale di studi (Brescia, 10 febbraio 2006), hg. v. A. Baronio (= Civiltà Bresciana 16), Brescia 2007, S. 97–128, bes. S. 127.

II 2 (S. 112–127):

M. von Engelberg, ‚Die Kaiserkrone Friedrichs II.'? Zur Deutung der ‚Haube der Konstanze' im Domschatz von Palermo, in: Arte medievale. Periodico internazionale di critica dell'arte medievale, 2. ser. 12–13 (1998–1999) (Rom 2000) S. 109–127. Vgl. auch T. Dittelbach, Sizilisches Kunsthandwerk zur Zeit Friedrichs II., in: Kaiser Friedrich II. ... Oldenburg (2008), S. 169–187, bes. S. 181–183 (ohne Kenntnis des Aufsatzes von von Engelberg).

A. A. Settia, Lancia, Bianca, in: DBI 63, Rom 2004, S. 320–322; Ders., Lancia, Manfredi, ebda, S. 337–341; R. Bordone, Bianca Lancia, in: Enc. frid. 1, S. 174–176.

Frauen der Staufer, Göppingen 2006. B. Hechelhammer, Friedrich II. und seine Ehefrauen, in: Kaiser Friedrich II. ... Oldenburg (2008), S. 122–131 (nicht immer zuverlässig).

Empfang Richards von Cornwall: Matthäus Paris, MGH SS 28, S. 220; Brief Friedrichs an den Klerus des Königreichs Sizilien (1242): J.-L.-A. Huillard-Bréholles, Historia diplomatica Friderici secundi, VI, Paris 1860, S. 28f. (vgl. dazu Broekmann, wie oben S. 241,

S. 260–271); Brief Friedrichs an Konrad IV. (um 1244): Huillard-Bréholles VI S. 245f.; Brief Friedrichs an Margarete von Österreich (1242): ebda S. 30f.

G. Althoff, Gefühle in der öffentlichen Kommunikation des Mittelalters, in: Emotionalität. Zur Geschichte der Gefühle, hg. v. C. Benthien/ A. Flieg/I. Kasten, Köln-Weimar-Wien 2000, S. 82–99.

Zitat aus Manfreds Vorwort zum in seinem Auftrag aus dem Hebräischen ins Lateinische übersetzten pseudo-aristotelischen Werk *De pomo* (1255): Liber de pomo / Buch vom Apfel, eingeleitet, übers. u. kommentiert v. E. Acampora-Michel, Frankfurt a. M. 2001, S. 72f.

II 3 (S. 127–140)

Brief Peters von Blois: Migne, Patrologia Latina 207, Sp. 42ff.

A. Kiesewetter, Itinerario di Federico II, in: Enc. frid. 2, S. 100–114.

Brief Friedrichs an die Beamten und Einwohner von Brindisi (4.1.1238): Acta imperii inedita saeculi XIII et XIV, hg. v. E. Winkelmann, Bd. 1, Innsbruck 1880, Nr. 811 S. 630.

M. Giese, Zur Tierhaltung am Hof Kaiser Friedrichs II. zwischen Tradition und Innovation, in: Herrschaftsräume (wie oben S. 242), im Druck.

Zu Obertus Fallamonachus: J. Johns, Arabic Administration in Norman Sicily. The Royal Dīwān, Cambridge 2002, S. 245–247.

E. Pispisa, Berardo di Castagna (di Castacca), in: Enc. frid. 1, S. 162–168.

Brief Gregors IX. vom 25.8.1232: H. Houben, Neuentdeckte Papsturkunden für den Deutschen Orden (1219–1261) im Staatsarchiv Neapel, in: QFIAB 83 (2003) S. 41–82, hier S. 77f.; vgl. auch Ders., Die Staufer und die Ausbreitung des Deutschen Ordens in Apulien, in: Historische Zs. 277 (2003) S. 61–86.

F. Delle Donne, Nobiltà minore e amministrazione nel regno di Federico II. Sulle origini e sui genitori di Pier della Vigna, in: Archivio Storico per le Province Napoletane 116 (1998) (ersch. 2000) S. 1–9.

A. A. Settia, Lancia, Galvano, in: DBI 63, Rom 2004, S. 330–335; zu Manfred (II.) Lancia s. oben S. 242.

Brief Friedrichs an Ferdinand III. (1245): Huillard-Bréholles VI, S. 340ff.

II 4 (S. 140–150):

Grundlegend: Stürner, Friedrich II., 2, S. 361–457 (mit detaillierten Quellen- und Literaturverweisen).

Federico II di Svevia, De arte venandi cum avibus, hg. v. A. L. Trombetti Budriesi, Rom-Bari 2000; Zitat ebda II, 255–257, S. 522f.

Manfreds Vorwort zum pseudo-aristotelischen *De pomo*: wie oben S. 243

Experimente Friedrichs mit Menschen: Salimbene, MGH SS 32, S. 350–353.

Ibn Sab'īn, Die Sizilianischen Fragen. Arabisch – Deutsch, übers. u. eingeleitet v. A. Akasoy, Freiburg i. Br. 2005; Dies., Philosophie und Mystik in der späten Almohadenzeit: die ‚Sizilianischen Fragen' des Ibn Sab'īn, Leiden u.a. 2006.

G. Grebner, Zum Zusammenhang von Sozialformation und Wissensform. Naturwissen am staufischen Hof in Süditalien, in: Erziehung und Bildung bei Hofe, hg. v. W. Paravicini/J. Wettlaufer, Stuttgart 2002, S. 193–213; Dies., Der *Liber Introductorius* des Michael Scotus und die Aristotelesrezeption: der Hof Friedrichs II. als Drehscheibe des Kulturtransfers, in: Kaiser Friedrich II. … Oldenburg (2008), S. 250–257. Vgl. auch J. Fried, In den Netzen der Wissensgesellschaft. Das Beispiel des mittelalterlichen Königs- und Fürstenhofes, in: Wissenskulturen. Beiträge zu einem forschungsstrategischen Konzept, hg. v. Dems./T. Kailer, Berlin 2003, S. 141–193, bes. S. 177 ff.

Codex mit antiken medizinischen Texten: Wien, Österreichische Nationalbibliothek, Ms. 93: s. Stürner, Friedrich II., 2, S. 377.

S. Rapisarda, Federico II, attività poetica, in: Enc. frid. 1, S. 591–597; Poeti della Scuola siciliana, hg. v. R. Antonelli, C. Di Girolamo, R. Coluccia, 3 Bde. Mailand 2008 (in Druck).

M. Gigante, Roma a Federico imperatore secondo Giorgio di Gallipoli, Rom 1995.

A. Esch, Friedrich II. und die Antike, in: Friedrich II. Tagung des Deutschen Historischen Instituts in Rom im Gedenkjahr 1994, hg. v. Dems./N. Kamp, Tübingen 1996, S. 201–234.

II 5 (S. 150–158):

H. M. Schaller, Die Frömmigkeit Kaiser Friedrichs II., in: DA 51 (1995) S. 493–513; Ders., Der Kaiser stirbt, in: Tod im Mittelalter, hg. v. A. Borst/G. v. Graevenitz/A. Patschovsky/K. Stierle, Konstanz 1993, S. 59–75, hier S. 63f.

H. Houben, Monarchia normanno-sveva e Ordini riformati (con alcune considerazioni sulla religiosità di Federico II), in: Gioachimitismo e profetismo in Sicilia (secoli XIII-XVI). Atti del terzo Convegno internazionale di studio, Palermo-Monreale 14–16 ottobre 2005, hg. v. C. D. Fonseca, Rom 2007, S. 15–28.

V. De Fraja, L'Ordine Florense dai Normanni agli Svevi (1190–1266), in: Atlante delle fondazioni florensi. Schede – Iconografia – Storia, Bd. 1, hg. v. P. Lopetrone, Soveria Mannelli 2006, S. 201–282, bes. S. 233–237.

Le Goff, Ludwig der Heilige (wie oben S. 239), S. 658–688.

W. Stürner, Brief Friedrichs II. an Elias von Cortona (Mai 1236), in: Elisabeth von Thüringen – eine europäische Heilige. Katalog, hg. v. D. Blume/M. Werner, Petersberg 2007, S. 165.

G. Althoff, Öffentliche Demut: Friedrich II. und die Heiligen, in: Herrschaftsräume (wie oben S. 242), im Druck.

II 6 (S. 158–174):

Friedrich als Zwerg: Disputatio inter Romam et papam de Ottone IV. imperatore, in: Scriptorum Brunsvicensia illustrantium, ed. G. W. Leibniz, Bd. 2, Hannover 1710, S. 525–532, ebda S. 529. Zum Spruch Walthers: M. Nix, Untersuchungen zur Funktion der politischen Spruchdichtung Walthers von der Vogelweide, Göppingen 1993, S. 254–258.

Il sarcofago dell'imperatore. Studi, ricerche e indagini sulla tomba di Federico II nella Cattedrale di Palermo 1994–1999, Palermo 2002 (nicht im Buchhandel erhältlich); Zusammenfassung: A. Salerno, L'apertura del sarcofago di Federico II: indagini biomediche, in: Tabulae del Centro Studi Federiciani (Jesi) 34 (2005) S. 101–134; kritisch: A. Spataro, I Misteri di Federico II. Tanti sforzi per saperne meno di prima, in: Tabulae … 28/29 (2003) S. 177–187.

Zur Nachzeichnung der Sitzfigur Friedrichs II. von Séroux d'Agincourt („das Werk eines begabten Amateurs"): P. C. Claussen, Bitonto und Capua. Unterschiedliche Paradigmen in der Darstellung Friedrichs II., in: Staufisches Apulien, Göppingen 1993, S. 77–124, bes. S. 92ff.

Zur Gipsnachbildung Solaris: L. Speciale, Federico e il suo doppio. Francesco Daniele e la vera storia del Gesso Solari, in: Mezzogiorno – Federico II – Mezzogiorno, Bd. 2, S. 795–823; vgl. neuerdings auch Legler, Das Geheimnis von Castel del Monte (wie unten S. 247), S. 152–157.

„Tendenz von einem unpersönlichen Klassizismus zum Abbild einer lebendig erscheinenden Person": P. C. Claussen, Die Erschaffung und Zerstörung des Bildes Friedrichs II. durch die Kunstgeschichte. Was bleibt?, in: Kunst im Reich Kaiser Friedrichs II. von Hohenstaufen. Akten des internationalen Kolloquiums (Rheinisches Landesmuseum Bonn, 2. bis 4. Dezember 1994), hg. v. K. Kappel/D. Kemper/A. Knaak, München-Berlin 1996, S. 195–209, ebda S. 199 mit Berufung auf H. Kowalski, Die Augustalen Kaiser Friedrichs II., in: Schweizerische Numismatische Rundschau 55 (1976) S. 77–150. F. Punzi, Il vero volto dell'imperatore: dall'immagine del potere al potere di un'immagine, in: Federico II e Terra d'Otranto. Atti del secondo convegno nazionale di ricerca storica, Brindisi 16–17 dicembre 1994, Brindisi 2000, S. 211–244. Vgl. auch F. Gandolfo, Iconografia, in: Enc. frid. 2, S. 21–28.

Bilder Friedrichs im Falkenbuch: J. Fried, Kaiser Friedrich II. als Jäger oder Ein zweites Falkenbuch Kaiser Friedrichs II.?, in: Nachrichten der Akademie der Wissenschaften zu Göttingen, Phil.-hist. Klasse 1996 Nr. 4 S. 115–156, ebda S. 152f.; Kowalski, Die Augustalen, S. 121.

H. Möhring, König der Könige. Der Bamberger Reiter in neuer Interpretation, Königstein im Taunus 2007. A. Middeldorf Kosegarten, Der Stauferkaiser Friedrich II. und die Pferde. Versuch über den Bamberger Reiter aus ikonographischer und hippologischer Sicht, in: Zs. für Kunstgeschichte 71 (2008) S. 1–52.

Exultet-Rotulus von Salerno: L. Speciale, Liturgia e potere. Le commemorazioni finali nei rotoli dell'Exultet, in: Mélanges de l'École Française de Rome. Moyen Âge 112 (2000) S. 191–224, bes. S. 213–218.

A. Ciarallo/L. Capaldo, Federico II a Melfi. Ritrovato il vero volto dell'imperatore, Neapel 1994 (unzuverlässig); vgl. dazu C. Settis Frugoni, Il tema dell'Incontro dei tre vivi e dei tre morti nella tradizione medioevale italiana, in: Atti dell'Accademia Nazionale dei Lincei, Memorie, Classe di Scienze Morali, VIII, 13 (1967), fasc. 3, S. 145–251, hier S. 201–204. – Kameen: R. Kashnitz, in: Kaiser Friedrich II. … Oldenburg (2008), S. 373–381.

III 1 (S. 176–195):

Enzyklika Gregors IX. von 1239 (*Ascendit de mari bestia*): MGH SS 28, S. 169–177 (Matthäus Paris).

H. Houben, Anticristo o novello Messia? Il mito di Federico II, in: Tabulae del Centro Studi Federiciani (Jesi) 35 (2005) S. 13–32; H. Möhring, Der Weltkaiser der Endzeit. Wandel und Wirkung einer tausendjährigen Weissagung, Stuttgart 2000: A. Piazza, Anticristo/ Messia, in: Enc. frid. 1, S. 49–57; C. D. Fonseca, Mito, ebda 2, S. 343–346.

A. Patschovsky, Der heilige Kaiser Heinrich „der Erste" als Haupt des apokalyptischen Drachens: Über das Bild des römisch-deutschen Reiches in der Tradition Joachims von Fiore, in: Florensia 12 (1998) S. 19–52, englische Version in: Viator 29 (1998) S. 291–322; G. L. Potestà, Geschichte als Ordnungsmacht in der Diagrammik Joachims von Fiore, in: Die Bildwelt der Diagramme Joachims von Fiore. Zur Medialität religiös-politischer Programme im Mittelalter, hg. v. A. Patschovsky, Ostfildern 2003, S. 115–145; M. Rainini, Disegni dei tempi. Il «Liber Figurarum» e la teologia figurativa di Gioacchino da Fiore, Rom 2006.

M. Kaup, Pseudo-Joachim Reads a Heavenly Letter: Extrabiblical Prophecy in the Early Joachite Literature, in: Gioacchino da Fiore tra Bernardo di Clairvaux e Innocenzo III. Atti del 5° Congresso internazionale di studi gioachimiti (S. Giovanni in Fiore, 16–21 settembre 1999), hg. v. R. Rusconi, Rom 2001, S. 287–314, hier S. 305f.; C. Jostmann, Sibilla Erithea Babilonica. Papsttum und Prophetie im 13. Jahrhundert, Hannover 2006.

Sommerlechner, Stupor mundi? Richard Löwenherz als *stupor mundi* in der Hs. London, British Library Additional Ms. 14252: J. Gillingham, König Richard I. Löwenherz als Gefangener in Deutschland, in: Kaiser, Könige, Ministerialen (wie oben S. 239) S. 125–141, hier S. 137. Salimbene-Zitat: MGH SS 32, S. 348f.

Jerusalemmanifest (18.3.1229): MGH Constitutiones 2, S. 164–167; vgl. M. Kerner, *Letentur in Domino et exultent omnes recti corde.* Zu Inhalt und Bedeutung des Jerusalemmanifestes Kaiser Friedrichs II. vom 18. März 1229, in: *Inquirens subtilia diversa.* Dietrich Lohrmann zum 65. Geburtstag, hg. v. H. Kranz/L. Falkenstein, Aachen 2002, S. 149–172.

F. Delle Donne, Il potere e la sua legittimazione. Letteratura encomiastica in onore di Federico II di Svevia, Arce 2005; Text des Nikolaus von Bari: ebda S. 101–106.

W. Schirmer, Castel del Monte. Forschungsergebnisse der Jahre 1990–1996, Mainz 2000; vgl. dazu die Rezension v. A. Knaak in: Journal für Kunstgeschichte 6 (2002) S. 312–319; H. Houben, Castel del Monte, in: Enc. frid. 1, S. 237–242; R. Legler, Das Geheimnis von Castel del Monte. Kunst und Politik im Spiegel einer staufischen „Burg", München 2007 (materialreich, aber mit der nicht überzeugenden These, Castel del Monte sei ein Initiationstempel für einen Juristenorden (!) gewesen, den Friedrich hätte gründen wollen); D. Leistikow, Castel del Monte im Lichte der Forschung, in: Kaiser Friedrich II. … Oldenburg (2008), S. 143–157.

III 2 (S. 195–207):

P. Racine, „Vivit et non vivit …". La survie légendaire de Frédéric II, in: Mediterraneo medievale. Scritti in onore di Francesco Giunta, Soveria Mannelli 1989, Bd. 3 S. 1085–1103 (teilweise unzuverlässig); Möhring, Weltkaiser der Endzeit (wie oben S. 246), S. 217–268; Ders., Die Friedrich-Erwartungen der Deutschen im Mittelalter, in: Deutschland und Italien zur Stauferzeit, Göppingen 2002, S. 175–195; H. J. Mierau, Eine Kampfschrift gegen die Vorstellungen von der Wiederkehr Friedrichs II. Zur Interpretation der Chronik des Johannes von Winterthur, in: Der weite Blick des Historikers. Einsichten in Kultur-, Landes- und Stadtgeschichte. Peter Johanek zum 65. Geburtstag, hg. v. W. Ehrbrecht/A. Lampen/F.-J. Post/M. Siekmann, Köln-Weimar-Wien 2002, S. 555–576; W. Stürner, Friedrich II. Antichrist und Friedenskaiser, in: Mythen Europas.

Schlüsselfiguren der Imagination zwischen Mittelalter und Neuzeit, hg. v. A. Schneider/M. Neumann, Regensburg 2005, S. 15–29.

Vgl. auch H. Houben, Gegenwärtige Vergangenheit. Kollektives Gedächtnis und Erinnerungsvermögen im nachstaufischen Unteritalien am Beispiel Kaiser Friedrichs II., in: Italia et Germania. Liber Amicorum Arnold Esch, hg. von H. Keller/W. Paravicini/W. Schieder, Tübingen 2001, S. 557–562.

III 3 (S. 207–228):

F. Tateo, Storiografia, fino all'Illuminismo, in: Enc. frid. 2, S. 778–787; R. Delle Donne, Storiografia dell'Ottocento e del Novecento, ebda S. 787–802.

P. Bonaventura da Lama, Cronica de' Minori Osservanti Riformati, Bd. 2, Lecce 1724, S. 307; A. Donvito, Il castello di Gioia del Colle nella storia, nella leggenda e nell'arte, Fasano 1979, S. 95–100; F. Babudri, Federico II nella tradizione culturale e popolare pugliese, in: Archivio Storico Pugliese 15 (1962) S. 32–82; F. Delle Donne, Città e Monarchia nel Regno svevo di Sicilia. L'*itinerario* di Federico II di anonimo pugliese, Salerno 1998.

G. B. Pacichelli, Lettere familiari istoriche ed erudite, Bd. 1, Neapel 1695, S. 138 (Brief vom 31.1.1691); T. Claps, Il castello di Lagopesole e una singolare leggenda su Federico Barbarossa, in: Archivio Storico per la Calabria e la Lucania 3 (1933) S. 461–471.

Bologna, re Enzo e il suo mito. Atti della Giornata di studio Bologna 11 giugno 2000, hg. v. A. I. Pini/A. L. Trombetti Budriesi, Bologna 2001; A. L. Trombetti Budriesi, u. a., Bologna, Re Enzo e il suo mito, Bologna 2002.

R. Delle Donne, Der Vater des ghibellinischen Vaterlands. Friedrich II. in der modernen Geschichtsschreibung und Kultur Italiens, in: Herrschaftsräume (wie oben S. 242), im Druck.

M. Thomsen, Ein feuriger Herr des Anfangs. Kaiser Friedrich II. in der Auffassung der Nachwelt, Ostfildern 2005 (leider ohne Register); zur Person von Karl Ipser s. Knaak, Prolegomena, S. 157–159. H. Obermair, Der Staufer Friedrich II. und die Geschichtsschreibung des 19. und 20. Jahrhunderts, in: Concilium medii aevi 11 (2008) S. 79–100.

Kantorowicz-Zitate: E. Kantorowicz, Kaiser Friedrich der Zweite, Berlin 1927, Nachdr. Düsseldorf-München 1963, S. 613 u. 632; Brief zitiert nach Thomsen S. 296.

Quellenbelege zum Begriff *puer Apuliae*: Hucker, *daz kint von Pulle* (wie oben S. 239) S. 204–207; A. De Stefano, Fridericus, puer Apuliae, in: Archivio Storico Pugliese 4 (1951) S. 23–30.

Sizilianisches Marionettentheater: Opera dei pupi „La vera storia della Virago di Entella e di Federico II" (verfasst vermutlich um 2000) von

Onofrio Sanicola (geb. 1942; s. htpp://www.operadeipupi.moon-fruit.com); vgl. F. Pasqualino, L'arte dei pupi, Mailand 1983.

Schlussbetrachtung (S. 229–233):

A. Marongiu, Ein „Modellstaat" im Mittelalter: Das normannisch-staufische Reich in Sizilien, in: Stupor mundi. Zur Geschichte Friedrichs II. von Hohenstaufen, hg. v. G. Wolf, 2. Aufl. Darmstadt 1982, S. 325–348; N. Kamp, Friedrich II. im europäischen Zeithorizont, in: Friedrich II. Tagung des Deutschen Historischen Instituts (wie oben S. 244), S. 1–22; Le Goff, Ludwig der Heilige (wie oben S. 239), S. 3: „ein von der kulturellen Grenze des Mittelmeers faszinierter Außenseiter", S. 48: „außergewöhnliche Gestalt".

R. I. Burns, *Stupor mundi*: Alfonso X of Castile, the Learned, in: Emperor of Culture. Alfonso X the Learned of Castile and his thirteenth-century Renaissance, hg. v. Dems., Philadelphia 1990, S. 1–13; K. Herbers, Geschichte Spaniens im Mittelalter. Vom Westgotenreich bis zum Ende des 15. Jahrhunderts, Stuttgart 2006, S. 216–225, Zitat ebda S. 189; L. Vones, Geschichte der Iberischen Halbinsel im Mittelalter (711–1480). Reiche – Kronen – Regionen, Sigmaringen 1993, S. 126–136, 142–152, Zitat ebda S. 135.

Bildnachweis

Karten:

1–5: Peter Palm, Berlin, nach Vorlage von H. Houben.
6: Peter Palm, Berlin, nach: C. Hillen, Hof und Herrschaft Heinrichs
(VII.). Betrachtungen zum Beraterkreis des Königs, in: Der Staufer
Heinrich (VII.). Ein König im Schatten seines kaiserlichen Vaters,
Göppingen 2001 (Schriften zur staufischen Geschichte und Kunst
20), S. 54–71, hier S. 67.

Abbildungen:

Umschlag, 11, 12: Die Staufer, Göppingen 2000 (Schriften zur staufischen Geschichte und Kunst 19), S. 107, 118, 119.
1: Frauen der Staufer, Göppingen 2006 (Schriften zur staufischen Geschichte und Kunst 25), S. 65.
2, 3, 5, 9: E. S. u. G. Rösch, Kaiser Friedrich II. und sein Königreich
Sizilien, Sigmaringen 1995, Abb. 14, 29, 54, 55.
4, 21: Federico II immagine e potere (Ausstellungskatalog), hg. v. M.
S. Calò Mariani/R. Cassano, Venedig 1995, S. 468, 109.
6, 13, 14, 15, 16, 17, 18, 19: C. A. Willemsen, Die Bildnisse der Staufer.
Versuch einer Bestandsaufnahme, Göppingen 1977 (Schriften zur
staufischen Geschichte und Kunst 4), Abb. 44, 86, 76, 74, 100, 93, 77.
7, 24, 25: A. Sommerlechner, Stupor mundi? Kaiser Friedrich II. und
die mittelalterliche Geschichtsschreibung, Wien 1999, Abb. XI, XII,
XIII.
8: Das Falkenbuch Kaiser Friedrichs II. Nach der Prachthandschrift in
der Vatikanischen Bibliothek, hg. v. C. A. Willemsen, Dortmund
1980 (Harrenberg Edition, Die bibliophilen Taschenbücher Nr. 152).
10: Tabulae del Centro Studi Federiciani Jesi 34 (2005) S. 125.
20: La Torre e il Palazzo Abbaziale di San Zeno. Il ricupero degli spazi
e degli affreschi, Verona 1992.
22: A. Ciarallo/L. Capaldo, Federico II a Melfi, in: Oltre. Trimestrale
della Associazione Campana Architetti Ingegneri Ambientalisti ed es-
ponenti Culturali e Imprenditoriali – A.C.A.I.A. 1 (1995) S. 15.
23: M. Rainini, Disegni dei tempi. Il «Liber Figurarum» e la teologia
figurativa di Gioacchino da Fiore, Rom 2006.
26, 27: Federico II e l'Italia. Percorsi, Luoghi, Segni e Strumenti (Ausstellungskatalog), Rom 1995, S. 214, 215.
28: Foto H. Houben.

Register

Das Register enthält Personen- und Ortsnamen sowie geographische Bezeichnungen.
Nicht aufgeführt sind Deutschland, Friedrich II., Italien und Sizilien.

Abkürzungen: Bf. = Bischof, Ebf. = Erzbischof, Gem. = Gemahlin, Gf. = Graf, Gft. = Grafschaft, Hz. = Herzog, Hzt. = Herzogtum, Just. = Justitiar; Kg. = König, Kgn. = Königin, Ks. = Kaiser, Ksn. = Kaiserin, Lgf. = Landgraf, Mgf. = Markgraf, Patr. = Patriarch, röm. = römisch(er), s. = siehe, S. = Sohn, T. = Tochter, v. = von

Odilo Engels

Die Staufer

8., überarbeitete Auflage 2005
244 Seiten. Kart. € 15,–
ISBN 978-3-17-017997-4

Urban-Taschenbücher, Band 154

In die 8. Auflage werden die aktuellsten wissenschaftlichen Diskussionen ebenso wie der neueste Forschungsstand eingear-
beitet. Das Literaturverzeichnis, das wertvolle Hinweise zum
Weiterstudium und zur Orientierung in wichtigen Einzelfragen
gibt, wird ebenfalls aktualisiert.

„Das Taschenbuch ist sehr rasch [...] das von deutschen Studen-
ten meistbenutzte Handbuch für die Stauferzeit geworden. Sei-
nem Verfasser war es darum gegangen, durch eine moderne Stoff-
analyse die Fehlsicht zu überwinden, die die Geschichte des hoch-
mittelalterlichen Reiches mit der Geschichte der Staufer in eins
gesetzt hatte [...]".

Historisches Jahrbuch

Bernd Schneidmüller

Die Welfen

Herrschaft und Erinnerung (819–1252)

2000. 378 Seiten, 14 Abb. Kart. € 17,90
ISBN 978-3-17-014999-1

Urban-Taschenbücher, Band 465

Die Welfen gelten als die älteste Adelsfamilie Europas. Seit der
Karolingerzeit stiegen sie als Grafen, Herzöge, Könige und Kaiser in die Spitzengruppe der Aristokratie auf. Ihr Aktionsrah-
men umfasste weite Teile Europas. Herrschaftsrechte und Besitz reichten von Frankreich bis nach Bayern und Schwaben, von
Burgund und Italien bis nach Niedersachsen und an die Ost-
seeküste. Als erste Adelsfamilie des Reichs erhielten die Welfen
im 12. Jh. eine eigene Hausgeschichte. Die berühmten Konflikte zwischen Herzog Heinrich dem Löwen und Kaiser Friedrich
Barbarossa oder zwischen Kaiser Otto IV. und Kaiser Friedrich
II. prägten nachdrücklich die Geschichte. Dieses Buch legt erstmals eine moderne Geschichte der mittelalterlichen Welfen vom
9. bis zum 13. Jahrhundert vor.

W. Kohlhammer GmbH · 70549 Stuttgart

Kohlhammer